Juventa
Paperback

Helga Marburger

Entwicklung und Konzepte der Sozialpädagogik

Juventa Verlag

CIP-Kurztitelaufnahme der Deutschen Bibliothek

Marburger, Helga:
Entwicklung und Konzepte der Sozialpädagogik /
Helga Marburger. – 2. Aufl. München: Juventa Verlag,
1981
(Juventa-Paperback)
ISBN 3-7799-0547-7

ISBN 3-7799-0547-7

2. Auflage 1981

Printed in Germany

Inhalt

Vorwort

Wer heute von Sozialpädagogik spricht, kann nicht erwarten, daß sein Gegenüber auch dasselbe darunter versteht wie er. Denn sowohl in der Alltagssprache als auch in der Fachliteratur wird dieser Begriff sehr unterschiedlich und vieldeutig gebraucht. Zwar glaubte Natorp bereits vor 60 Jahren, die Frage, was Sozialpädagogik sei, abschließend beantwortet zu haben (vgl. Natorp 1907), die Diskussion darüber ist jedoch bis heute nicht verstummt. Im Gegenteil, eine Vielzahl von Definitionen, von Theorien und Theorieentwürfen – unterschieden sowohl in ihrer methodologischen Basis als auch in ihrer grundsätzlichen Vorstellung vom Forschungs- und Aufgabenbereich der Sozialpädagogik – hat die Unsicherheit um Begrifflichkeit, Inhalt und Abgrenzung der Sozialpädagogik eher noch verstärkt.

Angesichts dieser Situation versucht das vorliegende Buch ein Stück Klarheit zu bringen. Dies geschieht mit Hilfe einer historischen Analyse der Entwicklung der Sozialpädagogik von ihren Anfängen bis in unsere Zeit. Damit ist die Erwartung verbunden, daß ein solcher historischer Zugang auch helfen kann, die Tragfähigkeit heutiger Konzepte für die Gegenwart besser zu beurteilen.

Die Arbeit beginnt mit einer Darlegung von Prämissen, Untersuchungsmethoden und Zielen der Analyse. Im ersten Kapitel wird die Sozialpädagogik der Jahrhundertwende dargestellt als eine Position, die Sozialpädagogik verstand als Wissenschaft von der Erziehung durch Gemeinschaft zur Gemeinschaft. Inhalt des nächsten Kapitels ist die sozialpädagogische Bewegung der zwanziger Jahre und ihr Streben nach pädagogischer Begründung der Kinder- und Jugendfürsorge. Das dritte Kapitel beschreibt Konzeptionen der fünfziger und sechziger Jahre und deutet sie als Wiederaufnahme und Fortführung der bestehenden sozialpädagogischen Entwicklungsstränge. Das folgende Kapitel gibt dann einen Überblick über den Stand der aktuellen Diskussion um Sozialpädagogik. Das Schlußkapitel schließlich enthält eine Gesamtwürdigung der dargestellten Konzepte sowie Ausblicke auf eine emanzipative Theorie der Sozialpädagogik.

Das Buch ist konzipiert als Einführung. Es versucht, einen Einblick in die sozialpädagogischen Theorien zu vermitteln, ohne bereits fundierte Kenntnisse zu diesem Themenkomplex vorauszusetzen. Angesprochen sind daher sowohl Studierende eines sozialpädagogischen Studienganges als auch interessierte Praktiker, die sich über den aktuellen Stand der wissenschaftlichen Diskussion informieren wollen.

Einleitung: Prämissen, Verfahren und Ziele der Analyse

Adolph Diesterweg scheint als erster den Begriff »Social-Pädagogik« verwandt zu haben. Sein »Wegweiser zur Bildung für deutsche Lehrer« enthielt ein Verzeichnis empfohlener Studienliteratur zu den einzelnen Aufgabenbereichen des Lehrers, und in der 1850 erschienenen 4. Auflage dieses Wegweisers findet sich in dem Literaturverzeichnis ein eigener Abschnitt mit dem Titel »Schriften über Social-Pädagogik«. Was Diesterweg inhaltlich mit dieser neuen Wortverbindung zum Ausdruck bringen wollte, hat er jedoch an keiner Stelle klar definiert. Auch die Zusammenstellung der Themen, die Diesterweg dem Lehrer in dem mit »Social-Pädagogik« überschriebenen Kapitel nahelegt, läßt nicht ohne weiteres das Spezifische, was mit dem neuen Begriff gemeint sein sollte, erkennen. Die Tatsache aber, daß er die Bestandteile dieses Kunstwortes mit einem Bindestrich verbunden hat, weist wohl auf eine Koppelung sozialer mit erzieherischen Aufgaben hin (vgl. Baumann 1967).
Seitdem sind mehr als 125 Jahre vergangen und der Ausdruck Sozialpädagogik ist inzwischen zum festen Bestandteil erziehungswissenschaftlicher Terminologie geworden. Die Unklarheit über den Bedeutungsgehalt des Begriffs blieb jedoch erhalten. Zwar mangelt es heute nicht an Definitionen, von einer Einhelligkeit in der Bestimmung dessen, was unter Sozialpädagogik zu verstehen sei, kann aber nicht gesprochen werden. Dies läßt sich schnell mit einigen Zitaten belegen:

— So bezeichnet Kurt Haase mit Sozialpädagogik die »Lehre von der *Erziehung zum sittlichen Sozialverhalten*« (1962, Sp. 374).

— »Sozialpädagogik ist Erziehung zur Gesellschaft ..., Volksbildungsarbeit im breitesten Sinne«, heißt es bei Erich Knirck (1963, S. 60).

— Klaus Mollenhauer (1964a, S. 12) bestimmt Sozialpädagogik als »denjenigen Bereich der Erziehungswirklichkeit, der im Zusammenhang der industriellen Entwicklung als ein System gesellschaftlicher Entwicklungshilfen notwendig geworden ist, sich erweitert und differenziert hat; Eingliederungshilfen, die gleichsam an den Konfliktstellen dieser

Gesellschaft entstehen: im wesentlichen das, was das Jugendwohlfahrtsgesetz ›Jugendhilfe‹ nennt.«

– Theodor Wilhelm (1966, S. 30) schlägt vor, Sozialpädagogik lediglich als historischen Begriff zu verwenden, zur Kennzeichnung jenes geschichtlichen Zeitraumes zwischen den Weltkriegen, als Sozialpädagogik mit Jugendwohlfahrt gleichgesetzt wurde.

– »Die Sozialpädagogik ist die wissenschaftliche Theorie vom sozialpädagogischen Aspekt in den Erziehungsfeldern und reflektiert das pädagogische Handeln, das auf Integrationshilfe in die moderne Gesellschaft zielt«, sagt Lutz Rössner (1970, S. 477).

– Klaus-Jürgen Tillmann (1972, S. 806) definiert »Sozialpädagogik als *Theorie und Therapie von Sozialisationskonflikten*«.

– Hans Pfaffenberger (1969, S. XVI) versteht unter Sozialpädagogik »psychosoziale Lebenshilfe in den Formen der Anpassungs-, Entwicklungs-, Reifungs- und Bildungshilfe«.

– Für Siegfried Keil schließlich (1975, Sp. 969) ist Sozialpädagogik »als *Theorie spezieller Sozialisationshilfen* ... die Wissenschaft von den Bewältigungsmöglichkeiten der Sozialerziehung und Sozialarbeit einschließlich der Jugend- ... und Sozialhilfe ... für die im Laufe der lebenslangen Sozialisation auftretenden Konflikte«.

Schon diese wenigen Beispiele dürften genügen, um einen Eindruck von der Vieldeutigkeit des Begriffes »Sozialpädagogik« zu vermitteln.

Die Frage *»Was ist Sozialpädagogik?«* bedarf also nach wie vor einer Antwort. Dabei wäre gewiß kaum etwas gewonnen, wollte man die bislang noch offene Auseinandersetzung einfach dadurch abbrechen, daß man mehr oder weniger willkürlich einen der gegenwärtigen Theorieansätze zum Dogma erhebt. Um nun aber doch Kriterien zur Beantwortung dieser Frage zu gewinnen, wählt das vorliegende Buch den Weg der historischen Forschung; es analysiert die geschichtliche Entwicklung der Sozialpädagogik von ihren Anfängen bis zur Gegenwart. Der Rückgriff auf den Ursprung heutiger Ansätze und die Verfolgung der verschiedenen Entwicklungslinien sollen deutlich machen, welches Verständnis von Sozialpädagogik das für die Gegenwart angemessene ist.

Das Kriterium für Angemessenheit, das dabei zugrunde gelegt wird, ist das der *Emanzipation*, verstanden als die Befreiung der Subjekte aus Bedingungen, die ihrem freien, selbstbestimmten Denken und Handeln entgegenwirken. Als solche Bedingungen gelten natürliche, durch die äußere Natur vorgegebene, und gesellschaftliche, durch das menschliche Zusammenleben historisch gewordene Verhältnisse ebenso wie angeborene und erworbene Eigenschaften der Persönlichkeitsstruktur. Emanzipatorische Tendenzen richten sich daher sowohl gegen einseitige soziale Abhängigkeiten, Benachteiligungen und Ungerechtigkeiten als auch gegen innerpsychische Zwänge, emotionale Barrieren und internalisierte verdeckte Autorität. Als Komponenten von Emanzipation erscheinen somit die individuelle und die gesellschaftliche Emanzipation, beide gedacht in einem komplexen Wechselwirkungs- und Bedingungszusammenhang. Das heißt: Gemeint ist weder ein rein individuelles Mündigwerden ohne die Suche nach Veränderungsmöglichkeiten der natürlichen und sozialen Verhältnisse noch eine Veränderung der gesellschaftlichen Rahmenbedingungen ohne freie Einsicht der Betroffenen und deren Fähigkeit zur sozialen Beteiligung und Mitverantwortung (zum Begriff Emanzipation vgl. Greiffenhagen 1973).
Das erkenntnisleitende Interesse, unter dem die historische Betrachtung erfolgt, ist demnach das *emanzipatorische Erkenntnisinteresse*. Anders formuliert: Die Analyse orientiert sich »an der Idee der Freiheit des Menschen in einer freien, gerechten Gesellschaft« (Klafki 1971a, S. 378). Intendiert wird also keine wertneutrale Darstellung sozialpädagogischen Denkens und Handelns in der Vergangenheit, sondern eine historisch-kritische Aufklärung über die geschichtlich vermittelte Gegenwartssituation, mit dem Ziel der Aufdeckung und Bewußtmachung derjenigen Begriffsmomente in der Sozialpädagogik, die der Emanzipation entgegenwirken. Dazu genügt nicht die Wiedergabe dessen, was über Sozialpädagogik gedacht wurde und gedacht wird, sondern ausgehend von der Generalhypothese, »daß menschliches Denken und Handeln, menschliche Lebensformen, Institutionen und kulturelle Objektivationen aller Art bis hin zu den Fragen, Verfahrensweisen und Ergebnissen der Wissenschaft durch die jeweiligen gesellschaftlich-politischen Verhältnisse, durch gesellschaftlich vermittelte

Interessen, Abhängigkeiten, Herrschaftsverhältnisse, Zwänge oder auch Chancen bestimmt oder doch *mit*bestimmt sind« (Klafki, a.a.O.), gilt es, diese Selbstaussagen *ideologiekritisch* zu überprüfen.

Nun wird der Ausdruck »Ideologie« aber so verschiedenartig gebraucht – Übereinstimmung besteht allenfalls darin, daß Ideologien »unwahre, halbwahre oder unvollständige Gedankengebilde sind, die sich auf soziale Sachverhalte beziehen und auf eine Befangenheit ihrer Träger zurückzuführen sind, welche durch deren gesellschaftliche Situation verursacht ist« (Topitsch 1959, Sp. 193) –, daß sich die Notwendigkeit ergibt, den dieser Arbeit zugrundegelegten Ideologiebegriff näher zu definieren. Ausgangspunkt ist dabei jene Tradition, »in der der Begriff der Ideologie in kritischer Absicht entwickelt worden ist. Sowohl Marx wie Freud haben den Begriff der Ideologie (bzw. den der Illusion) als Gegenbegriff zu einer Selbstreflexion entwickelt, durch die falsches Bewußtsein, nämlich die notwendigen Täuschungen eines Subjektes über seine eigenen, ihm fremd gewordenen Objektivationen zerstört werden kann« (Habermas/Luhmann 1971, S. 246 f.). Ideologie soll verstanden werden als die Verfälschung des »manifesten Gehalts von Aussagen durch die unreflektierte Bindung eines nur zum Scheine autonomen Bewußtseins an Interessen«, und zwar an Interessen, »die weniger am Individuum als an der objektiven Lage gesellschaftlicher Gruppen hängen« (Habermas 1968b, S. 160). Ideologische Urteile zielen somit auf die Absicherung, Legitimierung und Aufwertung sozialer Gegebenheiten. An ihre Entstehung, Verbreitung und Bewahrung knüpft sich ein gesellschaftliches Interesse und nicht ein nur persönliches »Interesse« wie etwa bei einem lügenden Kind. Ideologien haben »sozial konservierenden Charakter« (Hofmann 1972, S. 95), sie wollen Bestehendes sichern.

Das heißt nun nicht, daß ein solches Interesse sowie die Verbindung zwischen diesem und der geäußerten Auffassung den betreffenden Ideologieträgern auch immer bekannt sein müssen. Aufgrund ihrer Bewußtseinslage, ihres Verhaftetseins in bestimmte Denksysteme ist es ihnen oft gar nicht möglich, den Ideologiecharakter ihrer Aussage zu erkennen; sie sind vielmehr von deren Richtigkeit, Wahrheit und Güte aufrichtig überzeugt. In der Regel sind daher

die Träger von Ideologien nicht als bewußte Wahrheitsfälscher zu betrachten, »sie sind in gewisser Weise selbst Opfer — wenn auch, in ihrer Gesamtheit betrachtet, gleichzeitig Nutznießer — ihrer falschen Auffassungen. Es triumphiert etwas letztlich durchaus Unpersönliches über sie, eine Art von gesellschaftlichem Instinkt der Selbsterhaltung« (Hofmann 1972, S. 97).
Um solche eventuell bestehenden ideologischen Abhängigkeiten von Sozialpädagogik aufweisen zu können, müssen neben den Aussagen zur Sozialpädagogik auch die ökonomischen, gesellschaftlichen und politischen Abhängigkeiten und Verflechtungen, die das sozialpädagogische Feld kennzeichnen, behandelt werden. Es soll also versucht werden, die Wirkung sozio-ökonomischer Faktoren auf sozialpädagogische Theorie und Praxis zu überprüfen. Eine solche ideologiekritische Vorgehensweise impliziert jedoch nicht ein undialektisches Verhältnis von sozio-ökonomischer Basis und geistigen Objektivationen. Menschliche Ideen und Gedanken sind nicht ausschließlich ein Produkt gesellschaftlich-politischer Bedingungen. Das Bewußtsein des Menschen ist nicht einseitig ableitbar aus den Gesetzen der politischen Ökonomie, vielmehr besteht ein Verhältnis wechselseitiger Abhängigkeit. Ebenso wie die sozio-ökonomischen Faktoren das menschliche Denken beeinflussen, wirkt dieses Denken zurück auf die Strukturen der Gesellschaft und kann deren Veränderung initiieren.
Durch eine in diesem Sinne *historisch-kritische* Analyse der Entstehung und Entwicklung von Sozialpädagogik werden, so lautet die Hypothese, sowohl ihre die Emanzipation hemmenden als auch sie fördernden Begriffsinhalte offenkundig. Dabei wird nicht von einem bestimmten Vorverständnis von Sozialpädagogik ausgegangen, sondern es sollen *alle* gegenwärtigen theoretischen Konzeptionen berücksichtigt und auf ihre Vorgeschichte hin untersucht werden. Beschränkt man sich nämlich — wie etwa Mollenhauer (1959) — auf die Rückverfolgung nur einer spezifischen Auffassung von Sozialpädagogik, so erhält man zwar Kenntnis von Implikationen und Ideologien, die aus der Vergangenheit in den betreffenden Ansatz einflossen, kann aber dem Anspruch anderer Theorien, das einzig richtige Verständnis von Sozialpädagogik zu besitzen, wenig Stichhaltiges entgegensetzen.

Erst die kritische Hinterfragung aller heutigen Ansätze, die Untersuchung ihrer jeweiligen geschichtlichen Entwicklung auf verborgene Ideologieelemente, die in der Gegenwart fortwirken, und die Messung am Leitziel der Emanzipation ermöglichen es, bewußt und begründet für oder gegen einen dieser Ansätze Stellung zu nehmen. Daher werden im folgenden zunächst jeweils die verschiedenen Positionen in ihrer spezifischen Besonderheit und ihrem jeweiligen Selbstverständnis vorgestellt, um daran anschließend die Aussagen der betreffenden Autoren in Beziehung zu setzen zu den sozio-ökonomischen Bedingungen, sie zu deuten vor dem Hintergrund der gesamtgesellschaftlichen Entwicklung. Auf diese Weise soll die historische Darstellung der verschiedenen Entwicklungsstränge von Sozialpädagogik eine Grundlage schaffen für eine rationale Entscheidung darüber, welche der vorliegenden Theorien aufgrund der vorgegebenen Kriterien für die Gegenwart Geltung beanspruchen können.
Mit diesem methodischen Vorgehen verbunden sind zwei nicht zu unterschätzende Probleme, die in dem Anspruch begründet liegen, sozialpädagogische Theoriebildung auf dem Hintergrund von Wirtschafts- und Sozialgeschichte zu analysieren: Zum einen gibt es eine Vielzahl sozialwisssenschaftlicher Arbeiten, die mit unterschiedlichem Analyseinstrumentarium mehr oder weniger umfassende Fragestellungen der sozio-ökonomischen Entwicklung der gesamten Industriegesellschaft oder einzelner Zeitabschnitte behandeln. Hier ist es natürlich nicht möglich, die gesellschaftliche Entwicklung so umfassend darzustellen, daß alle zur Verfügung stehenden Quellen Berücksichtigung finden. Zum anderen wird die somit erforderliche Auswahl dadurch erschwert, daß keineswegs Einmütigkeit herrscht über die Einschätzung der jeweiligen konkreten Situation oder die inneren Bewegungsgesetze, die die Entwicklung bestimmt haben (vgl. Adorno 1969b, hier besonders Adorno 1969a). Das zur Analyse verwandte Instrumentarium, die Auswahl und der Komplexitätsgrad des Untersuchungsobjekts sowie die dadurch gewonnenen Erkenntnisse werden beeinflußt durch die zugrundeliegende wissenschaftstheoretische Ausgangsposition.
Um dem Vorwurf der einseitigen Deskription und Erklärung gesellschaftlicher Tatbestände zu begegnen, sollen hier

nur solche Aussagen zur Kennzeichnung der sozio-ökonomischen Entwicklung herangezogen werden, die durch einen weitgehenden Konsens der untersuchenden Sozialwissenschaftler belegbar sind. Der Fülle der zur Verfügung stehenden Einzeluntersuchungen wird dadurch begegnet, daß die einen historischen Zeitabschnitt kennzeichnenden Entwicklungslinien in relativ groben Zügen charakterisiert und die betreffenden Inhalte stichwortartig eingefügt werden. Zum Beleg und zur weiteren Ausdifferenzierung der angeführten Aussagen wird auf die weiterführende Literatur verwiesen.

Bei der ideologiekritischen Betrachtung der Theorieansätze, die erst in den letzten Jahren und zum Teil nur in fragmentarischer Form veröffentlicht wurden, besteht noch die zusätzliche Schwierigkeit, daß die mit dieser Wissenschaftsentwicklung korrespondierenden wissenschaftsexternen Faktoren des sozio-ökonomischen Wandels noch nicht ausreichend dokumentiert sind (vgl. Lukas 1977, S. 20). Die Auseinandersetzung mit den alternativen Positionen der Gegenwart geschieht aus diesem Grund vorwiegend mit wissenschaftstheoretischen Kriterien, ohne dabei zu verkennen, daß das Durchsetzungsvermögen einer Konzeption auch von bestimmten Faktoren der außerwissenschaftlichen gesellschaftlichen Praxis abhängt.

Zusammenfassend kann das Ziel der Untersuchung und der damit intendierte Beitrag für die sozialpädagogische Theoriebildung folgendermaßen charakterisiert werden:

1. Die vielzitierte Unsicherheit über Begriff und Gegenstandsbereich von Sozialpädagogik sowie die zum großen Teil fragmentarischen und auf unterschiedlichem theoretisch-wissenschaftlichem Niveau formulierten Theorieversuche bedürfen einer systematischen, historisch-kritisch verfahrenden Aufarbeitung, um die Entstehungsbedingungen der gegenwärtig vertretenen Theorien einschätzen zu können.
2. Die vorliegende Arbeit versucht dazu einen Beitrag zu leisten, indem sie die greifbaren Theorien und Theoriefragmente zur Sozialpädagogik in ihrem historisch vermittelten Selbstverständnis darstellt und in einem zweiten Schritt ideologiekritisch beurteilt.
3. Aus dieser Analyse, die auch die gegenwärtigen Theorieansätze einer kritischen Betrachtung unterzieht, werden

Perspektiven einer emanzipativen Theorie entwickelt, die an den kritisch-humanen Elementen bestehender Theoriekonzepte anknüpfen und in den methodologischen Rahmen für eine zukünftige Objekttheorie der Sozialpädagogik einmünden.

1. Kapitel
Sozialpädagogik um die Jahrhundertwende: Erziehung durch Gemeinschaft zur Gemeinschaft

Um 1850 tauchte der Begriff der Sozialpädagogik erstmals auf, vierzig Jahre später ist er ein geläufiger und vielgebrauchter Terminus, der in den pädagogischen Erörterungen um die Jahrhundertwende einen breiten Raum einnimmt. Die zahlreichen damals erschienenen Bücher und Aufsätze zur Sozialpädagogik bezeugen das lebhafte Interesse an der mit diesem Begriff verbundenen Thematik. Viele dieser Veröffentlichungen bringen Sozialpädagogik in eine Verbindung mit der »sozialen Frage«, bzw. »sozialen Gefahr«, wie es bei einigen Autoren heißt. In diesem Zusammenhang ist dann auch die Rede vom »gegenwärtigen sozialpolitischen Kriegszustande«, von der »sozialistischen Kriegserklärung« sowie vom »blutigen Ziel der Sozialdemokratie« (vgl. Fischer 1892; Rissmann 1899; Habrich 1903).
Die Entstehung der Sozialpädagogik scheint demnach in irgendeiner Weise bezogen zu sein auf sozial-politische Gegebenheiten der damaligen Zeit. Um diese Hintergründe und Bezüge zu verstehen, ist es notwendig, sich wenigstens in groben Umrissen die gesellschaftspolitische Situation des ausgehenden 19. Jahrhunderts zu vergegenwärtigen.

Wachsende soziale und politische Gegensätze

Als im Februar 1848 das Kommunistische Manifest erschien, fand Marx in Deutschland nur wenige Anhänger (vgl. Jantke 1955, S. 55). Im Gegensatz zum weiter fortgeschrittenen England steckte hier die Industrialisierung noch in den Anfängen. Doch im Laufe der nächsten Jahrzehnte vollzog sich auch in Deutschland die Wende vom Agrar- zum Industriestaat und die damit verbundene Proletarisierung breiter Bevölkerungsschichten. Die Ursachen, die dazu führten, sind vielschichtig und miteinander verwoben (vgl. zum folgenden Bechtel 1967, S. 313—403; Lütge 1960, S. 354—467).

Eine der entscheidenden Bedingungen der Industrialisierung war die starke Vermehrung der Bevölkerung. Dieses Wachstum ist weniger eine Folge von steigenden Geburtenzahlen als vielmehr zurückzuführen auf die Verminderung der Sterblichkeit durch die Fortschritte der medizinischen Wissenschaft. Diese wachsende Bevölkerung konnte unter Anwendung der alten Formen der gewerblichen Produktion nicht länger versorgt werden.
Die technologische Voraussetzung für die Entwicklung neuer Produktionsformen schuf die Erfindung von Kraft- und Arbeitsmaschinen um die Wende vom 18. zum 19. Jahrhundert. Sie ermöglichte die Mechanisierung von Produktionsvorgängen sowie die Zerlegung der vorher ganzheitlichen Arbeitshandlungen des Handwerks in einzelne Arbeitsvorgänge.
Der Einsatz dieser Maschinen erfolgte in Deutschland zögernder als in England, da hier nach den schweren Verlusten der napoleonischen Zeit die Kapitalbildung nur mühsam Fortschritte machte. Das Schwergewicht lag daher in Deutschland noch für längere Zeit bei der kapitalextensiven handwerklichen Produktion. Erst nach der Jahrhundertmitte entwickelte sich dann auch hier die Großproduktion in den modernen Fabriken. Den Anfang machte dabei die Leinenindustrie, die aufgrund der für sie spezifischen Kombination von Landwirtschaft, Hauswirtschaft und Gewerbe gegenüber der spezialisierten englischen Textilindustrie nicht mehr konkurrenzfähig war. Andere Industriezweige folgten. Für die stetig wachsende Zahl industrieller Betriebe wurde nun ein Heer von Arbeitern benötigt. Diese Arbeitskräfte kamen nur zum Teil aus dem Handwerk, der weit größere Teil stammte vom Lande. Reformmaßnahmen im Agrarbereich, die sogenannte Bauernbefreiung, hatten zur Abwanderung jener Bauern und Bauernkinder geführt, für die das Land keinen Raum mehr bot. Diese Abwanderer strömten nun in die Städte, wo sie Arbeit und Brot zu finden hofften.
Die Einführung der Gewerbefreiheit bewirkte zunächst eine Zunahme der Klein- und Alleinmeister, da sich die Gesellen nun in großer Zahl als selbständige Meister niederließen. Das Ergebnis war eine Überbesetzung einzelner Handwerkszweige und eine Verelendung der Handwerker, die zu einem großen Teil in den Stand der Industrie-

arbeiter absanken. Das Überangebot von Arbeitskräften bedeutete zum einen, daß längst nicht alle Arbeitsuchenden eine Beschäftigung fanden, und zum anderen hatte es extrem niedrige Löhne zur Folge. So ist die beginnende Industrialisierung gekennzeichnet durch die kaum vorstellbare Armut großer Bevölkerungsgruppen, das Elend der schwer arbeitenden und dabei hungernden Industriearbeiterschaft und den rasch steigenden Wohlstand einer kleinen Schicht von Kapitaleignern, den Besitzern der Industrieanlagen. Arbeitszeiten von 13, 14 Stunden unter härtesten Bedingungen, Frauen- und Kinderarbeit, um das Existenzminimum zu sichern, völlig unzulängliche Wohnverhältnisse sowie das Fehlen jeglicher Versorgung bei Unfall, Krankheit und Alter charakterisieren die Situation des Proletariats um die Mitte des 19. Jahrhunderts (vgl. Ritter u. a. 1974, S. 140–172 und S. 243–287).

Zum bedeutendsten Kritiker und Interpreten dieser negativen Folgen der Industrialisierung und der damit verbundenen sozialen Problematik wurde Karl Marx. In dem 1848 veröffentlichten »Manifest der Kommunistischen Partei« deutet Marx die industrielle Gesellschaft als Klassengesellschaft. »Die ganze Gesellschaft spaltet sich mehr und mehr in zwei große feindliche Lager, in zwei große, einander direkt gegenüberstehende Klassen: Bourgeoisie und Proletariat« (Marx/Engels 1972, S. 463). In ihrer knapp hundertjährigen Herrschaft habe die Bourgeoisie den bisher größten geschichtlichen Fortschritt gebracht und ungeahnte Produktionskräfte freigelegt. Doch die Bourgeoisie sei nicht länger in der Lage, »die herrschende Klasse der Gesellschaft zu bleiben und die Lebensbedingungen ihrer Klasse der Gesellschaft als regelndes Gesetz aufzuzwingen. Sie ist unfähig zu herrschen, weil sie unfähig ist, ihrem Sklaven die Existenz selbst innerhalb seiner Sklaverei zu sichern ... Der Pauperismus entwickelt sich noch schneller als Bevölkerung und Reichtum« (Marx/Engels 1972, S. 473).

Wesentliche Bedingung für das Bestehen und die Herrschaft der Bourgeoisieklasse ist nach Marx die Akkumulation des Kapitals, die Bildung und Ansammlung des Gewinns in Privathänden. Bedingung des Kapitals sei die Lohnarbeit, die wiederum auf der Konkurrenz der Arbeiter unter sich beruhe. Mit fortschreitender Industrialisie-

rung trete jedoch an die Stelle der Isolation durch Konkurrenz die revolutionäre Vereinigung der Arbeiter. »Mit der Entwicklung der großen Industrie wird also unter den Füßen der Bourgeoisie die Grundlage selbst hinweggezogen, worauf sie produziert und die Produkte sich aneignet. Sie produziert vor allem ihren eigenen Totengräber. Ihr Untergang und der Sieg des Proletariats sind gleich unvermeidlich« (Marx/Engels 1972, S. 474).
Neben dieser Analyse einer scheinbar zwangsläufigen Entwicklung der kapitalistischen Gesellschaft steht bei Marx der Aufruf zur revolutionären Tat: »Der nächste Zweck der Kommunisten ist derselbe wie der aller übrigen proletarischen Parteien: Bildung des Proletariats zur Klasse, Sturz der Bourgeoisieherrschaft, Eroberung der politischen Macht durch das Proletariat« (a.a.O.). »Die Kommunisten ... erklären es offen, daß ihre Zwecke nur erreicht werden können durch den gewaltsamen Umsturz aller bisherigen Gesellschaftsordnung. Mögen die herrschenden Klassen vor einer kommunistischen Revolution zittern. Die Proletarier haben nichts in ihr zu verlieren als ihre Ketten. Sie haben eine Welt zu gewinnen. *Proletarier aller Länder, vereinigt euch!«* (Marx/Engels 1972, S. 493).
Die Gedanken des Manifestes erreichten in Deutschland zunächst nur eine kleine Anhängerschar, denn eine gewerkschaftliche oder politische Arbeiterbewegung — wie in England — existierte hier noch nicht. Dies lag nicht nur daran, daß hier im Vergleich zu den westeuropäischen Ländern die Industrialisierung erst später einsetzte, sondern vor allem an der staatlichen Unterdrückungspolitik. Bis zur Revolution von 1848 blieben Koalitionen und politische Vereinsbildungen untersagt. Eine Arbeiterbewegung begann in Deutschland im Grunde erst mit Ferdinand Lassalle (vgl. Jantke 1955, S. 132 ff.).
Lassalle rief 1863, nachdem auch in Deutschland die negativen Auswirkungen der Industrialisierung voll zum Vorschein gekommen waren, zur Gründung einer eigenständigen Arbeiterpartei auf, mit dem Ziel, die soziale und politische Lage der Arbeiter zu verbessern. Sein Vorschlag stieß auf Widerhall. Am 23. März 1863 wurde in Leipzig der »Allgemeine Deutsche Arbeiterverein« (ADAV) ins Leben gerufen und Lassalle zu seinem Präsidenten gewählt. Zwar stand er nur ein Jahr an der Spitze des ADAV, doch

der Weg, den Lassalle den Arbeitern gewiesen hatte, wurde weiter verfolgt: »Das Auftreten als selbständige, festgefügte Arbeiterpartei, in der die programmatischen Schlagworte allgemeines, gleiches Wahlrecht, Produktivassoziationen, Ausbeutung und Klassenkampf einen festen Platz gewannen« (Potthoff 1974, S. 27).

Die mit dem ADAV einsetzende Bildung eigenständiger, sozialistisch orientierter Parteien wurde im August 1869 fortgesetzt mit der Gründung der Sozialdemokratischen Arbeiterpartei (SDAP) in Eisenach. Auf dem Gothaer Einigungsparteitag im Mai 1875 schlossen sich die beiden anfangs konkurrierenden Parteien zur »Sozialistischen Arbeiterpartei Deutschlands« (SAD) zusammen. Ihre wesentlichen Ziele waren der »freie Staat und die sozialistische Gesellschaft, die ... Abschaffung des Systems der Lohnarbeit, die Aufhebung der Ausbeutung in jeder Gestalt, die Beseitigung aller sozialen und politischen Ungleichheit« (Programm der Sozialistischen Arbeiterpartei Deutschlands, zit. n. Potthoff 1974, S. 176). Gesetzliche Arbeitszeitbegrenzung, Verbot der Kinder- und Frauenarbeit, Arbeitsschutzbestimmungen, unbeschränktes Koalitionsrecht sowie allgemeines, gleiches Wahlrecht waren weitere Programmpunkte, die mit gesetzlichen Mitteln realisiert werden sollten.

Das Tempo der industriellen Entwicklung in Deutschland hatte rasch zugenommen. Die Grundlage dieser Entwicklung bildete die Verbindung von Kohle und Eisen. Bis zum Ausbruch des Ersten Weltkrieges wurde Deutschland zum größten Eisen- und Stahlproduzenten und zum zweitgrößten Kohleproduzenten Europas. Unaufhaltsam überholte es die Vormachtstellung Englands auf dem Weltmarkt (vgl. Bechtel 1967, S. 350 ff.; Lütge 1960, S. 455 ff.).

Dennoch zeigte die Wirtschaft in jenen Jahrzehnten keinen gleichmäßigen Verlauf. Aufschwungsjahre wechselten mit Stockungsjahren. So brachte das Jahr 1873 eine einschneidende Krise, die mit dem Zusammenbruch von Banken und Aktienunternehmungen begann, jedoch auch Industrie und Handel in Mitleidenschaft zog. Es folgte eine allgemeine Stockungsphase von 1874 bis 1894. Besonders betroffen von diesen konjunkturellen Schwankungen der Wirtschaft war die Arbeiterschaft. Für viele von ihnen brachte der wirtschaftliche Tiefstand Arbeitslosigkeit und damit Einkommensrückgang. Diese Verschärfung ihrer sozialen Lage führte unter anderem dazu, daß eine ständig wachsende Zahl von Arbeitern sich der Sozialdemokratie zuwandte, als der Partei, die sich für ihre Belange einsetzte und für eine bessere Zukunft kämpfte.

Die zunehmende Stärke der Bewegung zeigte sich auch bei den Reichstagswahlen. Von 3,2 Prozent (SDAP und ADAV) bei den Wahlen von 1871, über 6,8 Prozent für die beiden Parteien im Jahre 1874, stieg der Stimmenanteil für die SAD 1877 auf 9,1 Prozent der Wähler (vgl. Potthoff 1974, S. 38).

Obwohl objektiv kaum Anlaß zur Revolutionsfurcht bestand, fühlte sich das Bürgertum doch durch diese Entwicklung bedroht. Es sah in der Sozialdemokratie die Partei des Umsturzes und der Gewalt. Nicht zuletzt ihre aggressive und oft revolutionäre Sprache trug zur Schürung solcher Ängste bei. Und diese nutzte der auf die Erhaltung seiner Vormachtstellung bedachte Adel, um mit der Beschwörung der »roten Gefahr« das sich wirtschaftlich und politisch emanzipierende Bürgertum an den Ruhe und Ordnung gewährleistenden Obrigkeits- und Militärstaat zu binden.

Zwei Attentate auf Kaiser Wilhelm, die zu Unrecht den Sozialdemokraten angelastet wurden, lieferten Bismarck dann den willkommenen Anlaß zur Einreichung des sogenannten Sozialistengesetzes. Es wurde im Oktober 1878 vom Reichstag verabschiedet und war zunächst auf drei Jahre befristet. Doch erst am 30. September 1890 wurde es nach dreimaliger Verlängerung aufgehoben.

Das Gesetz machte die Sozialdemokraten rechtlos. Es verbot ihre Organisationen und Vereine sowie die ihr nahestehenden Gewerkschaften. Ihre Versammlungen wurden untersagt, ihre Presseerzeugnisse beschlagnahmt. Ihren Parteiangehörigen drohten Gefängnisstrafe und Ausweisung. Als einzig legale Betätigung blieb den Sozialdemokraten die Beteiligung an den Reichstagswahlen und den einzelnen Landtagswahlen. Hier nun zeigte sich, daß weder Restriktionen und Repressalien noch die inzwischen vom Staat eingeleiteten Sozialreformen – Krankenversicherungsgesetz (1883), Unfallversicherungsgesetz (1884) sowie Invaliditäts- und Altersversicherungsgesetz (1889) – das weitere Anwachsen der Sozialdemokratie aufhalten konnten. Von Wahl zu Wahl gewann sie mehr Mandate. Bei den Reichstagswahlen vom 20. Februar 1890 erhielt sie 19,7 Prozent der Wählerstimmen. Mit diesem Ergebnis war sie zur stärksten Partei Deutschlands geworden.

Auf ihrem Erfurter Parteitag 1891 änderte die deutsche Sozialdemokratie nicht nur ihren Namen, sondern gab sich auch ein anderes Programm, mit dem der Marxismus zur offiziellen theoretischen Grundlage der neubenannten »Sozialdemokratischen Partei Deutschlands« (SPD) wurde. Nach dem ersten Programmteil scheint eine Verbesserung der sozialen Lage der Arbeiterschaft an die Vergesellschaftung der Produktionsmittel gebunden, doch die daran anschließenden politisch-praktischen Forderungen zur Demokratisierung von Staat und Gesellschaft sowie zur allgemeinen Besserstellung der Arbeiter haben weit weniger radikalen Charakter, sondern sind eher reformerisch-parlamentarisch orientiert. Angestrebt wurden unter anderem ein allgemeines, gleiches Verhältniswahlrecht für alle Parlamente, das Recht auf freie Meinungsäußerung, die Gleichberechtigung der Frau, Säkularisierung der Schule sowie Unentgeltlichkeit der Rechtspflege und ärztlicher Hilfeleistungen. Außerdem verlangte man neben einer wirksamen Arbeiterschutzgesetzgebung eine stufenweise steigende Einkommen- und Vermögenssteuer (vgl. Programm der Sozialdemokratischen Partei Deutschlands, in: Potthoff 1974, S. 179 ff.).

Seit 1895 machte der wirtschaftliche Aufschwung Deutschlands solche Fortschritte, daß die Zeit von 1895 bis 1913 als einziger großer Aufschwung betrachtet werden kann. In der Binnenwirtschaft stiegen Erzeugung und Verbrauch stetig an, die deutsche Roheisenproduktion überholte die englische, die Steinkohlenförderung nahm weiter zu, und die Elektrizitätswirtschaft trat ihren Siegeszug an. Selbst die Landwirtschaft konnte durch eine Reihe guter Ernten der Konkurrenz des überseeischen Getreides standhalten. Mit dem enormen wirtschaftlichen Wachstum stieg auch der Stimmenanteil der Sozialdemokratie. Im Jahre 1893 entschieden sich 23,3 Prozent, 1898 27,2 Prozent, 1903 31,7 Prozent, 1907 28,9 Prozent und 1912 34,8 Prozent der Wähler für die SPD (vgl. Potthoff 1974, S. 47). Zwar war trotz zunehmender Arbeitsproduktivität die vom Erfurter Programm und Marx vorhergesagte Massenarbeitslosigkeit und die damit verbundene fortschreitende Verelendung nicht eingetreten, auch die Löhne zeigten eher steigende Tendenz, doch nach wie vor kennzeichneten gesellschaftliche und politische Diskriminierung sowie weitgehende Rechtlosigkeit und Abhängigkeit im Arbeitsprozeß die Lage der Arbeiterschaft.

Sozialpädagogik als Versuch, die Einheit der Nation wiederherzustellen

Diese innenpolitisch stark angespannte Lage, die klassenantagonistische, fast explosive soziale Konstellation charakterisiert die geschichtliche Situation, in der die breite sozialpädagogische Diskussion einsetzte. Die allgemeine innere Unruhe blieb dabei nicht ohne Auswirkung auf die Pädagogik.

Viele Vertreter der Pädagogik erfüllte angesichts der gesellschaftspolitischen Entwicklung eine tiefe Sorge, wie sie etwa in folgenden Äußerungen zum Ausdruck kam: Man sieht ein *»durch den wirtschaftlichen Kampf des Zeitalters auch innerlich gespaltenes Volk«* (Rissmann 1899, S. 765), »eine tiefe Kluft zwischen den oberen und unteren Volksschichten« (Natorp 1927, S. 34). »Hand in Hand mit der sozialen Zerklüftung [geht eine] Zerklüftung der Weltanschauungen ... und als Ausdruck beider eine fast hoffnungslos erscheinende Zerklüftung der politischen Parteien ..., die für die Zukunft der Nation ernste Besorgnisse in jedem unverblendeten Beobachter wecken muß« (Natorp 1909/1910, S. 7). »Ein Riß geht durch die Volksgenossen, der zur Entfremdung, zu gegenseitigem Haß und endlich zu gegenseitiger Vernichtung führen muß« (Rein zit. n. Rissmann 1899, S. 765). »Die auflösenden, dissoziativen Mächte finden wir am Werk, wo wir auch hinblicken« (Natorp 1909/1910, S. 7). Das Leben des deutschen Volkes ist »in der innersten Wurzel mit Vernichtung bedroht« (Natorp 1909/1910, S. 10).

Die wesentliche Ursache der bestehenden gesellschaftspolitischen Spannungen sahen diese Pädagogen im Individualismus: »Die gesamte Entwicklung der bürgerlichen Gesellschaft ist nach dem völligen Durchdringen des Individualismus, mit dessen krankhafter atomistischen Zuspitzung und seit dessen rücksichtsloser Geltendmachung auf allen Gebieten des Lebens eine abnorme geworden und hat zur *Erkrankung* auch des deutschen Volksorganismus, kurz zu dem geführt, was man die soziale Frage nennt« (Fischer 1892, S. 420).

Die mit der Aufklärung einsetzende Geistesströmung des Individualismus hatte die Individualität, den in sich unverwechselbaren einzelnen, zum Bezugspunkt allen Denkens und Handelns gesetzt. Der großen, in sich vollendeten Persönlichkeit wurde der höchste Wert zuerkannt. Und auf kaum einem anderen Gebiet hat der Individualismus dann so fest Fuß gefaßt wie auf dem der Erziehung. Die gesamte Pädagogik seit Locke und Rousseau war mehr oder weniger stark individualistisch orientiert gewesen, das heißt, Sinn und Zweck aller Bildung lagen im einzelnen beschlossen. Die Individualpädagogik sah im Zögling vor allem das Individuum, das um seiner selbst willen zu erziehen sei. Ziel der Erziehung war die individuelle Vervollkommnung des jungen Menschen, seine Gestaltung zu einer in sich geschlossenen und harmonischen Persönlichkeit (vgl. Blättner 1968, S. 82–190).

Dieser ganz auf das Individuum bezogenen Erziehung gab man nun primär die Schuld an der gegenwärtigen gesellschaftlichen Situation, an der »Auflösung aller Formen und Organe in Volk, Staat und Wirtschaft« (Raederscheidt 1926, S. 24). »Klassen-, Kasten- und Sondergeist« auf gesellschaftlichem Gebiet erschienen den Pädagogen ebenso wie »Partei- und Fraktionssucht« (Fischer 1892, S. 421) auf politischem Sektor nicht als ein Ausdruck legitimer gesellschaftspolitischer Interessenkonflikte, sondern als eine Schrumpfung der sittlich-moralischen Potenz, die auf die bisher praktizierte Individualpädagogik zurückzuführen sei. Diese habe dazu geführt, daß jeder nur noch an sich und seine eigenen Forderungen bzw. die seines Standes denke.

Aus der starken Empfindung, daß sich die Spaltung des deutschen Volkes bedrohlich vergrößere, entsprang, so Paul Natorp, das Bestreben, dieser Bedrohung gezielt entgegenzuarbeiten (vgl. Natorp 1909/1910, S. 10). Da die die Volksordnung zerstörenden Interessengegensätze – hier das Restaurationsstreben des auf Erhaltung seiner Vorrechte bedachten Bürgertums, dort das wirtschaftlich und

politisch vorwärtsdrängende Proletariat — auf den von der Individualpädagogik geförderten Egoismus von einzelnen bzw. von Klassen zurückgeführt wurden (vgl. Rissmann 1899, S. 765), erschien das Problem der Gesellschaft als ein erzieherisches Problem, die soziale Frage als Erziehungsfrage. Es lag daher nahe, von einer erneuerten, den aufklärerischen und individualistischen Zeitgeist überwindenden Pädagogik die Lösung der gesellschaftlich-politischen Krise zu erwarten. In der Hoffnung, die Zerrissenheit des deutschen Volkes aufzuheben, die innere Einheit der Nation mit den Mitteln der Bildung wiederherzustellen, wurde eine neue pädagogische Konzeption entworfen. Diese Pädagogik, die gegen die vermeintlich zu einseitige Betonung der Individualität durch die bisher praktizierte Erziehung das Ideal der Gemeinschaft setzte, wurde mit dem Begriff Sozialpädagogik bezeichnet.
Hervorragendster Vertreter dieser Sozialpädagogik war Paul Natorp. Bereits 1894 bezeichnet er seine Schrift »Religion innerhalb der Grenzen der Humanität« im Untertitel als »Ein Kapitel zur Grundlegung der Sozialpädagogik«. Zahlreiche Aufsätze zu diesem Thema folgen in den nächsten Jahren. 1898 erscheint dann sein grundlegendes Werk »Sozialpädagogik« mit dem Untertitel »Theorie der Willensbildung auf der Grundlage der Gemeinschaft«, in dem Wesen, Aufgaben und Zielsetzungen der Sozialpädagogik umfassend erörtert werden.
Im folgenden sollen die wesentlichen Gedanken Natorps und einiger seiner sozialpädagogisch orientierten Zeitgenossen vorgestellt werden, um damit das Selbstverständnis der Sozialpädagogik um die Jahrhundertwende aufzuweisen.

1. Das Verhältnis von Individuum und Gemeinschaft

Die alten Erziehungstheorien der Individualpädagogik basierten auf der Überzeugung von der Einmaligkeit des Individuums, das seinen Wert in sich selbst besitzt. Demgegenüber erklärte Natorp nun die grundsätzliche Gemeinschaftsbezogenheit des Menschen zum Fundament seiner Pädagogik:

»Der Mensch wird zum Menschen allein durch menschliche Gemeinschaft. ... Der einzelne Mensch ist eigentlich nur eine Abstraktion, gleich dem Atom des Physikers. Der Mensch, hinsichtlich alles dessen, was ihn zum Menschen macht, ist nicht erst als einzelner da, um dann auch mit anderen in Gemeinschaft zu treten, sondern er ist ohne diese Gemeinschaft gar nicht Mensch« (1974, S. 90).

Menschsein und Menschwerden verlangen nach Ansicht Natorps geradezu die Gemeinschaft. Ein Aufwachsen in völliger Isolation würde zwangsläufig zur Verkümmerung der spezifischen menschlichen Anlagen führen, der Mensch würde auf die Stufe des Tieres herabsinken.

Ähnlich äußern sich Bergemann und Rissmann, beide Zeitgenossen Natorps und wie er Verfechter einer neuen Richtung in der Pädagogik. Auch für sie ist der einzelne Mensch nur als abstrakter Begriff vorhanden, der konkrete Mensch ist immer nur der Mensch in der Gemeinschaft. Der Einzelmensch, von dem die Gesellschaftstheorien früherer Zeiten ausgingen, so schreibt Rissmann, habe weder jemals existiert, noch sei er *»überhaupt denkbar.* Ein isolierter Einzelner wäre ein blutleerer Schemen, ein Begriff ohne Inhalt, der Mensch, dem alles fehlte, was wir unter einem ›Menschen‹ denken« (1899, S. 770). Und Bergemann drückt den gleichen Gedanken so aus: »So wenig die Welle wäre ohne den Strom, so wenig ist der Einzelne ohne die Gesamtheit. Er ist ein Teil, ein Glied derselben« (1897, S. 516).

Man geht dabei von folgenden Grundgedanken aus: Ständig steht der Mensch unter dem vielseitigen Einfluß anderer und ebenso wirkt er ständig auf andere zurück. Sein Leben wird in jeder Hinsicht durch die Gemeinschaft geprägt. Der einzelne spricht und denkt nicht nur in der Sprache, die gemeinsamer Besitz der Gemeinschaft ist, der er angehört, sondern er übernimmt mit der Sprache zugleich ein bestimmtes, in sich geschlossenes Weltbild. Denn jene Vorstellungen und Begriffe, die sich gerade in dieser Gemeinschaft herausgebildet haben, beeinflussen auch seine Wahrnehmung. Der einzelne sieht nicht die Dinge an sich, sondern er sieht sie vermittelt durch die ihm von seiner Sprache zur Verfügung gestellten Worte mit ihrem speziellen Bedeutungsgehalt. Auch das menschliche Handeln geschieht nicht ohne Bezug zur Gemeinschaft, es wird gelenkt durch die in ihr als verbindlich geltenden Werte und Normen. Diese wirken, gesichert durch Sanktionen, orientierend und leitend auf das Verhalten des einzelnen. Das gesamte Leben des Menschen steht somit unter dem Einfluß seines Milieus, seiner Umwelt (vgl. Bergemann 1897, S. 516 ff.; Bergemann 1900, S. 152; Natorp 1974, S. 90 ff.; Rissmann 1899, S. 770).

Mit diesen Aussagen wollen die Autoren die vom Individualismus geprägte Lehre der Selbstwertigkeit des Individuums als nicht der Realität entsprechend zurückweisen. Dabei dürfe allerdings, so betonen sie, die Abhängigkeit des einzelnen von der Gemeinschaft nicht nur einseitig gesehen werden. Ebenso wie das Individuum auf die Gemeinschaft weise, weise umgekehrt die Gemeinschaft wieder auf das Individuum. Denn während der einzelne aus der Gemeinschaft lebe, Inhalt und Richtung seines Lebens ihr verdanke, sei er zugleich nicht nur ihr Träger, sondern auch Schöpfer der Gemeinschaft (vgl. Natorp 1921, S. 6).

Individuum und Gemeinschaft sind demnach notwendig aufeinander bezogen, jedoch, wie Natorp ausdrücklich betont, nicht im Sinne von Gegensätzen, zwischen denen erst nachträglich ein Ausgleich zu suchen sei, sondern beide Begriffe stehen zueinander in ursprünglicher, unaufhebbarer Korrelation:

»Die Gemeinschaft ist nichts außer den Individuen; sie ist ihrem ganzen Begriff nach nur Gemeinschaft der Individuen; sie besteht allein im Bewußtsein der Einzelnen, die daran teilnehmen. Aber auch umgekehrt gibt es kein menschliches Individuum anders als in menschlicher Gemeinschaft und durch sie. ... Ist das so, so kann von einem Gegensatz zwischen Individuum und Gemeinschaft, also auch von einer Verkürzung des Rechtes der Individualität durch sie, gar nicht die Rede sein, da ja dann alles Recht, welches dem Individuum überhaupt zukommen kann, nur innerhalb der Gemeinschaft und durch sie möglich ist« (Natorp 1907, S. 603).

Der zu einseitigen Betonung der Individualität durch die Individualpädagogik wird von Natorp also nicht eine ebenso einseitige Betonung der Gemeinschaft gegenübergestellt, er will nicht das Recht des einzelnen zugunsten der Gemeinschaft aufheben, sondern ihm geht es um eine Relativierung der Vorstellung von der zwischen beiden bestehenden Differenz. Individuum und Gemeinschaft wollen, so Natorp, »in genauer Wechselbeziehung zueinander so in eins gedacht sein, daß vertiefte Gemeinschaft zugleich vertiefte Individualität bedeutet und umgekehrt« (1921, S. 5).

2. Die Wechselbeziehung von Gemeinschaft und Bildung

Aus der Erkenntnis, daß der konkrete Mensch stets nur der Mensch in Gemeinschaft ist, folgert Natorp für die Pädagogik, daß auch sie auszugehen habe von der Voraussetzung des Lebens in der Gemeinschaft. Eine Erziehungslehre, die nicht ihre Aufgabe verfehlen wolle, habe als ersten und wichtigsten Grundsatz anzuerkennen, daß es Erziehung, »Bildung des Menschen zum Menschen« (Natorp 1964, S. 151), ohne Gemeinschaft nicht gebe. »Alle bildende Tätigkeit vollzieht sich auf dem Boden der Gemeinschaft« (Natorp 1927, S. 24).

Natorp leugnet nicht das Individualbewußtsein. Das Bewußtsein ist individuell, es ist notwendig an einen bestimmten Menschen gebunden. Doch der Inhalt des Bewußtseins, der Inhalt der menschlichen Bildung, ist als »gesetzmäßig erzeugter« an sich für alle derselbe. Der Aufbau und die Entwicklung der inneren Welten des Erkennens, der Sittlichkeit und selbst der Kunstgestaltung unterliegen Gesetzen, die unterschiedslos für jeden gelten. »Folglich gibt es keinen reinen ... Inhalt des Bewußtseins, der des Einzelnen ausschließendes Eigentum wäre. Also: aller *echte* Bildungsinhalt ist an sich Gemeingut« (Natorp 1974, S. 91). Individuell ist nur die Beschränkung, mit der der einzelne nach Art und Umfang seiner Kräfte und nach den speziellen Bedingungen seiner persönlichen Lage an diesem gemeinsamen Besitz teilzunehmen vermag. Es waltet eine Kontinuität des Bewußtseins, die gleichsam beim Zusammentreffen zweier individuell verschiedener geistiger Welten einen Zusammenschluß ermöglicht.

Aus dieser Gemeinsamkeit allen Bildungsinhalts folgt für Natorp auch die Möglichkeit einer Gemeinschaft der allen Inhalt gestaltenden bildenden Tätigkeit. Der Mensch lerne verstehen im Mitverstehen, wollen im Mitwollen, ja sogar ästhetisches Empfinden im Mitempfinden des anderen. Selbst eine menschliche Wahrnehmung würde sich nicht bilden außerhalb menschlicher Gemeinschaft:

»Es wäre undenkbar, daß das Chaos der Eindrücke sich in eine geordnete Objektwelt umschüfe, wie es doch in jedem normalen Kinde in den ersten Lebensjahren vollbracht wird, wenn ein jedes von Anbeginn ausschließlich auf seine individuellen Wahrnehmungen, Erinnerungen und ergänzenden Vorstellungen angewiesen wäre, wenn nicht ein Commercium bestände, durch das Erkenntniserwerb Anderer, zunächst der Umgebung des Kindes, durch deren Vermittlung aber der ganzen Vergangenheit des Menschengeschlechts ihm zugänglich würde. Die Vorstellung der umgebenden sinnlichen Welt ist Gemeinbesitz im inhaltvollsten Sinn; sie ist gemeinschaftlich, nicht bloß sofern jeder für sich sie im allgemeinen auf gleiche Art vollzieht, sondern sofern kein Einzelner sie vollziehen könnte ohne die Mitarbeit der Andern; ja auch nicht die ganze jetzt lebende Menschheit ohne die Errungenschaft der gesamten bisher dagewesenen« (Natorp 1974, S. 94).

Noch deutlicher stellt sich nach Ansicht Natorps der Anteil der Gemeinschaft an der menschlichen Bildung dar in der Sprache mit ihrer großen Bedeutung für die menschliche Erkenntnis, ja für die Gestaltung des Bewußtseins überhaupt. Die gesamte Prägung der menschlichen Vorstellungen sei hauptsächlich durch sie bedingt. Selbst in der Abgeschiedenheit stillen Denkens bediene sich der Mensch der Worte seiner Sprache, die Besitz der Gemeinschaft ist.
Damit gilt Natorp die Abhängigkeit der Erziehung von der Gemeinschaft als nachgewiesen. »Der Mensch wird nicht ›weise‹, das heißt mündig und also erzogen, anders als durch Gemeinschaft, in Gemeinschaft« (Natorp 1964, S. 152). Erziehung sei also ganz und gar Gemeinschaftssache, denn zum einen entspringe jeder eigentlich menschliche Inhalt der Bildung der Gemeinschaft, und zum anderen könne dieser nur in der Gegenseitigkeitsbeziehung der Subjekte, das heißt in der Gemeinschaft, vermittelt werden. Da aber, so Natorp, die Gemeinschaft nichts ist außer den Individuen, Gemeinschaft nur existiert im Verein der Individuen, kann die Erziehung des einzelnen nicht ohne Einfluß auf die Gemeinschaft bleiben. Mehr noch, so wie die entscheidenden Bedingungen der Erziehung in der Gemeinschaft liegen, liegen die entscheidenden Bedingungen der Gemeinschaft in der Erziehung. Eine menschliche Gemeinschaft besteht und entwickelt sich allein durch die menschliche Bildung ihrer Glieder, durch eine ihr gemäße Erziehung der einzelnen, die daran teilnehmen (vgl. Natorp 1903, S. 31).
Bildung und Gemeinschaft sind für Natorp somit notwendig aufeinander angewiesen. Für ihn besteht eine durchgehende Wechselbeziehung zwischen beiden. Er sieht die Erziehung bedingt durch das Leben der Gemeinschaft und umgekehrt dessen Gestaltung bedingend:

»Denn alle Bildung des Einzelnen, wie eigenartige Wege sie auch suchen mag, hängt doch schließlich von seinem Verhältnis zur Gemeinschaft, der er entstammt und in die er hineinwachsen soll, ebenso entscheidend ab, wie sie auf deren Gestaltung dann auch wieder zurückwirkt. Aller eigentlich menschliche *Inhalt* der Bildung ... stammt aus der Gemeinschaft und kehrt schließlich in den Wirkungen zu ihr zurück; alle auf Bildung gerichtete *Tätigkeit* schafft nicht bloß eine eigene Gemeinschaft ..., sondern fügt sich zugleich notwendig in die weitere Gemeinschaft, sei es der Familie, der Gemeinde oder des Staates ein, empfängt von ihr ihre ausgeprägte Gestalt und hilft dafür ihrerseits mit sie bilden, sie erneuern und vertiefen« (Natorp 1908a, S. 1 f.).

3. Das Wesen der Gemeinschaft

Der Begriff Gemeinschaft hat also bei Natorp und bei den anderen Sozialpädagogen der damaligen Zeit einen zentralen Stellenwert. Da dieser Begriff dann auch in der weiteren Entwicklung der Sozialpädagogik eine Rolle spielt, ist es zweckmäßig, etwas näher auf das hier gemeinte Verständnis einzugehen.

Natorp übernimmt die in der Soziologie seiner Zeit gebräuchliche, von Ferdinand Tönnies eingeführte Unterscheidung der Begriffe Gemeinschaft und Gesellschaft (vgl. Natorp 1907, S. 604). Tönnies hatte Gemeinschaft definiert als ursprüngliche Wesensordnung – »reales und organisches Leben ... – dies ist das Wesen der *Gemeinschaft«* –, Gesellschaft dagegen als willkürliche Organisationsordnung – »ideelle und mechanische Bildung – dies ist der Begriff der *Gesellschaft«* (Tönnies 1926, S. 3). In dem 1887 erstmalig erschienenen grundlegenden Werk von Tönnies »Gemeinschaft und Gesellschaft« heißt es zur Abgrenzung der beiden Begriffe:

»Alles vertraute, heimliche, ausschließliche Zusammenleben ... wird als Leben in Gemeinschaft verstanden. Gesellschaft ist die Öffentlichkeit, ist die Welt. In Gemeinschaft mit den Seinen befindet man sich, von der Geburt an, mit allem Wohl und Wehe daran gebunden. Man geht in die Gesellschaft wie in die Fremde. ... Gemeinschaft der Sprache, der Sitte, des Glaubens; aber Gesellschaft des Erwerbes, der Reise, der Wissenschaften. ... Im allgemeinsten Sinne wird man wohl von einer die gesamte Menschheit *umfassenden* Gemeinschaft reden, wie es die Kirche sein will. Aber die menschliche Gesellschaft wird als ein bloßes Nebeneinander von einander unabhängiger Personen verstanden. ... Gemeinschaft ist alt, Gesellschaft neu, als Sache und Namen. ... Gemeinschaft ist das dauernde und echte Zusammenleben, Gesellschaft nur ein vorübergehendes und scheinbares. Und dem ist es gemäß, daß Gemeinschaft selber als ein lebendiger Organismus, Gesellschaft als ein mechanischer Aggregat und Artefact verstanden werden soll« (Tönnies 1926, S. 3 f.).

Natorp übernimmt von Tönnies nicht nur formal die Unterscheidung beider Begriffe, sondern im wesentlichen auch die ihr zugrundegelegten Bedeutungsinhalte. Der Einfluß der von Tönnies entwickelten Gedanken auf seine eigenen Begriffsdefinitionen ist deutlich spürbar. Dies zeigt sich vor allem in seinen erläuternden Darstellungen zum Wesen der Gemeinschaft. Gemeinschaft, so Natorp, ist nicht identisch mit einer Assoziation, Organisation oder Institution, in der sich einzelne zusammenschließen können. Sie ist nicht das bloße Zusammenleben von Menschen, das durch ein äußeres Gesetz erzwungen und geregelt wird, kein Wirken zu gemeinsamen Zwecken im Sinne eines durch den Zwang aller über alle aufrechtgehaltenen Vertrages. Diese Merkmale kennzeichnen vielmehr das Leben in der Gesellschaft. Hier treten Individuen zur Verwirklichung zufällig gleicher Ziele zusammen, um wieder auseinanderzugehen, wenn dieser gemeinsame Zweck wegfällt (vgl. Natorp 1908a, S. 3; Buchenau 1925, S. 12).
Gesellschaft im Verständnis Natorps ist demnach ein künstliches, rein formales Gebilde auf Interessenbasis, dessen Zusammenhalt durch äußere Gesetze, durch Zwang, gesichert werden muß. Sie bleibt für den einzelnen »folgenlos« in dem Sinne, daß er sie jederzeit verlassen kann, ohne daß dies den Kern des Menschen irgendwie zu berühren braucht.
Dieser beinahe schon abschätzig beurteilten Gesellschaft wird von Natorp die Gemeinschaft als Wert an sich gegenübergestellt. Dabei sei Gemeinschaft nur konkret im Bewußtsein ihrer Glieder. Sie bestehe nicht aus sich, sondern allein aus dem Empfinden des einzelnen, der sich als Teil einer Ganzheit weiß (vgl. Natorp 1921, S. 6; Natorp 1907, S. 603). Dies Bewußtsein beziehe sich zum einen auf bereits gegebene Gemeinschaft und zum anderen auf *»Gemeinschaft als Idee«* (a.a.O., S. 607). Dabei bezeichnet das Wort Idee »die Gestalt einer Sache, die wir in Gedanken haben als die sein sollende, zu der der gegebene Stoff sei es gestaltet werden oder sich selbst gestalten soll« (Natorp 1914, S. 206). Natorp denkt demnach nicht nur an die

schon bestehende Gemeinschaft, sondern er hat zugleich ein Ideal der Gemeinschaft vor Augen: eine Gemeinschaft, die nicht ist, sondern sein soll, die es erst zu entwickeln gilt. »Gemeinschaft im strengen Sinn besagt innere Einigkeit über das Ziel des Menschseins und selbst über die wesentlichen Mittel, diesem Ziel näher zu kommen« (Natorp 1895, S. 4). Eine solche Gemeinschaft läßt sich nicht erzwingen, wo sie aber besteht, bedarf es keines Zwanges mehr. Der Sinn der Gemeinschaft liegt in ihr selbst begründet, oder, wie Natorp sagt: »daß *Einer für Alle, Alle für Einen* stehen« (1922e, S. 53).

Gemeinschaft wird somit definiert als organische, lebendige Einheit, die aus dem Leben selbst entsteht. Sie ist gekennzeichnet durch einen hohen inneren Zusammenhalt, durch Harmonie und Eintracht. Ihre Glieder leben in dem Bewußtsein der Gleichheit und Übereinstimmung. Jeder fühlt sich für den anderen verantwortlich und ist bereit, für ihn einzustehen. Der einzelne kann sich wohl rein äußerlich aus der Gemeinschaft lösen, sich ihrem Einfluß jedoch nie ganz entziehen. Denn sein ganzes Denken, Fühlen und Wollen ist durch das Leben in dieser Gemeinschaft erfaßt und geprägt worden.

Gemeinschaft in diesem umfassenden Sinne entwickelt sich, so Natorp, nur durch eine Gemeinschaft der Bildung. Allein eine gleichmäßige Teilnahme aller an den geistigen Gütern, an Bildung, Kunst und Wissenschaft könne die Angehörigen eines Volkes zu einer inneren Einheit, einer »wahren« Gemeinschaft, zusammenschließen. Bildung sei die wichtigste gemeinschaftsfördernde Kraft. Ihre Aufgabe sei es, die Menschen dem angestrebten Ideal der Gemeinschaft näherzubringen.

4. Die Gleichsetzung von Sozialpädagogik und Pädagogik

Die Begriffe Individuum, Gemeinschaft und Bildung stehen hier, so wurde dargelegt, in einem inneren Zusammenhang; sie sind wechselseitig aufeinander verwiesen: Der einzelne besteht nur in Gemeinschaft, Gemeinschaft wiederum ist nichts außer den Individuen, deren Bildung Gemeinschaft erst ermöglicht. Auf diese notwendige Wechselbeziehung will Natorp mit dem Ausdruck Sozialpädagogik hinweisen:

»Der Begriff Sozialpädagogik besagt also die grundsätzliche Anerkennung, daß ebenso die Erziehung des Individuums in jeder wesentlichen Richtung sozial bedingt sei, wie andererseits eine menschliche Gestaltung sozialen Lebens fundamental bedingt ist durch eine ihm gemäße Erziehung der Individuen, die an ihm teilnehmen sollen. ... *Die sozialen* Bedingungen der *Bildung* also und die *Bildungs*bedingungen des *sozialen Lebens,* das ist das Thema dieser Wissenschaft« (Natorp 1974, S. 98).

Damit wird Sozialpädagogik bestimmt als eine Pädagogik, die der sozialen Bedingtheit von Bildung und Erziehung Rechnung trägt. Was an dieser Stelle unter sozialer Bedingtheit zu verstehen sei, mag durch die vorangegangenen Ausführungen bereits deutlich geworden sein. Demnach wird hier das Adjektiv »sozial« gebraucht im Sinne von »zur Gesellung, Gemeinschaft gehörig, darauf bezogen« (Willmann 1904, S. 240).
Diesen Bedeutungsinhalt bestätigen auch die Definitionen von Natorp und anderen Vertretern der Sozialpädagogik seiner Zeit. So ist für Natorp der »soziale Charakter« der Bildung gleichbedeutend mit dem »Gemeinschaftscharakter der Bildung« (1908a, S. 5). Für Raederscheidt ist eine »sozialgerichtete« Erziehung eine »auf Gemeinschaft gerichtete Erziehung« (1926, S. 24) und die *»soziale Bedingtheit der Erziehung«* meint nichts anderes, als »daß die *Gemeinschaft* es ist, welche erzieht« (Natorp 1922b, S. 102). Willmann sieht in dem Begriff »sozial« den Gegensatz zu dem »von Individuum, Unteilbares, gebildeten Wort ›individual‹, welches das zum Einzelwesen Gehörige ausdrückt« (1904, S. 240). Demnach ist Sozialpädagogik eine Pädagogik, die die Gemeinschaftsbezogenheit von Bildung und Erziehung besonders betont, in Abgrenzung zur Individualpädagogik, welche den einzelnen in den Mittelpunkt ihrer Überlegungen stellt. So schreibt Natorp:

»Die Einführung der Idee in die Wirklichkeit des Menschendaseins ist das Thema einer höheren Pädagogik; ich nenne sie *Sozialpädagogik*, um sie von derjenigen zu unterscheiden, die allein die Bildung des Individuums ... ins Auge faßt« (1908a, S. 62).

Aus dieser Gegenüberstellung von Sozialpädagogik und Individualpädagogik zu folgern, daß beide Ausdrücke zwei verschiedene, einander gegenüberstehende Wissenschaften der Allgemeinen Pädagogik bezeichnen sollten,

ist nur zum Teil berechtigt. Denn gerade über die Zuordnung von Sozialpädagogik, Individualpädagogik und Pädagogik bestand keine Einigkeit unter den einzelnen Vertretern der Sozialpädagogik.
So bestimmt Willmann die Sozialpädagogik als einen Teil der Allgemeinen Pädagogik, eng verwachsen mit dem ihr zugehörigen Teil der Individualpädagogik (1904, S. 241). Ähnlich äußert sich Edelheim; er bezeichnet Sozialpädagogik als ein »gedanklich wohl von der individuellen Pädagogik abtrennbares und unabhängig von derselben zu behandelndes Gebiet der allgemeinen Erziehungslehre« (1901, S. 529). Auch Beck bestimmt Sozialpädagogik als einen Bereich der Pädagogik, und zwar als »diejenige Seite der Pädagogik, welche das soziale Element in allen Zweigen der Erziehung klarstellt« (1910, S. 296).
Natorp dagegen hält die Beziehung zwischen Bildung und Gemeinschaft für so entscheidend, daß es ihm nicht genügt, Sozialpädagogik als ein Teilgebiet neben anderen zu sehen, als eine zusätzliche Aufgabe, die der Pädagogik neu gestellt ist. Da er Pädagogik definiert als die »Wissenschaft der Bildung, das heißt die theoretische Grundlage für die Entscheidung der die Erziehung und den Unterricht betreffenden Fragen« (Natorp 1927, S. 1), da die mit Bildung und Erziehung zusammenhängenden Probleme für ihn aber stets auf Gemeinschaft verweisen, lag es für ihn nahe, in der Gemeinschaftsbezogenheit das Fundament der gesamten Erziehungslehre zu sehen. So schreibt Natorp zum Begriff Sozialpädagogik: »Gemeint ist damit . . . nicht ein *abtrennbarer* Teil der Erziehungslehre etwa neben der individualen, sondern die *konkrete* Fassung der Aufgabe der Pädagogik überhaupt« (1974, S. 98). Und an anderer Stelle heißt es:

»Worauf es ankommt, ist, daß die Sozialpädagogik nicht einen *Teil* der gesamten . . . Pädagogik, oder eine *einseitige Ansicht* der Probleme hat bedeuten wollen, sondern einen *Charakter der ganzen Pädagogik,* welcher Charakter in der Methode besteht: sämtliche Probleme der Pädagogik unter dem obersten Gesichtspunkt der Grundbeziehung der Individuen in der Gemeinschaft zu ordnen und zu behandeln« (Natorp 1907, S. 606 f.).

Sozialpädagogik im Sinne Natorps ist demnach nicht ein Bereich der Pädagogik, sondern gleichbedeutend mit Pädagogik schlechthin. Sie ist die gesamte Pädagogik, allerdings von einem bestimmten Standpunkt, eben dem der Gemeinschaft aus betrachtet.

Da für Natorp Individuum und Gemeinschaft keine Gegensätze darstellen, sondern in ursprünglicher, unaufhebbarer Korrelation stehen, vernachlässigt in seiner Sicht eine Pädagogik, welche den Begriff der Gemeinschaft an die Spitze stellt, keineswegs die Individualität. Diese sei, so schreibt er, im Prinzip der Gemeinschaft von Anfang an mitgesetzt. Denn »die echte Erziehung zur Individualität fordert die Erziehung zur Gemeinschaft, die echte Erziehung zur Gemeinschaft die zur Individualität« (Natorp 1908b, S. 428). Daher nennt er seine Pädagogik auch eine »monistische« in Unterscheidung von einer »dualistischen«, welche die Individualpädagogik und die Sozialpädagogik als zwei sich wohl ergänzende, jedoch voneinander getrennte Disziplinen innerhalb der Allgemeinen Pädagogik begreift.

Weshalb nun aber nennt Natorp diese monistische Pädagogik »Sozialpädagogik«, da sie doch, wie er sagt, ebensowohl eine individuale als auch eine soziale ist? Seine Antwort auf diese Frage lautet: Zum einen, weil der Begriff der Gemeinschaft zwingend den des einzelnen miteinbezieht, und zum anderen, weil in der bisher praktizierten Erziehung die Bedeutung der Individualität allgemeiner anerkannt ist als die Gemeinschaft.

»Erst wenn die Sozialpädagogik auf der ganzen Linie gesiegt hätte, dürfte sie sich schlechtweg Pädagogik nennen; solange dagegen um die volle Anerkennung der Rolle der Gemeinschaft in der Erziehung noch zu kämpfen ist, ist jener Name, gleichsam als Losung in diesem Kampf, nicht zu entbehren« (Natorp 1907, S. 606).

Im Unterschied zu Willmann, Edelheim und Beck geht es Natorp also nicht darum, mit der Sozialpädagogik eine Ergänzung zu der bislang primär individual orientierten Pädagogik zu schaffen, sondern ihm geht es um eine grundsätzliche Erneuerung der gesamten Pädagogik. Sozialpädagogik ist ihm eine »höhere Pädagogik« (Natorp 1908a, S. 62), »die Pädagogik in großen Lettern« (Natorp 1922d, S. 96). Und dieses sein Verständnis von Sozialpädagogik — als einem Synonym für Pädagogik überhaupt — hat sich dann auch in der pädagogischen Diskussion um die Jahrhundertwende weitgehend durchgesetzt. So heißt es etwa im Jahre 1900 in den »Mitteilungen« der Zeitschrift »Die

Deutsche Schule« unter dem Titel »Zur Orientierung über den Begriff Sozialpädagogik«: Die Sozialpädagogen »erstreben *keine neue Pädagogik neben der alten*, sondern eine *Reform der letzteren«* (S. 307).

5. Aufgaben und Ziele der Sozialpädagogik

Das Ideal der Gemeinschaft war die Antwort der Pädagogik auf die gesellschaftspolitische Situation im Deutschland des ausgehenden 19. Jahrhunderts. Sie fühlte sich aufgerufen, »dem drohenden Chaos und dem Auflösungsprozeß menschlich-geistiger Bindungen« (Raederscheidt 1926, S. 24) auf erzieherischem Wege zu begegnen. Ihre auf Gemeinschaft gerichtete Erziehung sollte der »sich bedrohlich steigernden geistigen und seelischen Zerklüftung der Nation — der ›Schroffheit, man kann beinahe sagen, Grausamkeit abstrakter Gegensätze‹, in welche die verschiedenen Volksschichten jetzt auseinandertreten —« (Natorp 1909/1910, S. 10) entgegenwirken.
Schaffung eines starken Gesamtbewußtseins als Gegengewicht zum Egoismus der einzelnen wie zum Klassenbewußtsein, Überwindung der Zerrissenheit des deutschen Volkes, Überbrückung der tiefen Kluft zwischen den oberen und unteren Volksschichten: dies alles sind Umschreibungen für das Anliegen der Sozialpädagogik, die innere Einheit der wirtschaftlich und politisch gespaltenen Nation wiederherzustellen (vgl. Rissmann 1899, S. 765; Natorp 1927, S. 34).
Da Bildung als die wichtigste gemeinschaftserzeugende Kraft betrachtet wurde, war sie das Mittel, um diesem Ziel näherzukommen. Der Annahme, daß »der Besitz der geistigen Güter die Glieder eines Volkes, eines Staates zu einer inneren Einheit und Zusammengehörigkeit verknüpft«, entsprang das Bestreben, »auch den niederen Ständen die Teilnahme an diesen idealen Gütern: an Bildung, Wissenschaft, Kunst, nach Möglichkeit zu gewähren« (Habrich 1903, S. 37). So fordert Natorp eine »nationale, d. h. alle Schichten der Nation gleichmäßig ergreifende ... Bildung« (1909/1910, S. 7). »Wir wollen«, schreibt er, »daß eine tiefgründige, der vollständigen Idee des Menschentums entsprechende Bildung allen zuteil werde, einzig nach dem Maß ihrer Fähigkeit« (1908b, S. 436).

Mit dieser Forderung wendet er sich gegen das in Preußen bestehende Bildungswesen. Die von ihren Begründern als Nationalschule, das heißt als obligatorisch für die ganze Nation konzipierte unentgeltliche Volksschule war herabgedrückt worden zur Schule der unteren Volksschichten, zur Proletarierschule. Denn die Gymnasien bezogen ihre Schüler nicht aus der Volksschule, sondern aus eigenen kostenpflichtigen Vorschulen. Dort setzte der fremdsprachliche Unterricht so frühzeitig ein, daß ein späterer Übergang von begabten und fähigen Volksschülern auf die weiterführenden Schulen unmöglich wurde. Es bestanden somit von Anfang an zwei getrennte Bildungswege: Vorschule und Gymnasium für die höheren, das heißt zahlungsfähigen Schichten zum einen, die Volksschule für die arme Bevölkerung zum anderen. Diese Organisationsform, schreibt Natorp, sei wesentlich mitverantwortlich für die Zerklüftung der Nation, für den »zerstörenden, inneren Krieg«; werde doch schon das Kind durch die Schule selbst darauf hingewiesen, »sich als Angehörigen der bevorrechteten weil besitzenden, oder aber der benachteiligten weil nicht besitzenden Klasse zu fühlen« (Natorp 1974, S. 208). Soll die Schule die gesellschaftlichen Gegensätze nicht noch verschärfen, darf die höhere Bildung nicht länger das Privileg einer Klasse sein. Die Volksschule muß zu dem werden, was sie dem Prinzip nach doch hatte sein sollen: eine allgemeinverbindliche Schule für jeden. *»Standes- und Klassenvorrechte auf dem Gebiete der Erziehung [sind] schlechterdings rechtlos«* (Natorp 1893, S. 109). Daher lautet die Forderung der Sozialpädagogen: Milderung bzw. Aufhebung der Klassenunterschiede im Bildungswesen, »Demokratisierung der Bildung« (Natorp 1908b, S. 436; vgl. ders. 1893, S. 109; ders. 1922a, S. 74; Rissmann 1899, S. 766 und S. 775; Tews 1900, S. 4 f.).
Die Einheit einer nationalen Bildung soll, so Natorp, »die Disharmonie, die im Volke stattfindet, den Kampf der Stände unter sich« (1909/1910, S. 8) beenden. Sie bekämpft die soziale Gefahr, indem sie ihre Ursachen beseitigt. Denn letztlich bedingt seien die gesellschaftspolitischen Spannungen nicht durch unterschiedliche Besitzverhältnisse, sondern durch Bildungs- und Gesittungsgegensätze:

»›Nicht in der Dissonanz der Besitzverhältnisse, sondern in derjenigen der Bildungsgegensätze liegt der letzte Grund aller sozialen Gefahr‹ (Schmoller). Warum aber die Einheitlichkeit der Bildung und Gesittung so wichtig ist, liegt darin begründet, dass sie es ist, die eine gewisse Menge zum *Volk* macht, dass niemand Volksgenosse ist, als insofern er sich als Glied dieser sittlichen Gemeinschaft fühlt, als insofern er gewisse ideale Güter dieser Gemeinschaft für höher als seine individuellen Interessen erachtet« (Rissmann 1899, S. 765).

Eine das ganze Volk umfassende Bildung überbrückt, diesen Aussagen zufolge, die sozialen und politischen Gegensätze. Sie nimmt der gesellschaftspolitisch angespannten Situation ihre Bedrohlichkeit, indem sie die einander feindlich gegenüberstehenden Stände in dem Bewußtsein der Gemeinschaft verbindet.
Um ihr Ziel der Wiederherstellung der nationalen Einheit, der Schaffung einer Volksgemeinschaft, zu erreichen, soll die Erziehung zum Geiste der Gemeinschaft nicht auf ein bestimmtes Alter beschränkt bleiben. Die Sozialpädagogik fordert einen dreistufigen Aufbau der Bildungsorganisation: von der erziehenden Hausgemeinschaft über die nationale Einheitsschule bis hin zur freien Selbstbildung der Erwachsenen aller Volkskreise in Hochschulen und Volkshochschulen (vgl. Natorp 1927, S. 33 f.). »Die gemeinschaftliche Bildungsarbeit würde ... [dann] die stärkste Stütze auch der wirtschaftlichen und politischen Gemeinschaft sein« (a.a.O., S. 34). Diese das gesamte Volksleben umspannende Gemeinschaft ist der ferne Zielpunkt, zu dem die Sozialpädagogik hinführen soll.

Sozio-kulturelle Implikationen der Sozialpädagogik

Wie nun verhielt sich das hier skizzierte Selbstverständnis der Sozialpädagogik um die Jahrhundertwende zu der damaligen gesellschaftlich-politischen Wirklichkeit? An einer Reihe von Aussagen ihrer Repräsentanten zeigte sich bereits, daß die damalige Sozialpädagogik im wesentlichen eine Reaktion auf die sozialen und politischen Verhältnisse im Deutschland des ausgehenden 19. Jahrhunderts war. Den Äußerungen Natorps, Rissmanns, Fischers und Habrichs zufolge war Sozialpädagogik die Antwort von Pädagogen auf die innere Zerrissenheit des deutschen Volkes. Den Grund aber für die von ihnen empfundene Bedro-

hung des deutschen Volkslebens, die Ursache der sozialen Gefahr, sahen sie weniger in den bestehenden wirtschaftlichen und sozialen Gegensätzen selbst als vielmehr in der daraus entstandenen, die volksgemeinschaftliche Einheit störenden »fast hoffnungslos erscheinenden Zerklüftung der politischen Parteien« (Natorp 1909/1910, S. 7).
Da die SPD schon wegen ihrer grundsätzlichen Opposition zum Gesellschaftssystem des Kaiserreiches das augenfälligste Merkmal in der Divergenz der Parteien darstellte, scheint es gerechtfertigt, einen Zusammenhang zwischen Entstehung und Entwicklung der deutschen Arbeiterbewegung einerseits und Entstehung und Entwicklung der Sozialpädagogik andererseits anzunehmen. Für diese Vermutung spricht auch, daß, obwohl der Begriff Sozialpädagogik erstmals bereits 1850 in der Pädagogik gebraucht wurde, mehr als 40 Jahre vergingen, ohne daß er in der erziehungswissenschaftlichen Literatur eine Bedeutung hatte, bis dann in den neunziger Jahren mit einem Mal eine Vielzahl von sozialpädagogischen Veröffentlichungen auf dem Markt erschien. Das plötzlich erwachte Interesse an Sozialpädagogik fiel also zusammen mit dem enormen Aufschwung der SPD nach Aufhebung der Sozialistengesetze. Berücksichtigt man zudem die von der Sozialdemokratie in ihren Parteiprogrammen erhobenen Forderungen – gewaltsame Veränderung der gesamten staatlichen und wirtschaftlichen Ordnung –, liegt es nahe, daß die von den Sozialpädagogen empfundene Besorgnis vor allem in der Angst des Bürgertums vor der proletarischen Revolution wurzelte.
Bereits die kommentierenden Ausführungen Diesterwegs zu der von ihm im Kapitel »Schriften über Social-Pädagogik« empfohlenen Literatur spiegeln diese Furcht wider. In bezug auf das Jahr 1848 heißt es darin:

»Die Erscheinungen dieses Jahres [weisen] auf keine Forderung dringender [hin], als auf die geregelte Fürsorge für die geistige und sittliche Reife der Nation; *daß freie Staaten ohne allgemein durchgeführte Bildung für die Jugend und ohne Bildungsvereine die größte Gefahr laufen, in Pöbelherrschaft zugrundezugehen«* (Diesterweg 1850, S. 129).

Diesterweg selbst verweist somit auf die Revolution des Jahres 1848 als gewichtigen Anlaß für die Pädagogik, zur Lösung der sozialen Frage beizutragen:

»Wollen wir der Gefahr, den Pöbel fort und fort wachsen zu sehen, entgehen; wollen wir den gesellschaftlichen Pflichten und den wahrlich länger nicht zu beseitigenden heiligen Anforderungen des Christenthums genügen: wir dürfen, wir können diese Aufgabe nicht von der Hand weisen. Es ist eine *Lebensfrage*, wie für die Sicherheit des äußeren Bestehens, so für die Ruhe des Gewissens. ... *Hier muß geholfen werden; es darf nicht fortgehen wie bisher*. Sonst werden die Steine schreien. In England schreien sie schon längst. Beugen wir vor, wenn nicht aus Angst vor Revolten der Fabrikarbeiter und des Pöbels in großen Städten, doch aus Humanität!« (Diesterweg 1850, S. 125 f.).

Neben sittlich-religiösen Motiven ist es also vor allem die Angst vor der Pöbelherrschaft, dem revolutionären Umsturz des bestehenden Gesellschaftssystems durch das Proletariat, die Diesterwegs Sozialpädagogik entstehen ließ. Und die Furcht vor der Revolution beeinflußte auch die weitere Entwicklung der Sozialpädagogik.

Trotz staatlicher Bekämpfung gewann die sozialistische Organisation der Arbeiterschaft ständig an Macht. Nach den Wahlen von 1890 war offensichtlich, daß sowohl das Sozialistengesetz als auch die Sozialgesetzgebung in ihrem Bemühen, die Arbeiterschaft in den Staat zu integrieren und die revolutionäre Bedrohung abzufangen, ein Fehlschlag gewesen waren. Weder Strafandrohung und Verfolgung noch staatliche Zugeständnisse hatten das Anwachsen der Sozialdemokratie verhindern können.

Angesichts dieser innenpolitischen Situation wurden nun auf breiter Basis sozialpädagogische Konzepte entworfen. Da viele dieser Publikationen ausdrücklich gegen die Sozialdemokratie und ihre Zielsetzungen Stellung beziehen, den revolutionären Charakter der Arbeiterbewegung verurteilen, die Bekämpfung der »sozialen Gefahr« als die vordringliche Aufgabe der Zeit bezeichnen (vgl. Natorp 1922c, S. 122 f.; Willmann 1904, S. 245 f.; Rissmann 1899, S. 765; Habrich 1903, S. 37 f.; Fischer 1892, S. 119), scheint es nicht unberechtigt, in der Sozialpädagogik den Versuch von Pädagogen zu sehen, nun ihrerseits die drohende Revolution abzuwenden. So heißt es zum Beispiel bei Fischer:

»Die Lehren der Sozialdemokratie [widersprechen] nicht nur den göttlichen Geboten und der christlichen Sittenlehre ..., sondern [sind] in der Wirklichkeit unausführbar und in ihren Konsequenzen den Einzelnen und dem Ganzen gleich verderblich« (1892, S. 307).

Das gesellschaftspolitische Motiv der Sozialpädagogik wäre demnach die Adaption der aufbegehrenden Arbeiterschaft an die bestehende Gesellschaftsstruktur. Und auch ihre Forderung nach nationaler Bildung und nach Aufhebung der Standesvorrechte im Bildungswesen wäre auf dieses Ziel und damit gleichzeitig gegen die Sozialdemokratie gerichtet. Bereits Natorps erste öffentliche Stellungnahme zur deutschen Bildungspolitik kann als ein Beleg dafür gelten (1893). Darin führt er aus, daß Klassenunterschiede auf dem Bildungssektor schlechterdings Unrecht seien, und daß die »demokratischen Grundsätze«, nach denen »alle großen Kulturvölker« ihr Bildungswesen gestalten, von den nationalen Pädagogen der deutschen Klassik stammen. In Deutschland selbst seien jedoch alle Parteien einmütig entschlossen, diese Grundsätze preiszugeben. Nur die Partei, »in der man den Todfeind aller Güter unserer nationalen Kultur zu sehen gewohnt ist: [die] Socialdemokratie« (S. 109), bilde hier eine Ausnahme. Die hinter seiner bildungspolitischen Übereinstimmung mit der SPD liegende Absicht wird jedoch deutlich, wenn er den übrigen Parteien dringend die Vertretung jener pädagogischen »demokratischen Grundsätze« nahelegt. Denn »der Haß gegen die Socialdemokratie — das einzige heutzutage, was noch eine Einigung zu Wege bringt — hätte ihnen den Gedanken eingeben können, wenigstens diesen noch nicht betretenen Weg ihr vorwegzunehmen, um auf ihm, wenn's nicht schon zu spät ist, den fast ganz verlorenen Einfluß auf die breiten Schichten des arbeitenden Volks etwa wieder zu gewinnen« (a.a.O.).
Adressat des sozialpädagogischen Bildungsangebotes sind somit die breiten Massen der sozialdemokratisch orientierten Arbeiterschaft. Bildungspolitik nach »demokratischen Grundsätzen« ist das Mittel, sie dem Einflußbereich der SPD zu entziehen. Die Forderung der Sozialpädagogik nach höherer Bildung für die unteren Volksschichten entsprang also weniger dem Eingehen auf die Bedürfnisse der Arbeiter, sondern war primär Ausdruck des bürgerlichen Interesses an der Erhaltung der bestehenden Gesellschaftsordnung. Dies zeigt sich auch darin, daß diese Forderung mit dem Hinweis begründet wurde, nicht Besitz-, sondern Bildungsunterschiede seien die Ursache der sozialen Gefahr. Die Teilhabe an den bislang der Mittelschicht vor-

behaltenen geistigen Gütern sollte den Arbeitern das Bewußtsein, Arbeiter, das heißt Angehöriger einer benachteiligten Schicht zu sein, nehmen. Proletarier nämlich, die ihre Unterdrückung und Ausbeutung nicht als solche empfinden, sehen auch keinen Grund, die gesellschaftliche Ordnung zu verändern.

Bildung soll demnach der befürchteten proletarischen Revolution vorbeugen, indem sie verändernd auf das Bewußtsein ihrer potentiellen Initiatoren wirkt. So wird dem erstarkenden Klassenbewußtsein der Arbeiterschaft, dem Usprung ihrer für die Vormachtstellung von Adel und Bürgertum bedrohlichen sozialpolitischen Aktivitäten, das Ideal einer das ganze Volk umfassenden Gemeinschaft entgegengesetzt. Die Adaption des bürgerlichen Bildungsgutes soll den unteren Volksschichten die gesamte Nation als eine in sich geschlossene Einheit erscheinen lassen, in der grundsätzliche Gleichheit und Übereinstimmung herrschen. Ein Gemeinschaftsbewußtsein soll sich entwickeln, das die Erhaltung und Bewahrung dieser Einheit höher achtet als eigene Interessen oder Klasseninteressen.

Ganz offensichtlich steht dieser von der Sozialpädagogik propagierte Gemeinschaftsbegriff im Widerspruch zur damaligen gesellschaftlichen Realität. Hier herrschten weder allgemeine Harmonie noch Eintracht, sondern politische und soziale Antagonismen bestimmten das Gesellschaftsbild. Die Interessen von Adel und Bürgertum standen im krassen Gegensatz zu denen der Arbeiterschaft. War die Aristokratie vor allem auf die Sicherung ihrer politischen Privilegien, das Bürgertum auf Erhaltung und Ausbau seiner wirtschaftlichen Vorrechte bedacht, so erstrebte das sozialdemokratisch orientierte Proletariat die völlige Umgestaltung des Gesellschaftssystems. Konservativ-restaurative und innovatorisch-revolutionäre Kräfte standen in offener Feindschaft gegeneinander.

Diesen extremen Widersprüchen und unübersehbaren Interessenkonflikten versuchte die Sozialpädagogik durch die Bildung eines Bewußtseins von Gemeinschaft zu begegnen, in der solche Gegensätze nicht bestehen, die Verfolgung eigener bzw. Klasseninteressen als Ausdruck von moralischem Verfall gewertet wird. Die sozialpädagogischen Bemühungen, die primär auf die unteren Volksschichten gerichtet waren, sollten diesen ihre Forderung nach Gesellschaftsveränderung als unnötig bzw. nicht berechtigt erscheinen lassen. Der Gemeinschaftsbegriff der Sozialpädagogik erschwerte somit den unterprivilegierten Gruppen die realistische Erkenntnis der eigenen Situation sowie eine daraus resultierende gesellschaftlich wirksame Artikulation ihrer objektiven Bedürfnisse, das heißt, er wirkte im Sinne einer Entfremdung gegenüber den eigenen Interessen. Die sich daraus ergebende gesellschaftliche Konsequenz implizierte die Erhaltung des Status quo – eine These, die bestätigt wird durch die Aussage Natorps: »Die sittliche Idee der Gemeinschaft [ist] die festeste, die allein unerschütterliche Grundlage staatlicher Ordnung überhaupt, insofern die eigentlich staatserhaltende Kraft« (1895, S. 5). Allein auf dieser Basis sei der Staat fähig, sich selbst zu erhalten, Schwankungen und Umwälzungen zu entgehen.

Sozialpädagogik im Sinne Natorps und seiner Zeitgenossen ist also trotz ihrer partiell sozialkritischen Ansätze, trotz ihrer Hinwendung zu den unteren Volksschichten »unsozial«, unsozial, weil letztlich gegen die Arbeiterschaft und ihre Interessen gerichtet. Ihr Bildungsangebot trägt bei zur Verschleierung der antagonistischen Gesellschaftsstruktur; ihr Gemeinschaftsbegriff kann als Versuch gewertet werden, das marxistische Klassenkampfmodell außer Kraft zu setzen. Mit Hilfe bürgerlicher Bildungsinhalte sollten den Angehörigen der unteren Volksschichten bürgerliche Werte und Normen vermittelt werden, um so ihre Loyalität mit dem bestehenden System wiederherzustellen (vgl. Vahsen 1975, S. 61). Damit aber diente Sozialpädagogik vor allem den Interessen des bevorrechteten Teils der Gesellschaft, der Erhaltung dessen wirtschaftlicher und politischer Privilegien.

Die Sozialpädagogik der Jahrhundertwende trägt somit ideologische Züge. Viele Selbstaussagen ihrer Vertreter halten der Überprüfung an der gesellschaftlich-politischen Wirklichkeit nicht stand. Die sozialpädagogischen Theorien sind in diesem Fall Ausdruck der Befangenheit von bürgerlichen Pädagogen in der Gedankenwelt des bürgerlichen Mittelstandes im ausgehenden 19. Jahrhundert. Schon aufgrund ihrer eigenen Sozialisation – Besuch von der Mittelschicht vorbehaltenen höheren Schulen und Universitäten, berufliche Tätigkeit im Staatsdienst –, war es ihnen nahezu unmöglich, die soziale Lage der Arbeiterschaft adäquat zu erfassen. Da in der Lebenswelt dieser Pädagogen geistige Güter so hoch geschätzt wurden, waren sie davon überzeugt, durch die Vermittlung von Bildung die Situation der Arbeiterklasse wesentlich verbessern zu können. Die Reduzierung der sozialdemokratischen Zielsetzungen auf die Forderung nach allgemeiner Bildung erfolgte daher sicher nicht aus dem Bewußtsein, die eigene gesellschaftliche Position zu sichern, sondern aus der Überbewertung der geistigen Güter durch das Bildungsbürgertum. Zudem bedeutet die Erweiterung ihres Wissens für die unteren Schichten tatsächlich einen Schritt in Richtung auf Abbau von Klassengegensätzen. Nicht ohne Grund hatte der Adel dem niederen Volk jahrhundertelang bewußt jede Form von weltlicher Bildung versagt. Denn Unwissenheit bedingt Abhängigkeit, sie erleichtert den Mächtigen die Aufrechterhaltung ihrer Herrschaft.

So kann also trotz ihrer sozialintegrativen, auf die Bewahrung des Bestehenden gerichteten Intention die von der Sozialpädagogik geforderte nationale Bildung als eine wesentliche Voraussetzung für die politische Emanzipation der Arbeiterschaft gewertet werden. Allerdings konnte die in dieser Bildung liegende innovatorische Potenz gesellschaftlich nicht wirksam werden, da die vermittelten Inhalte an der Lebenssituation der Arbeiter vorbeigingen und damit einer realistischen Einschätzung und grundlegenden Lösung der bestehenden Interessenkonflikte entgegenwirkten.

Literaturhinweise

(Die jedem Kapitel angefügten Hinweise auf ergänzende und weiterführende Literatur nennen jeweils nur Autor und Erscheinungsjahr; die bibliographischen Angaben dazu finden sich im Literaturverzeichnis.)

Wirtschafts- und Sozialgeschichte Deutschlands: Bechtel 1967; Lütge 1960; Michel 1947; Ritter/Kocka 1974.
Arbeiterbewegung: Jantke 1955; Potthoff 1974.
Konzepte der Sozialpädagogik um die Jahrhundertwende: Bergemann 1900; Fischer 1892; Habrich 1903; Natorp 1908a, 1922, 1964, 1974; Rissmann 1899; Willmann 1904.

2. Kapitel
Die sozialpädagogische Bewegung der zwanziger Jahre: Sozialpädagogik als Theorie und Praxis der außerschulischen und außerfamilialen Erziehung

Das Jahr 1918 brachte für Deutschland nicht nur das Ende des Ersten Weltkrieges, sondern auch den Sturz der Monarchie. Die Kapitulationsverhandlungen waren bereits eingeleitet, als am 3. November 1918 Kieler Matrosen – die deutsche Hochseeflotte sollte in letzter Stunde zu einem Entlastungsangriff auslaufen – den Gehorsam verweigerten. In Windeseile griff die Revolution auf die großen Städte über. Überall bildeten sich Arbeiter- und Soldatenräte. Am 9. November rief Philipp Scheidemann die Republik aus. In der kommenden Nacht floh Wilhelm II. nach Holland ins Exil. Dem Führer der MSPD (Mehrheitssozialdemokraten), Friedrich Ebert, wurde das Reichskanzleramt übergeben. Die politische Macht lag nun in den Händen des gemäßigten Flügels der Sozialdemokratie.
Bereits während des Krieges war die sozialdemokratische Parteimehrheit auf einen Kurs der Kooperation mit der Regierung und den bürgerlichen Parteien eingeschwenkt, um auf diesem Wege eine innenpolitische Neuorientierung, vor allem in Form einer Wahlrechtsreform, zu bewirken. Dieser Weg der Reformen wurde nun fortgesetzt: Ziel der MSPD war die parlamentarische Demokratie westeuropäischer Prägung. Wie die Wahlen zur Nationalversammlung von 1919 zeigten, fand die neue politische Leitlinie die Zustimmung der Wählerschaft. Während die USPD (Unabhängige Sozialdemokratische Partei Deutschlands), vorwiegend Operationsfeld der linken Parteimitte und der radikalen Linken der Mutterpartei, nur 7,6 Prozent der abgegebenen Stimmen erhielt, konnte die MSPD 37,9 Prozent auf sich vereinigen (vgl. Potthoff 1974, S. 64 ff.).
Eine Sozialpädagogik im Natorpschen Verständnis hatte damit ihre, in der besonderen historischen Situation des ausgehenden 19. Jahrhunderts begründete, gesellschaftlich-politische Aufgabe verloren. Die alte politische Ordnung war nun endgültig zerstört. Auch das Gemeinschaftsideal der Sozialpädagogen hatte ihr Ende nicht verhindern können. Für die neu etablierte Staatsform bedeutete die Sozial-

demokratie keine Gefahr mehr. Als Regierungspartei war sie an deren Kontinuität und Stabilität interessiert. Ihren revolutionären Charakter hatte sie weitgehend abgelegt.
Dieser Wandel der gesellschaftlich-politischen Verhältnisse mag eine Erkärung dafür bieten, wieso sich in den folgenden Jahren immer mehr ein Begriff von Sozialpädagogik durchsetzte, der ganz unabhängig von den theoretischen Konzepten Natorps und der ihm gleichgesinnten Pädagogen entstanden war und der das Natorpsche Verständnis nahezu völlig verdrängte.
Die Bezeichnung Sozialpädagogik wurde nun zum Symbol für das Streben nach theoretischer Begründung eines Zusammenhangs von unterschiedlichen Bereichen kinder- und jugendfürsorgerischer Tätigkeit, die sich im Rahmen der gesellschaftlichen Entwicklung herausgebildet hatten.

Die Entwicklung der Jugendwohlfahrt

Den eigentlichen Beginn der Entwicklung spezieller Einrichtungen und Maßnahmen der Kinder- und Jugendfürsorge ortet Hans Scherpner im ausgehenden Mittelalter (vgl. 1966). Zwar hatte sich die Gesellschaft auch schon vorher der »verlassenen«, das heißt familienlosen, sippenlosen Kinder angenommen. Dies geschah zunächst jedoch nicht in Sonderanstalten, sondern diese Kinder erhielten die gleiche Behandlung wie all jene, die nicht für sich selbst sorgen konnten und für die kein anderer zu sorgen bereit war. Sie fanden Aufnahme in den Hospitälern, der umfassenden Fürsorgeeinrichtung des Mittelalters für all jene Hilfsbedürftigen, die sich aufgrund körperlicher oder geistiger Gebrechen nicht durch Bettelei ernähren konnten. Dort wurden die Kinder großgezogen, bis sie fähig waren, für sich selbst Almosen zu erbitten. Eine Ausbildung, gar eine Berufsausbildung, erhielten sie nicht (vgl. Rehm 1925, S. 211 ff.).
Erst mit der Spezialisierung des Spitalwesens der mittelalterlichen Städte, als für die ortsfremden Reisenden, die herumziehenden Armen, vor allem die zahlreichen Pilger, Elendenherbergen eingerichtet wurden, als man eine weitere Ausbreitung der ständig zunehmenden Geschlechtskrankheiten durch den Bau eigener Blatterhäuser zu ver-

hindern suchte und die Aussätzigen in den Leprosenspitälern, den sogenannten Gutleuthäusern, unterbrachte, wurden auch für die Kinder besondere Findel- und Waisenhäuser geschaffen. Über die erzieherischen Bemühungen in diesen Anstalten ist nur wenig bekannt. Man nimmt an, daß eine gewisse religiöse Unterweisung erfolgte, da die Kinder zum Beten und Gottesdienstbesuch angehalten wurden. »Von einem eigentlichen Erziehungsziel in der Fürsorge für Findel- und Waisenkinder kann«, so Scherpner, »für das Mittelalter [jedoch] noch nicht die Rede sein. Ebenso wie für alle anderen Kategorien von Hilfebedürftigen strebte man auch für die Kinder allein ihre Versorgung an. Es schien ausreichend, die Kinder zum Almosenheischen anzuhalten, damit sie so zu ihrem Unterhalt beitrugen. Wir haben keine Belege dafür, daß man damals etwa schon an eine Berufsausbildung gedacht habe — es würde auch der ganzen Grundhaltung der damaligen Zeit widersprechen« (1966, S. 26). Die Kinder sollten demnach im Stande der Armut verbleiben. Die Vorstellung, sie so zu erziehen, daß sie aus dieser Armut aufsteigen könnten, war prinzipiell nicht nachvollziehbar, da sie der mittelalterlichen Ethik, inbesondere der von Thomas von Aquin entwickelten Almosenlehre entgegenstand.

Im Bewußtsein des Mittelalters sind die Armen ein notwendiger Stand. Zwar stehen sie am untersten Ende der ständischen Hierarchie, doch »haben auch sie teil an der Leistung und der Bedeutung der oberen Stände, leben in ihrem Kosmos, der aufs Jenseits gerichtet ist, und stehen so in Beziehung zur letzten Bestimmung, die viel wesentlicher ist als alles Irdische« (Scherpner 1962, S. 25). Denn die Armen sind es, die den Gläubigen die Gelegenheit bieten zu verdienstlichem Tun, zum Almosengeben. Das Almosen war neben Beten und Fasten eine Möglichkeit der »satisfactio«, der Genugtuung für begangene Sünden, sowie eine unbedingte religiöse Pflicht eines jeden Christen. Der Arme erhält seine besondere Bedeutung für die mittelalterliche Gesellschaft somit als Empfänger der Almosen, die den Geber dem überweltlichen Ziel näherbringen. Als solcher ist der Arme unentbehrlich im Gefüge der auf das Jenseits gerichteten sozialen Ordnung. Er steht so auch nicht außerhalb der Gesellschaft, sondern hat in ihr seinen Platz. Außerdem bedeutete Armut, symbolisiert in der freiwilligen Armut eines Franz von Assisi, eine ethische Aufgabe, deren demütige Erfüllung religiöse Werte erschloß.

Von dieser Anschauung her war es nur konsequent, daß arme Kinder nicht Gegenstand besonderer Aufmerksamkeit und einer speziellen Fürsorge waren. Sie wurden vielmehr in und mit ihren Familien durch Almosen erhalten. Damit ist nach mittelalterlicher Auffassung die Aufgabe gelöst, der Almosenpflicht Genüge getan.

Eine Änderung der Anschauung über Sinn und Ziel der Hilfe für die Armen sowie eine erste Revision des mittelalterlichen Almosenwesens erfolgten mit dem Beginn der Neuzeit. Die allgemeine Stimmung dem Armen gegenüber war umgeschlagen. Das alte Ideal der »willigen Armut«, in der vorangegangenen Epoche vorgelebt durch die franziskanische Bewegung, hatte an Gültigkeit verloren. Das Bürgertum – und hier besonders die Handwerkerschaft – entwickelte eine kritische Einstellung gegenüber dem Bettler, der nicht aus echter Bedürftigkeit, sondern aus fehlendem Arbeitswillen, aus Faulheit um Almosen bittet. »Aus der gottgewollten und gottgefälligen Armut [wurde] ... ein negativ zu sanktionierendes individuelles Versagen, wodurch der einzelne jetzt ... aufgrund der ihm unterstellten Arbeitsscheuigkeit vor Gott und der Welt schuldig wird« (Nowicki 1973, S. 56).

Entscheidend für diese Entwicklung waren gesellschaftliche, insbesondere wirtschaftliche Wandlungsprozesse (vgl. Lütge 1960, S. 298–353). Adlige Landbesitzer, weltliche und geistliche, vertrieben ihre Pächter von den Höfen (Bauernlegen), um selbst durch Einzäunung des Ackerlandes (enclosures), Ausdehnung der Weideflächen und der Schafzucht eine erhöhte Wollproduktion zu erzielen, die sie an den Gewinnen der aufblühenden Textilindustrie in England teilnehmen ließ. Die Heerespolitik kriegslustiger Fürsten überließ die im Kampf Versehrten, die Invaliden und die entlassenen Söldner, ihrem Schicksal. Preissteigerungen führten zur Entlassung zahlreicher Dienerschaft. Diese ersten Anzeichen jener zum Frühkapitalismus führenden Entwicklung bewirkten eine Umschichtung der Bevölkerung. Die Zahl der Armen, vor allem der heimatlosen Bettler, stieg sprunghaft an (vgl. Autorenkollektiv 1971, S. 18 ff.). Eine entsprechende Zunahme der Vagabondage

– ein Großteil dieser Armen zog gegen Ende des 15., Anfang des 16. Jahrhunderts, durch Bettel, Betrügereien und Diebstahl für seinen Lebensunterhalt sorgend, im Lande umher – führte dazu, daß die Städte eine umfassende polizeiliche und strafrichterliche Bekämpfung des Bettels der fremden und arbeitsfähigen Armen erstrebten sowie eine Regelung des Bettels der einheimischen Hilfebedürftigen.
Doch nicht nur wirtschaftliche Veränderungen, sondern auch die neuen geistigen Strömungen, der Calvinismus als religiöse und der Humanismus als weltliche Richtung, führten zu einer Aufwertung der Arbeit und zu einer stärkeren Betonung der Arbeitspflicht, insbesondere im Hinblick auf die arbeitsfähigen Armen (vgl. Weber 1969, besonders S. 165–190). Für diese Gesellschaft, in der geschäftliche Tätigkeit und Erfolg zu sittlichen Geboten sowie zum Beweis christlicher Bewährung werden, hatte der nicht erwerbstätige Arme, der Bettler, seine Funktion verloren. Ziel der Armenpflege wird daher jetzt die Beseitigung des Bettels, die Aufhebung der Armut. Der Weg, den der Humanist Johann L. Vives als einzig sinnvollen vorschlägt, ist »die planmäßige erziehende Bemühung um den einzelnen Armen«, ist »die Erziehung zur Arbeit« (Scherpner 1966, S. 28). Sollte dieses Programm eine Aussicht auf Erfolg haben, mußten die erzieherischen Maßnahmen bei den Kindern einsetzen. Diese sollten lernen, sich ohne Almosen, nur durch ihre eigene Arbeit, zu erhalten. So fanden seit dem Ende des 15. Jahrhunderts die Kinder der Armen in den Bettelordnungen besondere Erwähnung. Für sie wurde die Unterbringung in Arbeitsstellen gefordert. In der Praxis der Armenkinderfürsorge wurden diese Ziele allerdings zunächst kaum realisiert.
Mit der Entstehung des Manufaktursystems aber – als nun die Idee von der Arbeitspflicht der Armen zusammentraf mit einem steigenden Arbeiterbedarf – wurde die gesamte Armenpflege einschließlich der Fürsorge für die Armenkinder Gegenstand der merkantilistischen Wirtschaftspolitik der sich entwickelnden modernen Staaten. Da nach merkantilistischer Auffassung Macht und Reichtum des Staates auf einer großen Bevölkerungszahl sowie auf der durch Produktion und Export von Wirtschaftsgütern ins Land gezogenen Geldmenge basieren, deckte sich das Inter-

esse der Landesherren an der Einführung und Entwicklung neuer Erwerbszweige mit dem der frühkapitalistischen Unternehmer. Diese erhielten daher jede Förderung. Die Errichtung von Zwangsarbeitsanstalten seit Beginn des 17. Jahrhunderts, den sogenannten Werk- und Zuchthäusern (vgl. Kuczynski 1958, S. 51 ff.), war daher nicht nur Teil der Bemühungen, dem Armutsproblem zu begegnen, sondern auch der Versuch, den aufblühenden manufakturellen Betrieben die benötigten Arbeitskräfte zuzuführen.

Auch in den Findel- und Waisenhäusern nahm die gewerbliche Arbeit einen immer breiteren Raum ein. In manchen Städten wurden die Kinder direkt im Zuchthaus untergebracht, zwar räumlich getrennt von den Erwachsenen, doch wie sie durch Zwang zur Arbeit angehalten, in anderen war das Waisenhaus mit dem Werk- und Zuchthaus zumindest in einem Gebäudekomplex zusammengefaßt (vgl. Michel 1947, S. 42 ff.).

So waren es primär wirtschaftspolitische, merkantilistische Überlegungen, die die deutschen Landesfürsten bewogen, Waisenhausgründungen zu unterstützen. Dazu kamen eigene Interessen, die mit den Lebensformen des Absolutismus zusammenhingen. Das Bestreben, den aufwendigen Lebensstil Ludwigs XIV. zu kopieren, bedingte einen steigenden Geldbedarf, der die Fürsten nach neuen Einnahmequellen Ausschau halten ließ. Die Waisenhäuser ebenso wie die Werk- und Zuchthäuser schienen ihnen als solche geeignet. Damit trat die Waisenfürsorge in den Dienst wirtschaftlichen Erwerbsstrebens. Zwar wurden auch aus religiös motiviertem fürsorgerischen Hilfswillen Anstalten gegründet – so die Gründung des Halleschen Waisenhauses durch Hermann August Francke –, doch meist konnten die in diesen Einrichtungen geltenden Prinzipien, wie Erziehung und Unterricht für die Zöglinge, Ablehnung jeder Erwerbstätigkeit der Kinder, nur für eine kurze Zeitspanne aufrechterhalten werden. In der Regel ließen wirtschaftliche Schwierigkeiten und die mangelnde finanzielle Sicherung solcher Häuser die herrschenden Erziehungsgrundsätze bald hinter ökonomische Belange zurücktreten. So ist denn die für jene Zeit typische Anstaltsform die des von merkantilistischen Interessen getragenen Wirtschaftsunternehmens (vgl. Scherpner 1966, S. 90).

Eine eindrucksvolle Schilderung der damaligen Waisenhauserziehung gibt Christian Gotthilf Salzmann in seinem Roman »Carl von Carlsberg oder über das menschliche Elend«. Die Verhältnisse im Waisenhaus stellt er mit folgenden Sätzen dar:

»Nie habe ich ein so anschauliches Gemählde vom menschlichen Elende gehabt, als in dieser Stube. Ein ganzes Heerdchen Kinder, deren Versorger im Grabe moderten, die hier sollen versorgt seyn, und doch so schlecht versorget waren! Alle sahen sie bleich aus, wie die Leichen, hatten matte, viele triefende Augen, kein Zug von Munterkeit war an ihnen sichtbar, einige hatten verwachsne Füsse, andere verwachsne Hände, und alle starrten von Grätze, die alles Mark auszusaugen schien. Die Stube war schwarz vom Oeldampfe, und an den Wänden flossen die Ausdünstungen herab, die diese Elenden von sich gaben. Sie waren auf ihre Arbeit so erpicht, daß unsere Gegenwart sie gar nicht störte. Und alle ihre Arbeit war Spinnen. Einige, besonders die Kleineren, sponnen sitzend, die andern stehend. Mein Herz hätte über dem Anblick springen mögen, wie ich sahe, daß so viele Keime, die der Schöpfer gepflanzt, zerknirscht, und diese Elenden in so schreckliche Lagen versetzt wurden, daß sie am Geist und Leibe gebrechlich und klein werden mußten« (Salzmann, zit. n. Scherpner 1966, S. 94 f.).

Salzmanns Schrift ist Teil der gegen Ende des 18. Jahrhunderts geführten heftigen Auseinandersetzung um die Mißstände in der Anstaltserziehung, dem sogenannten Waisenhausstreit (vgl. Autorenkollektiv 1971, S. 31 ff.). Dabei traten in diesem Waisenhausstreit »neben den hygienischen und wirtschaftlichen Argumenten gegen die Anstaltserziehung, die die Diskussion zunächst bestimmten, immer mehr pädagogische Überlegungen hervor, die die modernen Reformer von den Philantropinisten bis hin zu Pestalozzi und seinen Schülern lebhaft bewegten« (Scherpner 1966, S. 93). Die Kritik richtete sich jedoch keineswegs grundsätzlich gegen die Arbeit der Kinder, sondern verurteilt wurde lediglich ihre unhygienische und gesundheitsschädliche Durchführung. Teilten doch auch die großen Pädagogen der Aufklärung die allgemeine Überzeugung, »daß Kinder von etwa fünf bis zwölf Jahren die Hälfte ihres Unterhaltes, die älteren ihn voll erwerben könnten« (Scherpner 1966, S. 101). Ja, durch den hohen Wert, den Pädagogen wie Basedow, Salzmann und Pestalozzi körperlicher Arbeit und gesundheitlicher Abhärtung beimaßen, wurde Kinderarbeit zudem noch pädagogisch legitimiert.

Daher verzichten denn auch die unter dem Einfluß dieser Ideen geschaffenen Einrichtungen der Kinderfürsorge nicht auf die Nutzung der kindlichen Arbeitskraft. Im Vordergrund stehen nun jedoch nicht länger unmittelbar ökonomische Erwägungen, etwa das Interesse an der Erwirtschaftung eines Gewinns, sondern primäres Ziel der neuen Anstalten wird die sogenannte Arbeitserziehung der Armenkinder (vgl. Jantke 1955, S. 3). Eine mit Arbeitseinrichtungen verbundene Schule soll die Kinder für ihren Stand, den Stand der »arbeitenden Armen« vorbereiten. Frühzeitige Übung soll sie an die in ihrem späteren Leben notwendige Arbeitsamkeit gewöhnen, an »ein neues Verhältnis zur Arbeit . . ., das die Bereitschaft fordert, sich rasch auf neue Aufgaben umzustellen und unermüdlich neuem Erwerb nachzustreben, statt im Genuß des Erworbenen auszuruhen« (Scherpner 1966, S. 102).

Sowohl die Reaktualisierung mittelalterlicher Vorstellungen von ständischer Gebundenheit als auch die Vermittlung einer neuen Einstellung zur Erwerbstätigkeit, verbunden mit einer entsprechenden Qualifizierung, sind im Zusammenhang mit der aufstrebenden Industrie zu sehen. Eine breite besitzlose Volksschicht, die willig in ihrem Stand verharrte, und deren Bereitschaft und Fähigkeit zur Arbeit waren nämlich wesentliche Vorbedingungen für Entstehung und rasches Aufblühen der kapitalistischen Wirtschaftsform. An die Stelle der direkten Nutzung der kindlichen Arbeitskraft in Werk- und Zuchthäusern trat also die Erziehung zu einem einfachen Arbeitsleben, was die Voraussetzung schuf für eine weit einträglichere Nutzung der Arbeitskraft im Erwachsenenalter (vgl. Kuczynski 1958, S. 34 ff.).

Die mit der industriellen Entwicklung im 19. Jahrhundert voranschreitende Verelendung der unteren Volksschichten, insbesondere die Not der zahlreichen Armenkinder, verbunden mit der Zurückhaltung der öffentlichen Instanzen auf fürsorgerischem Gebiet — »der liberale Staat beschränkte sich nach Beseitigung der größten Notstände auf seine polizeiliche Aufgabe, die Aufrechterhaltung der bürgerlichen Ordnung« (Scherpner 1966, S. 137) — weckte verstärkt privates Engagement. »An die Stelle der anstaltlichen oder bürokratisch gelenkten Fürsorge der Aufklärungszeit traten nun freie gesellschaftliche Hilfsorganisationen, deren Wirken die Kinderfürsorge des neunzehnten Jahrhunderts bestimmten« (a.a.O., S. 119).

Diese »private Fürsorge« wurde eingeleitet durch die vom Neupietismus getragene süddeutsche Rettungshausbewegung. Namen wie Emanuel von Fellenberg, Johann Jakob Wehrli und Christian Heinrich Zeller sind damit verbunden. Etwa gleichzeitig wirkte Johannes Falk, der die Familienpflege in den Mittelpunkt seiner Kinder-Rettungsarbeit stellte. Richtungweisend für die gesamte Kinderfürsorge wurde auch Johann Hinrich Wichern, der Gründer einer christlichen Erziehungsanstalt in Horn bei Hamburg, dem sogenannten »Rauhen Haus«, und Initiator der »Inneren Mission«, die die vielfältigen im Bereich der evangelischen Kirche bereits vorhandenen Hilfsmaßnahmen zu planvoller gemeinsamer Arbeit zusammenschloß. Männer der Kirche, Friedrich Oberlin, Theodor Fliedner, waren es auch, unter deren Einfluß sich die bestehenden Ansätze der Kleinkinderfürsorge wandelten: aus reinen Verwahreinrichtungen wurde die »Christliche Kleinkinderschule«. Ebenfalls auf kirchliche Initiative zurück geht die Gründung von speziellen Heimen für körperlich und geistig geschädigte Kinder und Erwachsene. Waren diese Kinder bislang entweder in ihren Familien oder in Arbeitshäusern als sogenannte Arbeitsunwillige untergebracht, entstanden nun Zentraleinrichtungen, wie die Anstalt Bethel des Pastors Bodelschwingh, in denen sie eine ihrer besonderen Behinderung gemäße Erziehung, Versorgung und Arbeit erhielten.

Nach Scherpner haben all diese privaten Einrichtungen der Kinderfürsorge das gemeinsame Ziel, sich »mit Entschiedenheit ... vom Staat unabhängig zu halten« (1966, S. 155), »da sie, getragen von der ›christlichen Barmherzigkeit‹, den Strafcharakter öffentlicher Fürsorge aufheben und durch Erziehungsbemühungen ersetzen wollten« (Vahsen 1975, S. 56).

Der Staat stand diesen pädagogisch orientierten Ansätzen der privaten Kinderfürsorge wohlwollend gegenüber. Seine eigenen Maßnahmen auf diesem Gebiet beschränkten sich nämlich lange Zeit nur auf die materielle Sorge für die Armenkinder. Erst in der zweiten Hälfte des 19. Jahrhunderts erwachte auch ein staatliches Interesse an der Erziehungsfürsorge. Dieses Interesse erwuchs vor allem aus der zunehmenden Verwahrlosung bei Kindern und Jugendlichen.

Die mit der Industrialisierung verbundenen ökonomisch-sozialen Veränderungen, vor allem die Trennung von Arbeits- und Lebensbereich sowie Frauen- und Kinderarbeit, hatten zu einem Wandel des alten Hauswesens geführt. Insbesondere die proletarische Familie, die ja in erster Linie von den Auswirkungen der wirtschaftlichen Entwicklung getroffen wurde, war besonderen Belastungen ausgesetzt. Am augenfälligsten war ihr Verlust an erzieherischer Potenz. Schon aufgrund ihrer äußeren Lebensbedingungen — Fabrikarbeit unter schwersten gesundheitlichen und sittlichen Gefahren für Eltern und Kinder zur Sicherung des Existenzminimums —, war sie oft nicht in der Lage, die geordnete Erziehung ihres Nachwuchses zu gewährleisten. So wuchs eine große Zahl von Kindern und Jugendlichen heran, die für ihr gegenwärtiges und künftiges Leben nur mangelhaft vorbereitet waren, deren gesellschaftliche Integration potentiell gefährdet schien. Hier hatte zuerst die private Fürsorge mit der Gründung ihrer Erziehungsanstalten angesetzt. Als dann aber mit zunehmender Verschlechterung der sozialen Lage der Arbeiterschaft auch Verwahrlosung und Kriminalität unter den Kindern und Jugendlichen weiter anstiegen, griff auch der Staat ein. Verwahrlosung beeinträchtigte nun die gesellschaftliche Ordnung, das heißt, sie wurde zu einem »öffentlichen« Problem. Die jetzt einsetzenden staatlichen Schutz- und Erziehungsmaßnahmen erfolgten daher primär aus polizeilicher Motivation. Daneben spielten — vor allem bei dem Vorgehen gegen die Ausnutzung der kindlichen Arbeitskraft — auch militärische Rücksichten eine Rolle. Musterungen im rheinischen Industriegebiet hatten nämlich bei vielen Jugendlichen schwere, auf allzu frühe und ausgedehnte Kinderarbeit zurückzuführende Gesundheitsschäden aufgedeckt, die ihre militärische Tauglichkeit stark beeinträchtigten. So werden in den Jahren 1839, 1853, 1891 und 1903 mehrere Gesetzesnovellen verabschiedet, die Kinderarbeit zunächst immer mehr einschränken und schließlich ganz aufheben (vgl. Rehm 1925, S. 145 ff.).

Das neuerwachte Interesse des Staates an öffentlicher Erziehungsfürsorge als Gegenmaßnahme auf die zunehmenden Verwahrlosungserscheinungen unter der Jugend

fand seinen ersten Niederschlag in der Kodifizierung eines gesonderten Jugendstrafrechts im Reichsgesetzbuch von 1871. 1876 wurde dann mit einem Nachtrag zum RStGB die gesetzliche Grundlage für die Unterbringung von Kindern und Jugendlichen außerhalb der Familie, die sogenannte Zwangserziehung, geschaffen. Danach konnten Kinder unter zwölf Jahren, die sich strafbar gemacht hatten, auf Beschluß der Vormundschaftsbehörde in Erziehungs- oder Besserungsanstalten untergebracht werden. Einige der von den einzelnen Bundesstaaten im folgenden Jahrzehnt erlassenen Zwangserziehungsgesetze, so das Badische Gesetz von 1886, sahen Zwangserziehung auch ohne Vorliegen einer Straftat vor, wenn infolge von Mißbrauch oder Vernachlässigung des Erziehungsrechtes oder Versagen der Erziehungsberechtigten Verwahrlosung zu befürchten war. Für die Anordnung von Fürsorgeerziehung, die seit den Landesausführungen zum BGB von 1900 die Zwangserziehung ablöste, waren die Voraussetzungen dann reichsrechtlich einheitlich geregelt: »Fürsorgeerziehung konnte angeordnet werden auf Grund des Strafrechts (wenn das Kind oder der Jugendliche eine Straftat begangen hatte, strafrechtlich aber nicht verantwortlich war), auf Grund des Bürgerlichen Rechts (wenn den Eltern schuldhaftes Verhalten nachzuweisen war), und auf Grund des Einführungsgesetzes zum BGB (wenn objektive Verwahrlosung vorlag)« (Scherpner 1966, S. 164).
Neu an dieser Entwicklung der Fürsorge für verwahrloste Kinder war, daß der Beschluß auf Fürsorgeerziehung vom Vormundschaftsgericht ausgehen mußte und die Fürsorgeerziehung als öffentliche Erziehung aus öffentlichen Mitteln durch die zuständigen Fürsorgeerziehungsbehörden zu erfolgen hatte.

Sozialpädagogik als System der öffentlichen Erziehungsfürsorge

Zu Beginn des 20. Jahrhunderts bestand zwar eine Vielzahl privater und staatlicher Ansätze kinder- und jugendfürsorgerischer Arbeit, doch handelte es sich dabei um ein Geflecht relativ unverbundener Einzelaktivitäten und nicht um ein in sich geschlossenes System.

»Eine Unzahl der verschiedensten Behörden arbeitete hier mit- und nebeneinander: die Polizei in ihren verschiedenen Funktionen, als Gewerbeaufsichtsbehörde beim Kinderschutz, als Pflegekinderaufsichtsbehörde, als antragsberechtigte Behörde bei der Einleitung der Fürsorgeerziehung, die Armen- und Waisenämter der Städte, die Ortsbehörden der Landgemeinden als Ortsarmenverbände, die in den einzelnen deutschen Ländern sehr unterschiedlich organisierten Fürsorgeerziehungsbehörden, die kommunalen Gesundheitsämter, die mancherorts errichtet worden waren, die Vormundschaftsgerichte, die Strafgerichte usw.« (Scherpner 1966, S. 172).

Abhilfe gegen diese rechtliche und organisatorische Zersplitterung im Bereich der Kinder- und Jugendfürsorge brachte erst das Reichsjugendwohlfahrtsgesetz (RJWG) von 1922. Neben der gesetzlichen Vereinheitlichung aller Leistungen der öffentlichen und privaten Jugendfürsorge wurde durch das RJWG erstmalig ein öffentlich-rechtlicher Erziehungsanspruch geschaffen. So heißt es im § 1: »Jedes deutsche Kind hat ein Recht auf Erziehung zur leiblichen, seelischen und gesellschaftlichen Tüchtigkeit. ... Insoweit der Anspruch des Kindes auf Erziehung von der Familie nicht erfüllt wird, tritt, unbeschadet der Mitarbeit freiwilliger Tätigkeit, öffentliche Jugendhilfe ein.« Jugendhilfe ist demnach Erziehung, und zwar als Jugendpflege in Form prophylaktischer Maßnahmen, um einer drohenden Fehlentwicklung zuvorzukommen, und als Jugendfürsorge in Form korrigierender Maßnahmen, wenn die Fehlentwicklung bereits eingetreten ist (vgl. RJWG § 2).
Damit schuf das RJWG die rechtliche Voraussetzung für eine Jugendwohlfahrt als öffentliche Erziehungsfürsorge. Seine theoretische Wegweisung erhielt dieser Erziehungsbereich durch Herman Nohl und seine Schule. Ausgehend von den konkreten Ansätzen der jugendfürsorgerischen Praxis entwickelten sie eine Theorie der gesellschaftlichen und staatlichen Erziehungsfürsorge, für deren Bezeichnung der Terminus Sozialpädagogik gewählt wurde (vgl. Bäumer 1929, S. 3).

1. Konkrete Wirklichkeit als Ausgangspunkt sozialpädagogischer Theoriebildung

Dem Hochschullehrer Nohl, der seine wissenschaftliche Laufbahn als Philosoph und speziell als Ästhetiker begonnen hatte, lagen pädagogische Fragen zunächst fern, insbesondere zu sozialpädagogischen Problemen fehlte ihm die unmittelbare Beziehung. Auf Drängen seiner Studenten, die aufgrund ihrer Beteiligung an der Jugendbewegung und als künftige Lehrer stark pädagogisch interessiert waren, hatte er zwar schon vor 1914 einmal eine Vorlesung zur Einführung in die Pädagogik gehalten, die endgültige Hinwendung zur Erziehungswissenschaft erfolgte jedoch erst aus dem Erlebnis des Zusammenbruchs nach dem Ersten Weltkrieg. *»Es gibt kein anderes Heilmittel für das Unglück unseres Volks als die neue Erziehung seiner Jugend zu froher, tapferer, schöpferischer Leistung«*, so schreibt Nohl im Vorwort zu den »Pädagogischen und politischen Aufsätzen«, mit denen er 1919 seine neue Lebensarbeit eingeleitet hat.

Die entscheidende Motivation, die ihn dann zu der Konzeption einer sozialpädagogischen Theorie führte, kam aus den Bedürfnissen der Praxis, die sich an Nohl wandte und ihn um eine klärende Stellungnahme zu drängenden Fragen der Jugendwohlfahrt bat. Sein Engagement erschöpfte sich dabei keineswegs nur in theoretischen Beiträgen, den zahlreichen Vorträgen, Aufsätzen und Gutachten (zum Teil abgedruckt in Nohl 1927d und Nohl 1965a) –, von denen er selbst sagt, sie seien ihm gewissermaßen abgefordert worden (vgl. 1927d, Vorwort) –, sondern er erwies sich auch in eigener praktischer Arbeit als ein aktives Mitglied jener kinder- und jugendfürsorgerischen Bewegung der zwanziger Jahre, die im nachhinein die »sozialpädagogische Bewegung« genannt wurde (vgl. Herrmann 1956). »Mitten in dieser erregenden Bewegung stand der Göttinger Pädagoge richtunggebend, Anregungen aufgreifend und vom zentralen Anliegen der erzieherischen Aufgabe her sichtend und ordnend, den Erziehern und Erzieherinnen ihre Aufgabe und den Sinn ihres Tuns klärend«, so beschreibt Elisabeth Blochmann das Wirken ihres Lehrers Nohl (in Nohl 1965a, S. 7).

1919 und 1920 gründete Nohl gemeinsam mit anderen die Volkshochschulen in Thüringen und Jena, 1921 folgte dann die Jugendvolkshochschule Göttingen. Durch seine Schülerin Elisabeth Blochmann kam er in Verbindung mit Wohlfahrtsschulen und Jugendleiterinnenseminaren. Praktische Anstöße erhielt er auch von seinen beiden Schwestern: Lotte Nohl arbeitete in der Fürsorge für jugendliche Psychopathen, Hilde Nohl im Schulkindergarten. Die Begegnung mit Reformern des Jugendstrafvollzugs – zwei Schüler des Psychologen William Stern und des Kriminalisten Moritz Liepmann, Walter Hermann und Curt Bondy, die 1921 eine Untersuchung zur Erziehungsarbeit im Jugendstrafvollzug durchgeführt hatten, kamen nach Göttingen, wo ihnen unter Nohls Einfluß die pädagogische Begründung ihrer Arbeit gelang – weckte sein Interesse an der Gefängnispädagogik. Von da führte der Weg von selbst auf die Probleme der Fürsorgeerziehung. Eine weitere Verbindung ergab sich vom Jugendstrafvollzug aus zur Jugendgerichtshilfe sowie zur Arbeit der Jugendgerichte überhaupt. Schließlich ist noch Nohls Kontakt zu den Jugendämtern zu nennen (vgl. Weniger 1959, S. 7 ff.).

Aus dieser praktischen Arbeit heraus, angesichts ihrer aktuellen Probleme und Schwierigkeiten, erwuchs Nohls Theorie der Sozialpädagogik (vgl. Weniger 1959, 10 ff.). Für ihn, den Schüler Diltheys und einen Anhänger von dessen Lebensphilosophie, repräsentieren die in der Praxis vorhandenen Ansätze jugendfürsorgerischer Arbeit ein Stück menschlich-geschichtliche Realität des konkreten Lebens. Da, so Dilthey, das Leben »dasjenige ist, hinter welches nicht zurückgegangen werden kann« (zit. n. Fischer 1966, S. 34), das sich in seinen geschichtlichen Objektivationen bis hinauf zu Kunst, Religion und Philosophie als Sinn seiner selbst offenbart, bildet es auch den allein sinnvollen Ausgangspunkt einer wissenschaftlichen Theorie.

Diltheys Erkenntnisziel, die »systematische Besinnung auf die Grunderfahrungen des Lebens, die unser Dasein gestalten und dann auch die Deutung dieser Gestaltungen ermöglichen« (Nohl 1967, S. 34), gilt ebenso für Nohl. Wie sein Lehrer betont auch er das Primat des Lebens vor seiner wissenschaftlichen Analyse:

> »Vor allem isolierenden und konstruierenden Denken ... liegt die konkrete Geschehenswirklichkeit mit ihren Erfahrungen, Begegnungen, Schicksalen und Entscheidungen. ... Ehe ich daran gehe, diese volle Existenz wissenschaftlich in Abstraktionen aufzulösen auf irgendwelche formalen Gesetzlichkeiten hin, will sie erfahren und in ihrem lebendigen Aufbau aufgeklärt werden« (Nohl 1967, S. 30).

Dementsprechend nimmt auch Nohls Theorie der Sozialpädagogik ihren Ausgang von den praktischen Ansätzen jugendfürsorgerischer Arbeit, die in den zwanziger Jahren dieses Jahrhunderts vorgegeben waren. So wie es ihm in seiner Theorie der pädagogischen Bewegung darum ging, die pädagogische Wirklichkeit gedanklich zu erhellen und zu ordnen, den im pädagogischen Leben deponierten Sinn herauszuheben, »das verborgene System dieses Lebens« herauszuarbeiten und »seinen tiefsten Willen zu klären« (1970, S. 3), so versuchte er auch in seiner sozialpädagogischen Theorie, Sinn und Strukturen des vom RJWG mit Jugendhilfe bezeichneten Ausschnittes der Totalität Leben freizulegen.

Mit Hilfe der hermeneutischen Reflexion, der Methode des nachfühlenden Sinnverstehens, analysiert er die Ideen, nach denen sich die bestehende jugendfürsorgerische Praxis mit ihren Institutionen und Aufgabenbereichen historisch entwickelt hat und als deren Resultat er die gegenwärtigen Verhältnisse begreift. Ausgehend von der Wirklichkeit und ihren Nöten, ihren Spannungen und Antinomien, ist er bemüht, die ihr zugrunde liegenden geistigen Energien herauszuarbeiten: ihre Grundmotive ebenso wie die Motive der ihr entgegenwirkenden Kräfte (vgl. Nohl 1927b). Hinter den zahlreichen Einzelaktivitäten sucht er den inneren Zusammenhang, die gemeinsame Idee, den tieferen Sinn.

Seine Theorie »erhebt sich aus der Praxis, indem sie diese formuliert, begründet und in ihren Konsequenzen entwikkelt« (Nohl 1970, S. 122). Sie versteht sich als prüfende, sichtende und klärende Begleiterin der Praxis, als Klärungsinstanz ihrer Schwierigkeiten und Probleme. »Die Theorie der Sozialpädagogik«, so Weniger, »teilt die Verantwortung der sozialpädagogischen Praxis, steht selber im Zuge der sozialpädagogischen Bewegung, weiß aber um die Grenze der Theorie, wie sie ihrerseits die Grenzen der einzelnen Motive und Einsätze zu beurteilen unternimmt« (1959, S. 16).

2. Die »geistigen Energien« der Jugendwohlfahrt

1927 veröffentlichte Nohl unter dem Titel »Jugendwohlfahrt« die erste Folge seiner »Sozialpädagogischen Vorträge«, von denen er einleitend sagt: »Wie sie nun jetzt hier zusammengedruckt sind, können sie nicht den Anspruch machen, ein Ganzes zu sein, aber doch gewissermaßen eine Suite, die die wesentlichen Themen durchführt, ihr auch darin ähnlich, daß man Variationen in Kauf nehmen muß« (Vorwort).

Fehlt diesen Vorträgen demnach auch der systematische Zusammenhang einer in sich geschlossenen, voll ausgereiften Theorie, so sind sie doch, zumal Nohl selbst vorgibt, mit ihnen den Objektbereich theoretisch hinreichend zu erfassen, bester Ausdruck seines Verständnisses von Sozialpädagogik. Gleich die erste Abhandlung »Die geistigen Energien der Jugendwohlfahrtsarbeit« liefert den Bezugsrahmen seines Theorieansatzes. Hier interpretiert Nohl die sozialpädagogischen Bestrebungen seiner Zeit als eine Bewegung des Lebens, als Reaktion auf bestimmte Nöte dieses Lebens.

»Eine geistige Bewegung wie die Jugendwohlfahrtsarbeit entspringt nicht wie ein Bergquell aus der freien Fülle, einem Überfluß des Herzens, sondern ist das Schicksal einer Not. Diese Not in ihrer ganzen konkreten grausamen Gestalt diktiert auch die Züge der geistigen Gegenwirkung, die sie überwinden soll. Ist diese Not eine wirkliche Lebensnot, die das Ganze angefaßt hat, so wird auch die Gegenwehr aus dem ganzen Leben kommen müssen. So vielseitig die Not ist, so viele Gegenkräfte wird sie aus dem System des Lebens wachrufen. Wenn es die Art des Lebens ist, daß in jeder seiner Seiten immer das Ganze mitenthalten ist, so wird auch jede Seite dieser Not ins Ganze reichen und jede dieser Gegenkräfte wieder die *ganze* Not heilen wollen. Und wenn die Seiten des Lebens dann doch antinomisch zueinander sind, so wird auch das System dieser Gegenwirkungen voll der schwersten Spannungen sein. Das ist ganz abstrakt ausgedrückt die Formel für die Jugendwohlfahrtsarbeit: sie ist das spannungsreiche System der geistigen Energien, die die Lebensnot der Zeit, insbesondere der Jugend aufgeweckt hat« (Nohl 1927b, S. 1).

Ausgehend von der Voraussetzung, daß Wirklichkeit sinn- und strukturbedingt sei, analysiert Nohl dann die in der Jugendwohlfahrtsarbeit wirksamen Energien mit dem Ziel, die dahinterstehende Einheit zu erfassen, zu erkennen, »wo sozusagen das Herz der Bewegung schlägt« (1927b, S. 2). Als gemeinsame Grundlage aller Gegenbewegungen nennt er »die neue soziale und sittliche, körperliche und geistige Not, wie sie im Laufe des 19. Jahrhunderts durch die Entwicklung der Industrie, der Großstädte, der Arbeits- und Wohnverhältnisse, aber auch der allgemeinen Aufklärung über die Völker hereingebrochen ist: die *Auflösung aller Bindungen,* die den einzelnen Menschen halten, ohne die er ins Bodenlose fällt, und die sich daraus ergebende völlige *Wertlosigkeit des Menschen«* (a.a.O.). Doch die geistigen Energien antworten unterschiedlich auf diese Not, sie entwickeln je verschiedene Gegenmittel, da diese Not mehrseitig ist und verschiedene, ja gegensätzliche Deutungen zuläßt.

Die erste geistige Energie, so Nohl, hat ihren Ursprung im Sozialismus der Arbeiterbewegung. Dieser erkläre die Ursachen der Not auf dem Hintergrund der ökonomischen Verhältnisse und mit dem Klassenkampfmodell. Sein Ziel sei die Veränderung des gesellschaftlichen Seins als Grundlage des gesellschaftlichen Bewußtseins, »und zwar durch politische Machtverschiebung, die den klassenlosen Staat herbeiführt«. Doch »hinter dieser sogenannten materialistischen Auffassung« sieht Nohl »eine ganz neue Anschauung von dem Recht des Menschentums jedes einzelnen und von der Solidarität aller arbeitenden Menschen, die ihre Vereinzelung überwindet« (1927b, S. 2 f.). Durch eine klassenlose Erziehung, deren Kennzeichen die gerechte Institution, die Gemeinschaft und die Arbeit sind, soll diese neue Gesinnung geweckt und das Kind zum Träger der neuen Gesellschaft erzogen werden.

An zweiter Stelle nennt Nohl dann die Gegenwirkung der Inneren Mission: Allgemeiner Unglaube, Gottentfremdung, Loslösung von allen christlich-sittlichen Grundlagen sei ihre Deutung der Not. Sie zu überwinden, bedürfe es der Wiedergeburt durch Seelsorge und freie Liebestätigkeit. Wiederherstellung der christlichen Familie und einer christlichen Lebensordnung ist das Ziel. »Der Einsatz liegt hier bei der einzelnen Seele, *sie* soll gerettet werden und ihre Verbindung mit Gott wiedergewinnen« (Nohl 1927b, S. 5). Dies, schreibt Nohl, ist die zweite geistige Energie, »die Liebe zu jedem Elenden um Gotteswillen«, die »das innerste Leben und alle Zustände regeneriert« (a.a.O., S. 4).

Die dritte geistige Energie wurzelt nach Nohl in der Frauenbewegung. Not erscheine hier als Kulturnot, als Folge einer nicht ausreichenden Berücksichtigung der eigentümlichen Kräfte der Frau in Kultur und Gesellschaft. Daher, so habe Helene Lange formuliert, »›komme [es] darauf an, den Einfluß der Frau wieder geltend zu machen und in die große Gesellschaftsordnung noch einmal alle Kräfte einzuführen, die den geistig sittlichen Untergrund der Familie gebildet haben‹. Ihr eigenstes sei die Rücksicht auf jeden, ob arm oder reich, stark oder schwach, die Achtung vor dem Einzelleben, eine geistigere Auffassung des sexuellen Lebens und die Verantwortung für die kommende Generation« (a.a.O., S. 6). Die geistige Mütterlichkeit, Quell jener spezifisch geistigen Kräfte, fühlte sich aufgerufen, ins gesellschaftliche Dasein einzugreifen, dort notlindernd wirksam zu werden.

Parallel zu dieser Frauenbewegung habe sich seit den siebziger Jahren des 19. Jahrhunderts die sozialpolitische Bewegung entwickelt, vertreten durch den Verein für Sozialpolitik, die Soziale Praxis sowie die evangelisch-sozialen Kongresse. Sie mobilisierten den Staat, um »gegen die Not der einzelnen Klasse, die sich nicht selber helfen kann, und gegen die Gefahr, die von ihr den andern Klassen und der Gemeinschaft droht« eine soziale Gesetzgebung zu stellen: »Schutz der Arbeitsverhältnisse, Fabrikgesetzgebung, Heimarbeiterschutz, Kampf gegen die Kinderarbeit, Arbeiterversicherung und soziale Medizin, Kampf gegen die Seuchen, die Säuglingssterblichkeit, die Gewerbekrankheiten, Unfall und Invalidität« (Nohl 1927b, S. 7). Auch hier komme eine neue geistige Energie zum Ausdruck: das Gemeinschaftsbewußtsein staatlicher Verbundenheit.

So bedeutsam aber diese vier Bewegungen mit ihren Energien für Nohl auch waren, für ihn hatte jede auch ihre ausdrückliche Grenze. Die ethische Grenze des Sozialismus sah er in dessen Reduzierung der vielfältigen Bindungen des sozialen Lebens auf die eine ungegliederte Solidarität, die selbst die Familie als Atavismus eines falschen Eigentumbegriffs verstand. Die Grenze der Inneren Mission war ihr konfessioneller Gegensatz zur geistigen Kultur der Zeit sowie ihre Überschätzung der Religion als Weg zu den Massen. Die Grenze der Frauenbewegung, von Nohl nicht explizit hervorgehoben, liegt in der Grenze des Geschlechts, auch die männlichen Kräfte sind, wie er in einem anderen Aufsatz darlegte (vgl. 1927a), unentbehrlich.

Alle vier Bewegungen aber waren nach der Ansicht Nohls

in gleicher Weise begrenzt, insofern sie fraglos die geistige Kultur des Bürgertums im 19. Jahrhundert und ihren liberalen Bildungsgedanken akzeptierten. Frauenbewegung wie Sozialpolitik lebten im festen Glauben an die ungebrochenen Werte dieser Kultur und ihrer allgemeinen Bildung, die man eben nur den Massen zugänglich machen müsse. Selbst der Sozialismus habe diese Bildung nicht in Frage gestellt, sondern nur deren Sozialisierung gefordert. Erst unter dem Eindruck der Kulturkritik sei eine Bewegung entstanden, die »von der Not unserer Kultur, der die innere Bindung an ein Ideal fehlt« (Nohl 1927b, S. 9), ausging. Angesichts einer in ihren Augen problematischen Kultur mit ihren hohlen Formen hatte die Jugendbewegung den Willen, »diese Not aus einem neuen Menschentum heraus zu beheben, dessen wesentlichster Zug ein neues Gemeinschaftsbewußtsein ist« (a.a.O.). Und dies schien Nohl die fünfte geistige Energie der Sozialpädagogik zu sein: die Gemeinschaftskraft der jugendlichen Verbindungen, als der Jugend ureigenstes Mittel zur kulturellen Erneuerung.
Aus diesen unterschiedlichen Zeitdiagnosen und Hilfsvorschlägen, wie sie nach-, mit- und gegeneinander vom Sozialismus, der Inneren Mission, der Frauenbewegung, der sozialpolitischen Bewegung und der Jugendbewegung entworfen wurden, entwickelte sich, so Nohl, das spannungsreiche System der Jugendwohlfahrt. Doch hinter diesen Spannungen erkennt er eine gemeinsame Grundhaltung, in der sie ihre Gegensätzlichkeit verlieren: das »auf die Höherbildung der Menschheit« gerichtete »pädagogische Ethos« (1927b, S. 10) ist das übergreifende Gemeinsame, in dem sich alle Energien zusammenfinden, die neue Einheit sowie das geistige Zentrum der Jugendwohlfahrtsarbeit:

»Das pädagogische Verhalten, die erzieherische Hingabe an den einzelnen Menschen, den ›Menschen im Menschen‹ ist der feste Grund aller aufbauenden Wohlfahrtsarbeit. ... Ihre tragende pädagogische Kraft ist die Liebe, die auf das fremde Menschentum gerichtet ist, und ihr stärkstes Mittel ist der Geist solcher weckenden und formenden Gemeinschaften, in denen sich das höhere Menschentum realisiert« (Nohl 1927b, S. 11 ff.).

3. Aufgaben und Ziele der Sozialpädagogik

Hinter den unterschiedlichen Motiven, die zur Arbeit an der Jugend geführt haben — politische, konfessionelle und wirtschaftliche —, erscheint für Nohl das »rein Pädagogische«, das sich autonom weiß gegenüber Staat, Kirche und Partei, weil es ein *eigenes* Ziel hat: »den Aufbau eines gesunden, körperlichen und geistigen Lebens im Einzelnen wie im Volk« (1927c, S. 26).

Die neue Grundeinstellung der Reformpädagogik, ihr unbedingtes Ansetzen beim einzelnen Zögling, dem gegenüber sie sich nicht länger als Vollzugsbeamter irgendwelcher objektiven Mächte fühlt und dessen subjektives Leben, dessen körperlich-geistige Entwicklung nun Ziel und Aufgabe setzen, kennzeichnet nach Nohl auch den Charakter der Jugendwohlfahrt:

»Vielleicht bin ich selbst der einen oder anderen Gemeinschaft mehr verbunden. Aber wo ich mich pädagogisch um den andern bemühe, muß er wissen: man will dich nicht werben für eine Partei, für eine Kirche, auch nicht für den Staat, sondern — der Unterschied ist so gering, wie wenn man die Hand umdreht, und ist doch entscheidend — diese Hilfe gilt zunächst und vor allem dir, deinem einsamen Ich, deinem verschütteten, hilferufenden Menschentum« (Nohl 1927b, S. 13).

Ziel dieser Hilfe ist das »Wohl« (vgl. Nohl 1927a, S. 19 ff.), die Anerkennung des Lebensrechtes jedes einzelnen, zu seinem Wohlsein zu kommen. Zu diesem Wohl gehören neben der Befriedigung elementarer Bedürfnisse wie wohnen, essen, arbeiten und entspannen auch vor allem das »Recht, erzogen zu werden um seiner selbst willen zur Entfaltung seiner Tüchtigkeit« (a.a.O., S. 20). Da die erzieherischen Kräfte der Familie, so Nohl, gegenwärtig nicht mehr ausreichen, eine gesunde Entwicklung des Kindes zu gewährleisten, wurde mit dem RJWG das Jugendamt als öffentliche Instanz geschaffen, dessen selbständige Aufgabe in der Überwachung bzw. Einlösung dieses Rechtes auf Erziehung liegt.

Nohl kritisiert aber, daß Eingriffe des Jugendamtes immer erst dann erfolgen, wenn eine Fehlentwicklung bereits vorliegt oder offensichtlich unmittelbar bevorsteht: »Es muß ... immer erst ein Unglück passiert sein, das die Jugendhilfe danach wieder gutzumachen sucht. Hier liegt meines Erach-

tens *der schwere Konstruktionsfehler im Aufbau der ganzen Arbeit«* (1965b, S. 45). Jugendwohlfahrt sei zwar erwachsen aus der Hilfe gegen den einzelnen Notfall, doch jetzt komme alles darauf an, daß ihre Arbeit eine positive Wendung nimmt: »Sie ist konzentriert auf die Krankheit, sie sollte aber auf die Gesunderhaltung konzentriert sein« (a.a.O., S. 45 f.). Wohl sieht auch er die große Aufgabe des Jugendamtes in der Heilung aufgebrochener Schäden, doch wichtiger ist ihm eine »pädagogische, das heißt positiv aufbauende« (a.a.O., S. 45) Arbeit an der Jugend im Zusammenhang der gesamten Volksbildung. Es müßte sich »das ganze Schwergewicht unserer Arbeit von der Heilung und Rettung irgendwie verwahrloster und kranker Jugend auf die *Vorbeugung*, von der Therapeutik auf die Prophylaxe verlagern« (a.a.O., S. 46).
Hier liegt, so Nohl, »der *Lebensnerv* unserer Jugendhilfe und der *autonome Existenzsinn* des Jugendamtes . . ., in dieser *Organisation einer gesunden Aufbaumöglichkeit unserer großstädtischen wie unserer ländlichen Jugend* und in ihrem *pädagogischen Ziel*« (a.a.O., S. 49). Jugendpflege im weitesten Sinne des Wortes — angefangen mit Eheberatung und Mutterschaftshilfe über Säuglings- und Mütterberatungsstellen zu Kindergarten, Hort und Tagesstätte, örtlicher Erholungsfürsorge sowie Erziehungsberatungsstellen bis zur Jugendpflege der Schulentlassenen einschließlich Berufsberatung und Jugendvolkshochschule — wird damit zur neuen Hauptaufgabe der Jugendwohlfahrt. »So entwickelt sich ein organischer Zusammenhang positiver Arbeit, deren Seele pädagogischer Natur ist, und deren letztes Wort immer die Beratung und Erziehung zur Selbstverantwortung sein muß« (a.a.O., S. 47).
Diese Forderung, das weiß Nohl durchaus, ist nicht unbestritten. Er kennt jene aus dem Sozialismus stammende Auffassung, wonach Not und Elend, Verwahrlosung und Kriminalität ihre Ursache in sozio-ökonomischen Faktoren haben und nicht aus Persönlichkeitsstrukturen des einzelnen resultieren, »das Problem . . . nicht in den Menschen [liege], sondern in den Umständen« (a.a.O., S. 46), und daß daher das letzte Ziel jeder fürsorgerischen Arbeit die Änderung und Höherbildung der Umwelt sein müsse.
Die Berechtigung dieses Standpunktes besteht für Nohl darin, »daß allerdings die Bedingungen eines menschen-

würdigen Lebens die Voraussetzungen aller höheren Ansprüche an den Menschen sind, ... daß der Mensch zwar noch sehr wenig sei, wenn er warm wohne und satt zu essen habe, daß er aber warm wohnen und satt zu essen haben müsse, ehe sich die bessere Natur in ihm regen könne« (1927a, S. 21). Die Grenze dieser Einsicht liegt nach Nohl jedoch in der fehlenden Berücksichtigung des Charakters, »der doch mindestens die eine Hälfte des Schicksals ist, schon weil die Umwelt ja nicht unabhängig vom Charakter ist, sondern zum Teil wenigstens eine Funktion des Subjekts« (a.a.O., S. 22). Da jedoch der Charakter erst durch eine Bindung in der geistigen Umwelt seinen wahren Halt bekommt, tritt neben die rein materielle Fürsorge die Sozialpädagogik, deren Ziel »die *persönliche* Stützung und ... [der] Wiederaufbau des Menschen selbst und seiner *geistigen* Umwelt« (a.a.O.) ist. Die sachliche Hilfe ist zwar die praktische Voraussetzung der persönlichen, doch »das Ethische bleibt immer das geistige Apriori: der Charakter mit seiner Verantwortlichkeit und die geistigen Gemeinschaften, in denen der Mensch sein wahres inhaltvolles Leben hat« (a.a.O.). Die größere Hälfte aller Hilfe muß deshalb Erziehungshilfe sein, Änderung und Höherbildung der Menschheit.

»Daß das Leben der Jugend bildend sei, ist die wahrhaftig nicht hoffnungslose Aufgabe, der neue positive Sinn der Sozialpädagogik«, schreibt auch Gertrud Bäumer (1929, S. 15). Das Bestreben gelte der Erziehung einer Jugend, die fähig sei, ihr Leben selbst zu meistern. Die »Weckung des persönlichen Stolzes der Selbstverantwortung und Selbsthilfe und die Entwicklung aller Kräfte, die solche Selbsthilfe nötig hat« (Nohl 1965b, S. 50), sind daher für Nohl die erzieherischen Aufgaben, die im Mittelpunkt aller Jugendhilfe zu stehen haben:

»Gelingt es uns nicht, irgendwie die öffentliche Jugendhilfe und weiter doch auch die gesamte Wohlfahrtspflege so zu pädagogisieren, das heißt also auf die *Weckung der Kräfte* und des *Willens zur Selbsthilfe* beim *einzelnen* wie bei der *Familie* und auch bei der *Gemeinde* einzustellen, so dient sie unserem Volke statt zum Aufbau zur *Charakterauflösung*!« (Nohl 1965b, S. 46).

4. Sozialpädagogik als dritter pädagogischer Bereich neben Familie und Schule

Nohl selbst gibt keine ausdrückliche Definition des Begriffs Sozialpädagogik, doch im 5. Band des von ihm gemeinsam mit Ludwig Pallat herausgegebenen »Handbuches der Pädagogik«, der den Titel »Sozialpädagogik« trägt, formuliert die ehemalige Nohl-Schülerin Gertrud Bäumer ganz in seinem Sinne: »Sozialpädagogik ... bezeichnet nicht ein Prinzip, dem die *gesamte* Pädagogik, sowohl ihre Theorie wie ihre Methoden, wie ihre Anstalten und Werke ... unterstellt ist, sondern einen Ausschnitt: alles, was Erziehung, aber nicht Schule und Familie ist. Sozialpädagogik bedeutet hier den Inbegriff der gesellschaftlichen und staatlichen Erziehungsfürsorge, sofern sie außerhalb der Schule liegt« (1929, S. 3). Hinter dieser Abgrenzung von Familie und Schule steht die Auffassung, daß sozialpädagogische Maßnahmen als »Nothilfen« notwendig werden, wenn andere Erziehungsträger ihre Aufgaben nicht mehr erfüllen können. Das heißt, unter normalen und gesunden Verhältnissen ist Sozialpädagogik nicht notwendig, sie entsteht erst, wenn sich Lücken im Erziehungsleben zeigen. »Von der Anschauung aus, daß in der Ausfüllung dieser Lücken eine besondere Mehrleistung der Gesellschaft zu sehen sei, taucht hier das Wort ›sozial‹ auf« (a.a.O.).
Damit wird eine Legitimationsbasis geschaffen, die früher in ähnlicher Form auch für die Schule galt. Auch das öffentliche Bildungswesen entstand als Erziehungshilfe für eine den erzieherischen Anforderungen der Gesellschaft nicht mehr gewachsene Familie. Vor allem die unentgeltliche öffentliche Volksschule (Armenschule) hatte anfangs deutlich Nothilfecharakter, sie war der vom Staat gestellte Ersatz und die Ergänzung der unzureichenden familiären Erziehungsleistung. Erst mit der Zeit wurde erkennbar, daß sich hier ein eigenständiges Erziehungssystem entwickelte, das nicht nur im Bedarfsfalle Lückenbüßer für die Familie war, sondern grundsätzlich einen Teil der Erziehungsaufgaben übernahm.
Die Entwicklung des Systems der öffentlichen Erziehungsfürsorge, der Sozialpädagogik im Sinne Bäumers, zeigt deutliche Parallelen: auch sie entstand zunächst »als Nothilfe, um für die Familie einzutreten da, wo sie nicht vor-

handen war (Waisen und Uneheliche); oder um sie zu schützen und zu ergänzen, wo aus Gründen ihrer sozialen Lage oder Minderwertigkeit oder der besonderen Schwierigkeiten des Erziehungsproblems ihre Erziehungsmittel nicht ausreichten« (Bäumer 1929, S. 3 f.). Sozialpädagogik setzte ein bei einzelnen Mißständen, »sie wurde durch Gefahren gerufen, die dem Kinderschicksal drohten, und versuchte zu schützen und zu heilen« (a.a.O., S. 15). Doch mit der Änderung der gesellschaftlichen Struktur, mit den zunehmenden »Nöten und Mißständen, die durch die Massenformationen des gegenwärtigen Wirtschaftssystems geschaffen sind« (a.a.O.), wandelte sich auch die Grundlage der öffentlichen Erziehungsfürsorge. Auf den Gebieten erziehlicher Tätigkeit außerhalb der Schule entwickelte sich, so Bäumer, »ein neues System mit einem neuen Träger, dem *normaler* Weise – und nicht nur ausnahmsweise – gewisse Leistungen in dem Ganzen der von Familie, Gesellschaft und Staat getragenen Bildung des Nachwuchses zufielen« (1929, S. 4).

Theoretischer Bezugsrahmen für diese Ausführungen Bäumers, die zugleich das dem Handbuch zugrunde liegende allgemeine Verständnis von Sozialpädagogik wiedergeben, sind Vorlesungen, Vorträge und Aufsätze ihres Lehrers Nohl (vgl. Hoffmann 1961, S. 132). So entspricht ihre topologische Bestimmung von Sozialpädagogik als jenem pädagogischen Territorium, das nicht Familie und nicht Schule ist, der besonderen Entstehungsgeschichte von Nohls sozialpädagogischer Theorie und deren methodischem Ansatz, Wirklichkeit begrifflich zu erfassen. Diese Theorie nimmt ihren Ausgang ja nicht von einer vorgegebenen Definition, sondern setzt an bei den konkreten Vorhaben jugendfürsorgerischer Arbeit, um hinter das äußere Durcheinander der unterschiedlichen Bestrebungen zu sehen, sie auszulegen, zu erklären und zu deuten. Dabei zeigt sich dann, daß den bestehenden Ansätzen ein pädagogisches Engagement gemeinsam ist, das den tragenden Grund der gesamten Arbeit bildet, die Idee, in der sich ihre innere Einheit manifestiert. Hier, in ihrer letztlich auf Erziehung gerichteten Aufgabenstellung, liegt für Nohl die Berechtigung, die verschiedenen Erscheinungsformen jugendfürsorgerischer Tätigkeit als der Pädagogik zugehörig zu betrachten.

Ausdruck dieser Zugehörigkeit ist der Terminus Sozialpädagogik, das heißt, er dient der Bezeichnung eines bestimmten pädagogischen Bereiches, eines Bereiches, dessen Abgrenzung jedoch aufgrund der Unterschiedlichkeit der in der Praxis vorliegenden Maßnahmen und Einrichtungen nur negativ erfolgen kann: »alles, was Erziehung, aber nicht Schule und nicht Familie ist«. Damit wird Sozialpädagogik der Begriff für einen dritten Erziehungsraum neben Familie und Schule mit einer eigenen »autonomen sozialpädagogischen Idee, deren inhaltlicher Kern ... Erziehung zur Kraft und zum Mut der Selbsthilfe in der Gemeinschaft ist« (Nohl 1965b, S. 49). Diese Eigenständigkeit des neuen Erziehungsfeldes resultiert daraus, »mehr« zu sein als bloßer Ersatz, nämlich »ein fruchtbarer Zuwachs, ein gesundes Produkt neuer gesellschaftlicher Kräfte« (Bäumer 1929, S. 15).

Sozio-ökonomische Implikationen der Sozialpädagogik

In der knappen Darstellung der historischen Entwicklung der Jugendwohlfahrt zeigte sich bereits ein deutlicher Zusammenhang zwischen der jeweils aktuellen Erscheinungsform mit ihren speziellen Aufgaben und Zielen und den sozio-ökonomischen Gegebenheiten, insbesondere eine Dependenz von Jugendwohlfahrt und Produktionsbedingungen.

Für die noch ganz auf das Jenseits gerichtete Gesellschaftsordnung des Mittelalters hatte der Arme als Armer seinen Platz: er war Empfänger des Gott wohlgefälligen Almosens und damit unentbehrlich, um dem transzendenten Ziel näherzukommen. Diese gesellschaftliche Funktionalität von Bedürftigkeit bedingte wesentlich den Charakter der mittelalterlichen Kinderfürsorge, ihre Beschränkung auf eine rein materielle Versorgung verwaister und verlassener Kinder bis zu dem Alter, da diese durch Bettel ihr Leben selbst erhalten konnten.

Mit fortschreitender Ausbreitung der Geldwirtschaft gerät die Almosenpraxis des Mittelalters zunehmend in Konflikt mit den Erfordernissen wirtschaftlicher Kapitalbildung. »Der Ausspruch eines der Fugger, er wolle erwerben solange er lebe«, ist Ausdruck einer neuen, weltlich orientierten Einstellung: »man erwirbt nicht mehr, um leben zu können, man lebt, um zu erwerben« (Scherpner 1962, S. 44). Das Geld, bisher hauptsächlich Thesaurierungsmittel, wird nunmehr angelegt, um neuen Gewinn zu erzielen. Für eine Gesellschaft, deren Streben nun nicht mehr ausschließlich der Erlangung des Seelenheiles galt, sondern vorrangig auf den Erwerb materieller Güter gerichtet war, hatte der Arme als Almosenempfänger seine Legitimierung verloren. Dies fand seinen Niederschlag in den spätfeudalen Bettelordnungen, die alle eine grundsätzliche Arbeitspflicht statuierten und, unabhängig davon, ob es überhaupt Arbeit gab, unter Androhung schwerster körperlicher Strafen wie Auspeitschen, Verstümmelung, Brandmarkung und Hinrichtung den Bettel von arbeitsfähigen Armen untersagten (vgl. Kuczynski 1958, S. 12 ff.).

Mit dem Übergang von der Agrarstruktur des Feudalismus zum Manufaktur- und Fabrikwesen des Frühkapitalismus vollzog sich demnach auch ein tiefgreifender Wandel in der Armenpflege. An die Stelle der mildtätigen Versorgung tritt die Unterbringung in Zwangsarbeitsanstalten, wo die produktive Verwendung der Armen als Arbeitskräfte dem Hof und dem beginnenden Unternehmertum erhöhte Einkünfte sichert. Auch die Kinderfürsorge unterlag diesem Wandel, auch sie wird Objekt merkantilen Erwerbsstrebens (vgl. Lütge 1960, S. 334 ff.).

Richtete sich in den ersten Anfängen der industriellen Entwicklung Kinderfürsorge ganz auf die unmittelbare Nutzung der kindlichen Arbeitskraft – Sterblichkeitsquoten von oftmals über 24 Prozent zeugen von der Brutalität einer Ausbeutung, die ausschließlich gewinnorientiert war (vgl. Kuczynski 1958, S. 36) –, so wurde im 18. Jahrhundert, mitbedingt durch die Anforderungen eines sich entfaltenden Kapitalismus – dessen Existenz von einem ausreichenden Arbeitskräftepotential abhängig ist – eine konsequente Arbeitserziehung, die für einen effektiven Arbeitseinsatz im Erwachsenenalter kognitiv und affektiv vorbereitete, primäres Anliegen (vgl. Nowicki 1973, S. 64 ff.).

Die Entstehung einer speziellen Kinderfürsorge war demnach geknüpft an wirtschaftliche Bedingungen, ihre weitere Entwicklung erfolgte nicht unabhängig von den sich wandelnden materiellen Erfordernissen der jeweiligen Produktionsverhältnisse. Betrachtet man nun die Ausführungen Nohls zur Jugendwohlfahrt, der Sozialpädagogik in seinem Sinne, so findet man außer dem sehr allgemeinen Hinweis, daß ihre Grundlage »die neue soziale und sittliche, körperliche und geistige Not« sei, »wie sie im Lauf des 19. Jahrhunderts durch die Entwicklung der Industrie, der Großstädte, der Arbeits- und Wohnverhältnisse, aber auch der allgemeinen Aufklärung über die Völker hereingebrochen ist« (Nohl 1927b, S. 2), wenig, das auf eine Reflexion dieses Zusammenhangs schließen läßt. Seine historische Analyse richtete sich vielmehr primär auf die geistesgeschichtlichen Hintergründe der Entstehung von Kinder- und Jugendfürsorge, politische, gesellschaftliche und wirtschaftliche Zusammenhänge finden dabei nur unzureichende Berücksichtigung. So erscheint ihm denn auch die sich zeigende Not weniger als eine materielle Not, als akuter Mangel an dem zum Leben Nötigsten, sondern als *»Auflösung aller Bindungen«* und eine daraus resultierende »völlige *Wertlosigkeit des Menschen*« (a.a.O.).

Zweifellos haben die von Nohl genannten geistigen Energien die aktuelle Erscheinungsform der Jugendwohlfahrt seiner Zeit mitgeprägt; sowohl Arbeiterbewegung als auch Innere Mission, Sozialpolitik, Frauenbewegung wie Jugendbewegung gaben entscheidende Impulse für Wandlungen in den Hilfsmaßnahmen für Kinder und Jugendliche, für Änderungen ihrer Ziel- und Aufgabenstellung. Doch sind die in diesen Bewegungen sich manifestierenden geistigen Potenzen nur sehr bedingt als Reaktion auf zunehmende Bindungs- und Wertlosigkeit des Menschen zu deuten, selbst wenn dies der subjektiven Auffassung ihrer Träger entsprochen haben sollte.

Insbesondere die Nohlsche Interpretation des Sozialismus als letztlich getragen von einer humanitären Idee, der »Anschauung von dem Recht des Menschentums jedes einzelnen und von der Solidarität aller arbeitenden Menschen« (a.a.O., S. 3), wird dieser Bewegung und ihrem Ursprung in den wirtschaftlichen und sozialen Zuständen des frühen 19. Jahrhunderts nicht gerecht. Zwar soll keineswegs ein ethischer Gehalt Marxscher Gedanken bestritten werden, im Gegenteil »von den frühesten bis zu den spätesten Werken hat Marx als Nachfolger der großen humanistisch-ethischen Tradition Europas geschrieben«, doch »sein Humanismus ist ... nicht in erster Linie moralisch — obwohl er die moralische Dimension enthält —, sondern praktisch, revolutionär. Dieser Humanismus ist bestrebt, bis zu den Ursprüngen der inhumanen Gesellschaftsordnung vorzudringen und sich nicht wie der utopische Sozialismus in erster Linie mit deren Folgen zu beschäftigen und so naiv und ohnmächtig zu bleiben. Der Marxsche Humanismus rechnet nicht mit dem humanen Appell und dessen Einfluß, sondern mit etwas viel Tieferem: dem *Interesse* der Arbeiterklasse« (Stojanović 1972, S. 114 f.).

Nohls Darstellung der Inneren Mission ist sicher eine angemessene Wiedergabe ihres eigenen Selbstverständnisses, doch obwohl ihr Gegensatz zum Sozialismus gesehen wird, wird nur die christliche Motivation, »die Liebe zu jedem Elenden um Gotteswillen« (Nohl 1927b, S. 4) hervorgehoben und nicht auch die politische Antriebsfeder für Wicherns fürsorgerisches Engagement genannt. Es wird übersehen, daß spätestens nach den achtundvierziger Unruhen und dem Erscheinen des Kommunistischen Manifests in die Ausformulierung der Wittenberger Kirchentagsrede zur Denkschrift der Inneren Mission unter dem Einfluß des Preußischen Königshauses und hoher Regierungsbeamter starke antikommunistische Tendenzen einfließen (vgl. Wichern 1849, S. 34 f., S. 37, S. 112 ff., S. 161 f., S. 165 ff., S. 178, S. 181, S. 200 f.; Brakelmann 1966).

Auch die Aktivitäten der sozialpolitischen Bewegung sind auf diesem Hintergrund zu begreifen, denn, wie Nohl selbst schreibt, stand hinter ihrer Forderung nach sozialer Gesetzgebung nicht nur der Wille, die Not des Proletariats zu lindern, sondern auch die Absicht, die von diesem Proletariat ausgehende Bedrohung für die anderen Volksschichten abzufangen. Über die tatsächliche Gewichtung dieser beiden Intentionen für die Realisierung der Sozialgesetzgebung äußert sich Bismarck 1884 sehr offen: »Wenn es keine Sozialdemokratie gäbe und wenn nicht eine Menge Leute sich vor ihr fürchteten, wäre diese Sozialpolitik nie zustande gekommen« (zit. n. Nowicki 1973, S. 75; vgl. Ritter u. a. 1974, S. 397 f.).

Die Bestrebungen der Frauenbewegung im jugendfürsorgerischen Bereich gründeten sicher in dem Willen zu helfen, doch zugleich waren sie der Versuch, auf diesem Wege die politischen Forderungen nach Gleichberechtigung und Wahlrecht durchzusetzen, wenn auch im Laufe der Zeit das Streben nach politischer Einflußmöglichkeit mehr und mehr in den Hintergrund trat.

Dem Nohlschen Nachweis der fünften geistigen Energie der Jugendbewegung ist anzumerken, daß er sich auf die Darstellung der bürgerlichen Jugendbewegung beschränkt, deren Aufbegehren sich gegen die herrschenden Lebensformen der Großstadt, gegen Repression und autoritäre Bevormundung durch Elternhaus und Schule richtete, die proletarische Jugendbewegung jedoch unberücksichtigt läßt. Die Jugendorganisationen der Arbeiterschicht aber resultierten aus der Erfahrung von extremer Ausbeutung und ökonomischer Gewalt, ihre Ziele waren politischer Natur: »Kampf gegen den Militarismus, wirtschaftlicher Kampf und Schutz, sozialistische Erziehungs- und Bildungsarbeit« (Nowicki 1973, S. 79; vgl. Autorenkollektiv 1971, S. 49 f.).

Nohls Definition von Jugendwohlfahrt als eines Systems geistiger Energien, die durch die Lebensnot der Zeit, insbesondere der Jugend herausgefordert wurden, bedarf demnach einer Relativierung: Die geistigen Energien antworteten nicht nur auf die Not der Jugend, sondern waren auch Reaktion auf gesellschaftliche Gegebenheiten. Mit dem Willen zu helfen verbanden sich handfeste wirtschaftliche und politische Intentionen. Diese wurden nicht dadurch aufgehoben, daß die Hilfsmaßnahmen Erziehungscharakter bekamen, denn, wie ihre historische Entwicklung zeigt, vollzog sich auch dieser Wandel nicht unabhängig von politischen und ökonomischen Interessen.

Anhaltspunkte für das Fortbestehen dieser Motive liefert insbesondere die Begründung zum preußischen Jugendpflege-Erlaß von 1911, aber auch das RJWG selbst. So heißt es unter anderem in der dem Jugendpflege-Erlaß beigefügten Anlage (»Grundsätze und Ratschläge für Jugendpflege«):

»Aufgabe der Jugendpflege ist die Mitarbeit an der Heranbildung einer frohen, körperlich leistungsfähigen, sittlich tüchtigen, von Gemeinsinn und Gottesfurcht, Heimat- und Vaterlandsliebe erfüllten Jugend. ... Zur Mitarbeit bei der Jugendpflege sind alle berufen, welche ein Herz für die Jugend haben und deren

Erziehung im vaterländischen Geiste zu fördern bereit und in der Lage sind« (zit. n. Giesecke 1971, S. 48).

Und in dem von Paul Drewes und Emil Sandré 1928 herausgegebenen Abdruck des RJWG wird Jugendfürsorge folgendermaßen kommentiert:

Jugendfürsorge ist »fürsorgerische Arbeit an der körperlich, geistig oder seelisch nicht mehr einwandfreien Jugend. Diese Jugend kann gesellschaftsfeindlich werden oder ist es bereits. Es ist daher nicht nur das Recht, sondern sogar die Pflicht des Staates, alles zu tun, um diesen Teil seiner Jugend für die Allgemeinheit zu erhalten bzw. wieder zu brauchbaren Gliedern der Allgemeinheit zu erziehen« (S. 15).

Die in diesen Äußerungen zum Ausdruck kommende Motivation ist das zugleich politische und ökonomische Interesse an einer in das Gesellschaftssystem wohl integrierten Jugend, einer Jugend, die weder den Bestand der gesellschaftlichen Ordnung gefährdet noch sich den Ansprüchen, die Staat und Wirtschaft an sie richten, verweigert, insbesondere der Erfüllung ihrer Aufgabe im Produktionsbereich. Die Aufgabe der Jugendhilfe besteht demnach darin, mit Hilfe von zusätzlichen Erziehungsmaßnahmen einen Beitrag zur Sozial- und Systemintegration zu leisten, und zwar einerseits durch die Vermittlung von generalisierenden Wert- und Orientierungsmodi, die sowohl abweichendes Verhalten verhindern bzw. resozialisieren als auch Loyalität gegenüber dem bestehenden Gesellschaftssystem erzeugen und andererseits durch die Vermittlung von Fertigkeiten, Kenntnissen und generellen Verhaltensbereitschaften, die die Herausbildung des allgemeinen Arbeitsvermögens sowie die Qualifizierung für Berufsrollen unterstützen (vgl. Vahsen 1975, S. 67 ff.).
Damit steht die vom RJWG rechtlich verankerte Jugendhilfe zur Gesellschaft und ihrer Wirtschaftsform in einem funktionalen Verhältnis, das heißt das System und die Erfordernisse der Wirtschaft stellen den Bezugsrahmen dar, in dem die Gesellschaft die Not der Kinder und Jugendlichen zu lindern sucht. Zwar entwirft Nohl das Konzept einer Jugendhilfe, einer Sozialpädagogik, deren Ziel- und Aufgabenstellung nicht von wirtschaftlichen und politischen Bestrebungen geleitet werden, sondern allein an den Interessen des Kindes orientiert sind, doch da seine Theorie den Ausgang von den in der Praxis vorgegebenen Ansät-

zen nimmt, das heißt den vom RJWG geschaffenen Institutionen und Einrichtungen ebenso wie den aus Arbeits- und Anstaltserziehung der vorangehenden Jahrhunderte stammenden Maßnahmen, fließen deren Motivationen, sofern sie nicht als sozialpädagogischen Prinzipien widersprechend zurückgewiesen werden, in seinen Ansatz mit ein. Da er aber das Selbstverständnis der Praxis nicht in Frage stellt, bleibt ihm ein Großteil ihrer objektiven Intentionen und Motive unaufgedeckt, so daß sich Ideologien der Praxis in seiner Theorie reproduzieren. Damit wird nun die Realisierbarkeit der von Nohl geforderten Pädagogisierung der Jugendhilfe, der Wende zum Kind und der absolut vorrangigen Berücksichtigung seiner Bedürfnisse zweifelhaft, denn Motivationen, die man nicht kennt, lassen sich weder daraufhin befragen, ob sie dem »Wohl« des Kindes entgegenstehen, noch für den eigenen Ansatz außer Kraft setzen.

Literaturhinweise

Entwicklung der Jugendfürsorge: Autorenkollektiv: Gefesselte Jugend 1971; Giesecke 1971; Kuczynski 1958; Nowicki 1973; Rehm 1925; Scherpner 1966.
Konzepte der Sozialpädagogik: Bäumer 1929; Nohl 1927d, 1965a; Nohl/Pallat 1929.
Sozialpädagogische Bewegung: Herrmann 1956; Weniger 1959.

3. Kapitel
Sozialpädagogik in den fünfziger und sechziger Jahren: Wiederaufnahme und Weiterentwicklung früherer Ansätze

Der Nationalsozialismus brachte die vorangegangenen theoretischen wie praktischen Bemühungen um Sozialpädagogik weitgehend zum Erliegen. Die AWO (Arbeiterwohlfahrtsorganisation) und alle sozialistischen oder gewerkschaftlichen Wohlfahrtsorganisationen wurden verboten, die christlichen Verbände in ihrer Arbeit stark behindert. Die 1933 gegründete »Nationalsozialistische Volkswohlfahrt« (NSV) unterstand direkt den Weisungen der Partei. Wohlfahrt, Kinder- und Jugendhilfe erhielten eine inhaltliche Neubestimmung, deren »oberster Grundsatz ... die Unterordnung jeglicher Fürsorge unter die nationalsozialitische Rassentheorie« (Nowicki 1973, S. 85) war.

»Wertvolle« Mitglieder der Gesellschaft hatten auf der Grundlage nationaler und rassischer Solidarität jede Unterstützung zu erhalten, »Minderwertigen« jedoch war eine »ausmerzende Erbpflege« zugedacht. Hilfsmaßnahmen für körperlich oder geistig Behinderte galten als Dienst an nicht lebenstüchtigen bzw. nicht lebenswürdigen Menschen und waren dementsprechend unerwünscht. Die Fürsorgerin sollte den einzelnen »in seinem inneren seelischen Verhalten beeinflussen und unter Benutzung nationalsozialistischer Motive, die für den Betreuten als starke Imperative wirken, aus ihm ein nützliches und leistungswilliges Glied des Volksganzen machen« (Althaus 1937, S. 11).

In den Jahren nach dem Zusammenbruch des Dritten Reiches kam es dann zu der Wiederaufnahme der durch den Nationalsozialismus abgebrochenen sozialpädagogischen Bestrebungen. Doch griff man nicht nur auf Ansätze der zwanziger Jahre zurück, sondern neben der Konzeption von Sozialpädagogik als Theorie und Praxis der öffentlichen Jugendhilfe wurden auch die älteren Vorstellungen, die Sozialpädagogik als Wissenschaft der Gemeinschaftserziehung verstanden, reaktualisiert. Begriffsdefinition, Ziel- und Aufgabenstellung sowie die Abgrenzung

sozialpädagogischer Inhalte erfolgten dabei teils durch bloßen Rekurs auf geschichtliche Ursprungsmomente, teils durch kritische Auseinandersetzung mit ihnen.
Im wesentlichen lassen sich jedoch zwei Hauptrichtungen der Sozialpädagogik unterscheiden:
– eine, für die Sozialpädagogik einen speziellen Teilbereich darstellte, der als Antwort auf bestimmte Probleme der modernen Gesellschaft entstanden war, und
– eine, die Sozialpädagogik als Erziehung zu sittlichem Sozialverhalten verstand und als allgemeine Aufgabe jeder Pädagogik erklärte.

Sozialpädagogik als Antwort auf Probleme der modernen Gesellschaft

Eine kritische Weiterentwicklung der von Nohl und Bäumer vorgelegten Ansätze zu einer Theorie der Sozialpädagogik stellen die Arbeiten von Klaus Mollenhauer dar. Ähnlich wie Nohl versucht er zu einem Verständnis von Sozialpädagogik zu kommen, indem er gegenwärtiges sozialpädagogisches Denken und Handeln auf seine Ursprünge hin untersucht und so Klarheit über Werden und Struktur bestehender sozialpädagogischer Praxis gewinnen will.

1. Die Ursprünge der Sozialpädagogik in der industriellen Gesellschaft

Deutete Nohl Entstehung und Entwicklung von Sozialpädagogik vor allem auf dem Hintergrund der geistesgeschichtlichen Situation des 19. Jahrhunderts – Jugendwohlfahrt war ihm ein System geistiger Energien, das Resultat geistiger Potenzen –, so sucht Mollenhauer »die Ursprünge der Sozialpädagogik in der industriellen Gesellschaft« (1959). Wohl nennt auch er ein im vergangenen Jahrhundert aufkommendes neues soziales Bewußtsein als Bedingung von Sozialpädagogik (vgl. 1959, S. 19 f.), doch differenzierter und eingehender als Nohl widmet er sich der Analyse der gesellschaftlichen, ökonomischen und politischen Faktoren, die diesem Bewußtsein zugrunde lagen. Das heißt geistes- *und* sozialgeschichtliche Gegebenheiten werden hier zum Verständnis von Sozialpädagogik herangezogen.

In seiner Dissertation (1959) werden von Mollenhauer zunächst die gesellschaftlichen Umstrukturierungen und die Veränderungen in der sozialen Wirklichkeit im Deutschland des 19. Jahrhunderts untersucht und als Begleiterscheinung des Übergangs von der ständischen zur Klassengesellschaft gekennzeichnet: die Auflösung der früheren Organisationen der Arbeit nach Zünften, Innungen und Corporationen, das Schwinden des überlieferten sozialen Ordnungsgefüges im handwerklich-häuslichen Bereich, Landflucht und ständiges Anwachsen der fabrikarbeitenden Bevölkerung sowie die zunehmende Verschärfung der sozialen Probleme und aus all dem resultierend »eine Desorganisation und Orientierungslosigkeit im sozialen Leben des Volkes« (S. 23).

In einem nächsten Schritt analysiert Mollenhauer dann zeitgenössische Deutungsversuche dieser sozialen Situation, ihre Werte und Unwerte, ihre Herkunft und Entwicklungsaussicht, »da ja alles soziale Handeln und damit eben auch alle Sozialpädagogik sich solchermaßen in der sozialen Wirklichkeit zu orientieren sucht« (a.a.O., S. 26). Dabei weist er nach, daß die inhaltlichen Formulierungen der sozialen Problematik weniger auf die faktische Veränderung der gesellschaftlichen Situation zurückzuführen sind: »Wir müssen sie«, so Mollenhauer, »vielmehr als einen Versuch ansehen, da die der gesellschaftlichen Wirklichkeit bisher zugeschriebene normative Überzeugungskraft nachließ, einen Ausweg aus diesem sozialen Dilemma zu finden. Das soziale Leitbild formte sich daher nicht an den sozialen Tatsachen, sondern in der Polemik gegen die in ihnen wirksamen Geistesrichtungen, mit den Schlagwörtern ›Radikalismus‹, ›Kommunismus‹, ›Liberalismus‹, ›Indifferentismus‹, ›Mammonismus‹ etc. belegt und diskriminiert. Aus dieser oppositionellen Haltung heraus werden dann auch die sozialen Zustände gedeutet« (1959, S. 30): als Verfallserscheinungen einer minderwertigen sozialen Gegenwart.

Dies Auseinanderklaffen von sozialem Leitbild und sozialer Wirklichkeit, die Divergenz von gesellschaftlicher Realität und den Sozialnormen jener Generation liefert nach Mollenhauer eine Erklärung für die Formulierung von

Verwahrlosung als einem sozialpädagogischen Problem. Da nämlich Verwahrloste, Arme und Hilfebedürftige keineswegs eine spezifische Begleiterscheinung der industriellen Entwicklung sind, müssen die ständig zunehmenden Klagen über Verwahrlosung, deren Häufigkeit das tatsächliche Ausmaß der Verwahrlosungserscheinungen bei weitem überstieg, als Symptom einer neuen Bewußtseinshaltung gewertet werden (vgl. a.a.O., S. 37 ff.), und zwar »einer Bewußtseinshaltung, die auf Grund feststehender Vorstellungen eines intakten Sozialorganismus alle Abweichung negativ akzentuiert« (a.a.O., S. 121).

Da das Verhältnis des einzelnen zur Gruppe, primär zu Gemeinde und Gesellschaft, nicht als eines betrachtet wurde, das von rationalen Zwecken her seinen Sinn erhält und demzufolge auch nur einer rationalen Kontrolle unterworfen ist, sondern als ein organisches Verhältnis, das seine Gestalt und besondere Ausprägung in Erlebnis, Sitte und Atmosphäre empfängt, mußte man Fehlentwicklungen in einem solchen organischen Prozeß auch pädagogisch ernst nehmen (vgl. a.a.O., S. 39). Verwahrlosung, bislang eine Frage christlicher Liebestätigkeit oder gesellschaftlicher Organisation, wurde damit — interpretiert als Störung dieses organischen Wachstumsprozesses — zu einem pädagogischen Problem. Verwahrlosung ist nun die Bezeichnung eines abnorm gearteten Zustandes, wobei die Abnormität darin besteht, daß der einzelne oder ein Kollektiv sich den bestehenden sozialen Ordnungen nicht einfügt oder einfügen kann, bzw. sein Verhalten dem sozialen Leitbild der erziehenden Generation nicht entspricht (vgl. a.a.O., S. 51).

Die Fülle der als Verwahrlosung verursachend bzw. bedingend angeführten Mißstände läßt sich, so Mollenhauer, im wesentlichen auf zwei hauptsächliche Ursachenkomplexe reduzieren: »Verwahrlosung als Funktion des gesellschaftlichen Zustandes — und Verwahrlosung als Funktion eines fehlerhaften Familienwesens und einer entsprechenden Erziehung« (a.a.O., S. 46). Die Versuche zur Beseitigung von Verwahrlosung weisen daher ebenfalls in zwei Richtungen. Aus der Kritik der Gesellschaft und den Umwelteinflüssen erwuchs die Idee einer Volks- und Nationalerziehung, die auf eine umfassende soziale Regeneration, eine Erneuerung des gesamten Volkslebens und seiner

gesellschaftlichen Ausdrucksformen und Organe zielte, und aus der Einsicht in die Unzulänglichkeit der vorgefundenen Erziehungseinrichtungen entwickelten sich die Bestrebungen zur Ergänzung der von Schule und Familie geleisteten Erziehung. Pädagogische Institutionen wurden geschaffen, die sowohl schlechte Erziehung korrigieren als auch den allgemeinen Mangel an Erziehung beheben sollten.
Damit, so Mollenhauer, war ein neuer pädagogischer Aufgabenbereich im Entstehen, »der mit der geschichtlichen Situation, in der er aufgegeben wurde, untrennbar verknüpft ist« (a.a.O., S. 54). Als Antwort auf den pädagogischen Funktionsverlust, den die herkömmlichen erziehenden Gemeinschaften aufgrund der sich wandelnden Sozialstruktur und der daraus resultierenden geänderten Erziehungsanforderungen erlitten, wurden nun neue pädagogische Institutionen hervorgebracht. Diese unterschieden sich, so Mollenhauer, wesentlich von den traditionellen Einrichtungen,

»dergestalt, daß sie eine akute oder drohende soziale Abwegigkeit zum Objekt des pädagogischen Handelns machten und die soziale Eingliederung oder Wiedereingliederung zum ausdrücklichen und zentralen Anliegen erklärten. Die sozialpädagogischen Institutionen füllten daher die Lücke, die durch die Unzulänglichkeit der den einzelnen Sozialformen zugehörigen Erziehungsleistungen offen gelassen wurde. Das Entstehen der Sozialpädagogik ist mithin abhängig von bestimmten Schwierigkeiten, die im allgemeinen pädagogischen Zusammenhang auftauchten: von der Unzulänglichkeit der schulischen Erziehung, der Familienerziehung, der pädagogischen Leistungen der Berufswelt; von der mangelhaften sozialen Bindung, dem Auftreten eines unkontrollierten Raumes im Leben der Jugend, den auftretenden Erziehungsschäden« (Mollenhauer 1959, S. 55).

So kommt denn Mollenhauer zu seiner Definition von Sozialpädagogik als der *»Gesamtheit der institutionellen Mittel, die bereitgestellt wurden, um diese Diskrepanz auszugleichen, ihren praktischen und theoretischen Zusammenhang«*; Sozialpädagogik deshalb, »da diese mit der durch eine bestimmte und besonders zugespitzte soziale Problematik – der der industriellen Gesellschaft nämlich – charakterisierten geschichtlichen Situation notwendig verbunden war und ist, von ihr ihren Anfang nahm und ihre Aufgaben erhielt« (1959, S. 55).

Sozialpädagogik, so das Ergebnis von Mollenhauers Untersuchung, ist die geschichtliche Antwort auf eine bestimmte gesellschaftliche und pädagogische Situation, die Reaktion der Pädagogik auf die sozialen Umbildungsprozesse des 19. Jahrhunderts, und zugleich das Schlüsselwort zur Bewältigung jener geschichtlichen Gegenwart (vgl. 1959, S. 7). Sie trat auf als Korrektur sozialer Entwicklungsschäden, die die Gesellschaft mit den herkömmlichen Mitteln nicht mehr meistern konnte. Für die Formulierung der sozialpädagogischen Aufgaben war »der Hiatus zwischen gesellschaftlicher Realität und nachhinkendem Bewußtsein« konstitutiv, »die Abwertung eigener Gegenwart, ihre Interpretation vom Standpunkt einer ›unangepaßten‹ Theorie her, weckte die Energien zu deren Überwindung« (a.a.O., S. 121).

Um Sozialpädagogik aus der Abhängigkeit dieser speziellen Deutung der sozialen Wirklichkeit zu lösen – Sozialpädagogik wäre sonst »nicht bestimmt durch eine sachliche pädagogische Notwendigkeit, sondern durch spezifische ideologische Voraussetzungen der erziehenden Generation« (a.a.O., S. 124) –, sei ein unvoreingenommenes, realistisches Verhältnis zur eigenen sozialen Gegenwart notwendig.

»Die jüngere Sozialgeschichte als eine Dekadenzentwicklung zu betrachten«, aber heißt für Mollenhauer, »die Anwendung eines Aspektes, der nicht aus dieser Gegenwart selbst, sondern aus einem nachhinkenden oder vorgreifenden Bewußtsein gewonnen wird. ... Eine Analyse der modernen Gesellschaft ergibt denn auch, daß es sich um einen Typus gesellschaftlicher Organisation handelt, dem – wenigstens hypothetisch als Bedingung einer sachgerechten Erkenntnis – zunächst eine Eigenwertigkeit zugesprochen werden muß, ohne von vornherein seine Minderwertigkeit, gemessen an einer ehemals anderen oder für die Zukunft erhofften Sozialordnung, zu konstatieren« (Mollenhauer 1959, S. 124).

Damit solle nicht geleugnet werden, daß diese Gesellschaft besondere Schwierigkeiten zu meistern hat, doch da diese Schwierigkeiten ihr wesensmäßig zugehören, könne, so Mollenhauer, der Antrieb zu ihrer Bewältigung, sofern er wissenschaftlich fundiert werden soll, nicht aus einer romantischen Negation der industriellen Gesellschaft, sondern nur

aus der Besinnung auf die in ihr enthaltenen Potenzen gewonnen werden.
Gemäß dieser Zielsetzung und unter gleichzeitiger Berücksichtigung des historischen Zusammenhangs kommt Mollenhauer denn zu folgender Aufgabenbestimmung für die Sozialpädagogik:

»*Die sozialpädagogische Aufgabe besteht mithin in jedem Falle darin, ein akutes, mit der Struktur der modernen Gesellschaft wesensmäßig gegebenes und im Vergleich zur alten Gesellschaft neues Erziehungsbedürfnis zu befriedigen, das nicht ohne weiteres auf eine Minderwertigkeit, sondern auf eine Andersartigkeit dieser Gesellschaft zurückzuführen ist*« (Mollenhauer 1959, S. 124).

Diese Definition beinhaltet nicht nur die von Nohl und Bäumer der Sozialpädagogik zugewiesenen Aufgaben und Funktionen, sondern sie ist auch die Fortführung einer sich dort bereits ankündigenden Entwicklung: der Wende der Sozialpädagogik von der bloßen Nothilfe zur eigenwertigen und selbstverständlichen Erziehungsleistung für den Normalfall. Doch handelte es sich in den zwanziger Jahren mehr um die Vorwegnahme künftiger Gedanken, mehr um die Ahnung von Pionieren als um einen allgemein anerkannten Tatbestand.

»Die gesellschaftlichen Überlieferungen waren noch einigermaßen kräftig, und die Herausforderungen der industriellen und technischen Welt traten noch nicht kraß genug hervor, um der Pädagogik zum Bewußtsein zu bringen, daß es sich nicht um Nöte gefährdeter Einzelner oder besonders exponierter Gruppen, sondern um eine *allgemeine Not der Jugend* handelt, die in der modernen Gesellschaftsentwicklung ihre Wurzeln hat. ... Im Zeitalter der ›sekundären Systeme‹ [jedoch] sind für die *gesamte* Jugend diejenigen Voraussetzungen nicht mehr eindeutig vorhanden, die eine normale Entfaltung des jungen Menschen, die Bildung eines sittlichen Fundaments der Lebensführung und ein natürliches Hineinwachsen in die Lebensformen der Gesellschaft gewährleisten« (Wilhelm 1966, S. 27).

Diese Ausführungen Theodor Wilhelms stehen stellvertretend für die Ansicht vieler namhafter Erziehungswissenschaftler; denn darin – so die Darstellung der Sozialpädagogik in den meisten Lexika- und Handbuchartikeln – sieht man gerade das spezifisch Neue, das Charakteristische der sozialpädagogischen Epoche nach dem Zweiten Weltkrieg: Habe man in den zwanziger Jahren das Augenmerk vorrangig auf den gefährdeten oder bereits verwahrlosten Teil der Jugend gerichtet und für ihn geeignet erscheinende Maßnahmen geplant und eingeleitet, werde nun der Erziehungsnotstand als ein allgemeiner aufgefaßt, der sämtliche Kinder und Jugendliche mehr oder minder bedrohe (vgl. Brandt 1971, S. 35; Küchenhoff 1971, S. 123 f.; Rössner 1970, S. 471 f.).

»Die ›klassische‹ Sozialpädagogik ging davon aus, daß die Öffentlichkeit schutzbedürftig sei. Die Öffentlichkeit galt als intakt, und der verwahrloste oder gefährdete Jugendliche galt als Bedrohung ihrer Intaktheit. Heute liegen die Dinge umgekehrt. Die Gefährdung der Jugend geht von der Öffentlichkeit aus, in die sie erbarmungslos einbezogen ist. *Nicht die Öffentlichkeit muß vor der Jugend, sondern die Jugend muß vor der Öffentlichkeit geschützt werden*« (Wilhelm 1959, S. 378 f.).

Damit kommt ein Aspekt aus den sozialpädagogischen Anfängen wieder zum Tragen, jene Intention der Volks- und Nationalerziehung. Doch im Gegensatz zu den damaligen, mehr an retrospektiven sozialen und nationalen Wunschbildern als an den konkreten gesellschaftlichen Gegebenheiten orientierten Strebungen wird jetzt »eine allgemeine und umfassende, alle Kinder und Jugendlichen erfassende erzieherische Hilfe« (Rünger 1964, S. 43) als Aufgabe der Sozialpädagogik erklärt, die der bestehenden gesellschaftlichen Situation gerecht zu werden versucht. Denn es gehe dabei um jene »Hilfe und Vorsorge, die die Gesellschaft dem Jugendlichen schuldig ist, um seinen Anspruch auf einen jugendgemäßen Start ins Leben unter den erschwerenden Umständen der Arbeitsverhältnisse und Schicksalswege der Gegenwart zu erfüllen« (Wilhelm 1959, S. 372).
Wie diese Hilfe inhaltlich aussehen soll, darüber geben die Ausführungen Helmut Rüngers Auskunft.

»Aufgabe der Sozialpädagogik ist es:
1. Dem jungen Menschen einen, seinem Reifestand entsprechenden, von der Welt der Erwachsenen ungefährdeten Entwicklungs- und Erziehungsraum zu schaffen.
2. Den jungen Menschen aus diesem geschützten Entwicklungsraum heraus plan- und zielvoll in die Welt der Erwachsenen mit all ihren Problemen und Gefahren einzuführen. Dabei geht es in erster Linie nicht darum, die ›Schwierigkeiten des industriellen Zeitalters aufzuheben, sondern darum, den Menschen so auszurüsten, daß er ihnen standhält‹ (Furck).

3. Den jungen Menschen zur selbständigen, kritischen und wertenden Stellungnahme der modernen Gesellschaft und all ihrer Gefahren und Fehlhaltungen gegenüber und über sie hinaus zu einem eigenen Lebensstil zu erziehen« (Rünger 1964, S. 45).

Sozialpädagogische Hilfe ist demnach im wesentlichen Eingliederungs- bzw. Integrationshilfe für die heranwachsende Generation (vgl. Mollenhauer 1964a, S. 12), »Einübung ins öffentliche Leben«, wie Wilhelm es formuliert (1959, S. 380), oder:

»Hilfe zur Integration in und für die Gesellschaft, verstanden als Anpassung und Provokation von Reaktion, die zugleich die Befähigung zur Distanzierung und zum rechten Gebrauch der Wahlfreiheit, politische Bildung und Gewährung eines freien Raumes im Jugendleben beinhaltet« (Furck 1966, S. 60 f.).

Diese Eingliederungshilfen, so Mollenhauer, sind nicht nur einseitig auf den jeweiligen Zuerziehenden gerichtet, die Beeinflussung und Veränderung seiner Person, sondern auch von vornherein und prinzipiell auf seine sozio-kulturelle Umwelt (vgl. 1964a, S. 22 f.):

»Die in der Praxis täglich neu erfahrene subjektive Entsprechung einer problematischen gesellschaftlichen Lage im einzelnen Erziehungsfall weist die Erziehungstätigkeit auf diese Lage zurück als auf die Bedingungen der individuellen *Erziehungsbedürftigkeit.* Die sozial-pädagogische Erziehungsrichtung nimmt daher nie nur den direkten Weg auf den einzelnen zu, sondern schließt die Absicht zur Veränderung der Erziehungsbedingungen mit ein« (Mollenhauer 1964b, S. 291).

Sozialpädagogisches Denken zeichnet sich, so Mollenhauer, geradezu aus durch »das Fortschreiten von der individuellen Situation des einzelnen, über den Rückgang auf die Ursachen, zur Situation der Gesamtgesellschaft«. Sozialpädagogische Leitziele »sind der inhaltliche Ausdruck dieser wesenhaften Struktur sozialpädagogischen Denkens; in ihnen sollte das dialektische Verhältnis von sozialer Eingliederung des einzelnen und Gestaltung der gesellschaftlichen Ordnung in einem Idealbilde überwunden werden« (1959, S. 132). Denn Aufgabe der Sozialpädagogik sei es, einen Gleichgewichtszustand herzustellen »zwischen den Bedürfnissen und Motiven des einzelnen und den mit der Struktur der modernen Gesellschaft gegebenen Anforderungen« (Mollenhauer 1964a, S. 70). So ist für Mollenhauer Sozialpädagogik

»gleichsam das exponierteste pädagogische Experimentierfeld der Gesellschaft, ... weil sie, ihrem Auftrag entsprechend, es nicht mit der Überlieferung von kulturellen Sach-Inhalten zu tun hat, sondern ausschließlich mit der Bewältigung aktueller, im Entwicklungs- und Eingliederungsprozeß des Heranwachsenden auftretender Probleme. ... Am gesellschaftlichen Fortschritt ist sie deshalb unter allen pädagogischen Aufgaben-Bereichen allein unmittelbar beteiligt. ... Als ein relativ eigenständiger Sektor unserer Kultur und Gesellschaft kann sie produktiv an deren Veränderung mitarbeiten« (Mollenhauer 1964a, S. 27).

3. Sozialpädagogik als Theorie und Praxis eines eigenständigen Erziehungsbereichs

In dem 1929 erschienenen »Handbuch der Pädagogik« hat Gertrud Bäumer Sozialpädagogik als den »Inbegriff der gesellschaftlichen und staatlichen Erziehungsfürsorge, sofern sie außerhalb der Schule liegt«, bezeichnet; ihrer Definition nach umfaßt dieser Begriff »alles was Erziehung, aber nicht Schule und nicht Familie ist« (S. 3). Dies Verständnis, das Sozialpädagogik als Theorie und Praxis eines dritten Erziehungsbereiches neben Familie und Schule begreift, findet sich auch in Definitionen der fünfziger und sechziger Jahre wieder.
»Das Wirkungsfeld der Sozialpädagogik umfaßt nach unserem Verständnis ... alle Bereiche außerhalb von Familie und Schule, in denen sich Erziehung im weitesten Sinne des Wortes und in irgendeiner Form vollzieht« (Rünger 1964, S. 67). Diese Definition Rüngers klingt wie die nahezu wörtliche Wiedergabe der Bäumerschen Begriffsbestimmung von Sozialpädagogik. Mollenhauer entschied sich nach »einer Durchsicht der einschlägigen Lexika und Literatur« ebenfalls für diese Abgrenzung. Er verwendet den Terminus zur Charakterisierung »eines bestimmten pädagogischen Aufgaben- und Arbeitsbereichs ... außerhalb von Elternhaus und Schule« (1959, S. 8). Auch Furck erklärt: »Erziehung geschieht ... in den Bereichen von Familie, Schule und Sozialpädagogik« (1966, S. 49); und Wilhelm bestimmt Sozialpädagogik als eigene, breite »Erziehungsdomäne neben den Schulen« (1959, S. 372).
Die Parallelität der zwanziger und fünfziger Jahre in der Auffassung dessen, was unter Sozialpädagogik zu verstehen sei, beschränkt sich jedoch nicht nur auf die Angabe, daß ihr Wirkungsfeld außerhalb von Familie und Schule

liege. Wie die historische Betrachtung zeigte, war Sozialpädagogik zur Zeit der Weimarer Republik im wesentlichen gleichbedeutend mit Theorie und Praxis jenes Aufgaben- und Einrichtungskomplexes, der als öffentliche Erziehungsfürsorge im RJWG und JGG seine gesetzliche Verankerung erhalten hatte, Sozialpädagogik und Jugendwohlfahrt waren synonym. »*Jugendpflege, Jugendfürsorge* und *Gefängniserziehung* waren diejenigen Einrichtungen der pädagogischen Praxis, von denen das sozialpädagogische Bewußtsein und die sozialpädagogische Theorie ihren Ausgang nahmen« (Mollenhauer 1964b, S. 289). Auch bei Mollenhauer, Furck, Rünger und Wilhelm erscheint übereinstimmend als weiteres Grundelement ihres Begriffs von Sozialpädagogik der Hinweis auf seine juristische Entsprechung (vgl. Mollenhauer 1964a, S. 12; Furck 1966, S. 47; Rünger 1964, S. 67; Wilhelm 1966, S. 26 ff.). Sozialpädagogik ist nach Mollenhauer »die Theorie derjenigen Erziehungsvorgänge, die im Jugendwohlfahrtsgesetz einen juristischen Niederschlag gefunden haben, die Theorie der Jugendhilfe« (1970, S. 134).

»Der Ausdruck ›Sozialpädagogik‹ wäre demnach gleichbedeutend dem Ausdruck ›Theorie der Jugendhilfe‹« (Mollenhauer 1966, S. 38); allerdings, so Mollenhauer, sei im Sprachgebrauch des Wortes »Pädagogik« die Praxis immer schon mitgemeint. »›Pädagogik‹ umschließt – in welchen Wortverbindungen es auch sein mag – immer die Theorie und die Praxis des gemeinten Bereichs« (1964a, S. 13). Mit dem Terminus Sozialpädagogik wird demnach sowohl der theoretische als auch der praktische Zusammenhang der Jugendhilfe erfaßt.

So kann sich Mollenhauer, und mit ihm ein Großteil der sozialpädagogischen Theoretiker und Praktiker, denn auch nicht dem Vorschlag Wilhelms anschließen, »den Begriff *Sozialpädagogik* für jene nach dem Ersten Weltkrieg hervorgebrochene, von Herman Nohl intonierte Theorie der Jugendhilfe an ›gefährdeten‹ und ›verwahrlosten‹ Jugendlichen zu reservieren« (1966, S. 24). Zwar weiß auch Mollenhauer um die Vieldeutigkeit des Ausdrucks Sozialpädagogik, die er als in hohem Maße lästig und verwirrend empfindet, als eine sinnvolle Diskussion mehr verhindernd als fördernd, doch Sozialpädagogik nur als historischen Begriff zu verstehen, erscheint ihm auch nicht die Lösung des Problems. Auch sei es müßig, durch eine Analyse der beiden Wortteile »Sozial« und »Pädagogik« Aufschluß über das »Wesen« von Sozialpädagogik erhalten zu wollen, der Wortbestandteil »Sozial« sei weniger der Sache nach geboten als vielmehr geschichtlich motiviert:

»Weil die allmähliche Entwicklung und Ausgestaltung der Jugendhilfe-Institutionen in besonders intensiver Auseinandersetzung mit den Prozessen gesellschaftlicher Veränderung geschah, da die Jugendhilfe selbst den Schattenseiten dieses Veränderungprozesses gleichsam näher war, die sozialen Probleme aller Erziehung deutlicher sah, geschah es, daß auch sie ... den Ausdruck Sozialpädagogik für sich verwendete« (Mollenhauer 1966, S. 38).

Für die Beibehaltung des Begriffs Sozialpädagogik spricht für Mollenhauer auch, daß der Begriff auf einen Zusammenhang mit den schon vorhandenen Bezeichnungen Familienpädagogik, Schulpädagogik und Berufspädagogik weist, ein Umstand, der für sein Verständnis von Sozialpädagogik nicht ohne Belang ist. Denn für Mollenhauer gliedert sich das Erziehungswesen in Familienerziehung, Schule, Berufsausbildung und Jugendhilfe bzw. Sozialpädagogik. Analog dazu sieht er die Erziehungswissenschaft differenziert in einzelne Theorien, die jeweils die Theorien eines dieser Komplexe sind. Die allgemeine Pädagogik unterteilt sich gleichsam in einzelne »Pädagogiken«, in denen sie auf die verschiedenen Erziehungsbereiche hin spezifiziert wird, diese im Hinblick auf ihre Aufgaben konkretisierend: Familienpädagogik, Schulpädagogik, Berufspädagogik und Sozialpädagogik (vgl. a.a.O.). Daraus ergibt sich für Mollenhauer folgende Definition:

»Sozialpädagogik ist ... die Theorie einer Erziehung; allerdings nicht der Erziehung im allgemeinen, oder der Erziehung, sofern sie auf Gruppen oder Gesellschaft überhaupt bezogen ist, sondern sie ist die Theorie ... eines pädagogischen Bereichs« (1964a, S. 19).

Sozialpädagogik ist demnach eine spezialwissenschaftliche Disziplin der Erziehungswissenschaft, eine spezielle Pädagogik, deren Objektbereich ein bestimmtes, abgrenzbares Erziehungsfeld ist. Diese Theorie versteht sich nicht unabhängig von der Allgemeinen Pädagogik, sie setzt sie vielmehr voraus. Denn im allgemeinen Teil der Erziehungswissenschaft werden generelle Probleme und Begriffe der

Erziehung abgehandelt, wird die Eigenart erzieherischen Verhaltens im allgemeinen untersucht, »so etwa die besondere Art des Verhältnisses zweier Generationen zueinander, von Erwachsenen zu Unerwachsenen, die besondere Art des dabei auftretenden persönlichen Bezuges, die erzieherische Verantwortung, die erzieherische Autorität, das Problem von Zwang und Freiheit, Lohn und Strafe, die Eigenart des Kindes und seiner Bedingungen, die Voraussetzungen des Erziehens im Erziehenden, in den Institutionen, im Erziehungsprozeß selbst usw.« (a.a.O., S. 97). Derartige Untersuchungen der Allgemeinen Pädagogik besitzen für alle erzieherischen Bereiche gleichermaßen Relevanz, ihre Ergebnisse sind von allgemeiner Gültigkeit, für die Familie ebenso wie für die Schule und Sozialpädagogik. So erklärt sich für Mollenhauer auch, daß die pädagogischen Probleme, deren Erörterung das Entstehen sozialpädagogischer Institutionen begleitete, zum Teil allgemeine Probleme der Pädagogik überhaupt waren. Denn es bestätigt den pädagogischen Zusammenhang in allen Bereichen als im Grunde ein und denselben (vgl. 1959, S. 55).

»Einige Momente des Erziehungsvorganges treten indessen in jedem der Erziehungsbereiche in je charakteristischer Weise hervor. Mögen diese Momente auch einzeln überall dort auftreten, wo erzogen wird, so bestimmen sie zusammengenommen doch das erzieherische Profil, den Grundstil des jeweiligen Bereichs« (Mollenhauer 1964a, S. 97).

Mollenhauer geht also davon aus, daß sich die einzelnen Erziehungsfelder durch spezifische Merkmale deutlich voneinander abheben. Während sich nun aber die Bereiche von Familie und Schule verhältnismäßig leicht beschreiben und institutionell abgrenzen lassen, ist dies für die Sozialpädagogik nicht in gleicher Weise möglich, schon deshalb nicht, weil hier sehr unterschiedliche Formen von Erziehung angetroffen werden: »Krippen, Kindergärten, Horte, Kindertagesstätten, Heime der offenen Tür, Jugendklubs, Jugenderholungsstätten, Jugendwohnheime, Kinder- und Jugenddörfer, Jugendhöfe, Kurzschulen, Heime für Säuglinge, Kinder und Jugendliche, Fürsorgeheime, Heilpädagogische Heime« (Furck 1966, S. 49) sind nur einige der Institutionen, die der Begriff Sozialpädagogik zusammenfaßt. Ihre Verschiedenartigkeit macht es schwierig, das

Gemeinsame, die Eigenart erzieherischen Handelns und erzieherischer Maßnahmen im Feld der Sozialpädagogik herauszuarbeiten, die spezifischen Probleme und Begriffe darzustellen.
Mollenhauer glaubt jedoch, das für die Sozialpädagogik Charakteristische, von Schule und Familie deutlich Unterscheidbare, ausgemacht zu haben. Der Grundstil der Familienerziehung ließe sich nach seiner Ansicht bestimmen durch die Begriffe Sorgen, Pflegen, Unterstützen, Gewöhnen und Einüben, der Grundstil der Schule durch die Begriffe Unterrichten, Überliefern, Einweisen, Einüben:

»Betrachtet man dagegen die Sozialpädagogik sowohl in ihrer Geschichte und ihren Institutionen, wie auch in ihrer gegenwärtigen Praxis, dann scheint ihr Grundstil durch Momente der Erziehungstätigkeit charakterisiert werden zu können, deren wichtigste sich in den Begriffen Schützen, Pflegen und Beraten zusammenfassen lassen« (Mollenhauer 1964a, S. 97 f.).

Sozialpädagogik wäre demnach die Theorie desjenigen pädagogischen Bereichs, dessen typische Probleme mit Funktionen des Schutzes, der Pflege und der Beratung in Zusammenhang stehen. Außerdem zeichnet sich, so Mollenhauer, dieser Erziehungsbereich dadurch aus, daß hier im Vergleich zur Schule

»1. nicht eine gesellschaftlich objektive Leistungsanforderung, sondern ein Konflikt den Anlaß aller Maßnahmen darstellt,
2. nicht ein kanonisierbares Wissen, sondern die subjektive Erfahrungs- und Schicksalslage eines einzelnen den Gegenstand der Erziehungstätigkeit bilden, und
3. das Erziehungsgeschehen nicht die Struktur der kollektiven Lehre hat, sondern, aus der Struktur der Beratung sich entwickelnd, jede beliebige Form annehmen kann, ja gerade durch die Vielfalt und den methodisch eingesetzten Kombinationsreichtum ausgezeichnet ist« (1966, S. 40).

Die Einheit dieses Bereiches leitet sich in Mollenhauers Sicht her von den »Ursprüngen der Sozialpädagogik in der industriellen Gesellschaft«, das heißt das Gemeinsame liegt darin, daß es sich um Institutionen und Einrichtungen handelt, die durch die Entwicklung der modernen Gesellschaft und dem damit verbundenen Funktionsverlust bzw. Funktionswandel der herkömmlichen Erziehungsträger notwendig geworden sind (vgl. 1964a, S. 19). Die Zusammenfassung dieser Einrichtungen und Institutionen in dem Begriff Sozialpädagogik ist daher mehr als eine Verlegenheitslösung, nämlich der Hinweis auf die gleiche, allen gemeinsam zugrunde liegende pädagogische Struktur (vgl. 1966, S. 39).

Sozialpädagogik als Erziehung zu sittlichem Sozialverhalten

Neben dem oben dargestellten Verständnis von Sozialpädagogik, das – theoretische Konzeptionen der zwanziger Jahre aufnehmend und kritisch weiterentwickelnd – Sozialpädagogik definierte als die Theorie eines spezifisch strukturierten, eindeutig abgrenzbaren pädagogischen Teilgebietes, als Theorie der Jugendhilfe, bestimmte noch eine zweite Auffassung, die sich ausdrücklich von der ersteren distanzierte, bzw. sie für überholt erklärte, die Diskussion der Nachkriegszeit um das sozialpädagogische Selbstverständnis. Diese Richtung griff zurück auf Natorpsches Gedankengut, seine Vorstellungen einer Erziehung durch Gemeinschaft für Gemeinschaft.
Die Vertreter dieses zweiten Bedeutungsgehaltes von Sozialpädagogik beanspruchen für das von ihnen Gemeinte teils den Terminus Sozialpädagogik (Knirck 1963; Huth 1965; Siegmund-Schultze 1950), teils den Begriff Sozialerziehung (Bornemann/Mann-Tiechler 1963 und 1964); einige gebrauchen beide Begriffe für Synonyme (Schlieper 1964), andere wieder bezeichnen mit Sozialerziehung die Praxis und mit Sozialpädagogik die Theorie dieser Praxis (Bornemann/Freymann 1970). Um die Begriffsverwirrung nicht auf die Spitze zu treiben, wird zur Darstellung dieser Richtung von Sozialpädagogik im folgenden der Begriff Sozialerziehung gebraucht. Mit der Wahl gerade dieses Terminus wird dem spezifischen Bedeutungsinhalt dieser Position Rechnung getragen.

1. Sozialerziehung als Antwort auf die Gefahren der industriellen Gesellschaft

1963 erschien der erste Band des von Ernst Bornemann und Gustav von Mann-Tiechler herausgegebenen »Handbuches der Sozialerziehung«, Band 2 und 3 folgten im Jahr darauf. Im Vorwort dieses Werkes erklären die Herausgeber:

»Sozialpädagogik war eine der neuen zukunftverheißenden Wissenschaften, die in den Jahren nach dem Ersten Weltkrieg entstanden sind. Nach 1933 hat sie – wie die Pädagogik, Psychologie und Soziologie – schwere Erschütterungen erlitten. Im Gegensatz zu diesen Wissenschaften hat die Sozialpädagogik nach dem Zweiten Weltkrieg aber nicht wieder ihre ehemalige Bedeutung an Universität und Hochschule zurückerlangt. Ein Grund dafür mag darin liegen, daß das Aufgabenfeld der Sozialpädagogik sich inzwischen so ausgeweitet hat und die Methoden der Sozialarbeit sich so gewandelt haben, daß die Sozialpädagogik nicht mehr in der alten Form behandelt werden konnte. In dieser Situation ist eine Neubesinnung notwendig. Den Verfassern schien es nicht mehr angängig, den festgelegten Begriff der Sozialpädagogik für dieses Handbuch zu verwenden. Mit einem neu durchdachten Begriff der Sozialerziehung wird hier versucht, die vielfältigen Bestrebungen der praktischen Sozialerziehung zusammenzufassen und in dem System einer Wissenschaft zu vereinigen« (S. V).

Ähnlich unzufrieden mit dem Terminus Sozialpädagogik sind Erich Knirck und Friedrich Schlieper. Auch sie halten den Begriff, wie er von Nohl und Bäumer sowie gegenwärtig von Mollenhauer und anderen verstanden wird, für nicht mehr zeitgemäß und fordern seine Revision (vgl. Schlieper 1964, S. 3 ff.; Knirck 1963, S. 34 ff.; Bornemann/Freymann 1970, S. 24).

Diese Kritik am herkömmlichen Verständnis von Sozialpädagogik ist jedoch nicht gleichbedeutend mit jener für die Sozialpädagogik der fünfziger Jahre als charakteristisch bezeichneten Wende von der Notstandspädagogik zur eigenständigen Erziehungsleistung für den Normalfall, sondern die Einwände erfolgen aus dem Blickwinkel einer grundlegend anderen Auffassung von Sozialpädagogik, ihren Zielen und Funktionen. Unabhängig davon, ob der Terminus »Sozialpädagogik« beibehalten oder durch »Sozialerziehung« als Nachfolgebegriff ersetzt wird: mit Sozialpädagogik im Sinne von Theorie und Praxis außerschulischer Jugendhilfe hat dieses Verständnis wenig gemeinsam.

So bestimmt Schlieper Sozialerziehung als den »innermenschlichen erziehlichen Gestaltungsprozeß, der auf der Sozialanlage des Menschen beruht und durch die soziale Umwelt des Menschen beeinflußt wird« (1964, S. 32). Bornemann definiert Sozialerziehung als »ein erzieherisches oder selbsterzieherisches Tun, das der Personalentfaltung des einzelnen im Sozialgefüge seiner Welt und Umwelt dient, ihn zu verantwortlich mitmenschlicher Haltung dieser Gesellschaft gegenüber befähigt, und schließlich die humane Regeneration und den Fortgang der Kultur selber ermöglicht, indem zu der Gesellschaft von der Erziehung aus Stellung genommen wird« (1966, S. 7). Haase, der am Begriff Sozialpädagogik festhält, versteht sie »als Lehre von der *Erziehung zu sittlichem Sozialverhalten*« (1962, Sp. 374). Huth dient der Begriff der Sozialpädagogik zur Bezeichnung der »Lehre von der Erziehung zu sozialem Verhalten« (1965, S. 22), und Knirck erklärt schlicht: »Sozialpädagogik ist Erziehung zur Gesellschaft« (1963, S. 60).

Welcher Bedeutungsinhalt des Wortbestandteils »sozial« in diesen Definitionen aktualisiert wird, verdeutlichen folgende Ausführungen Bornemanns, die den zweiten Band seines Handbuches einleiten:

»Im Wort ›sozial‹ liegt ... die ... Bedeutung, daß der Mensch ein ens sociale, ein Sozialwesen, ist, das seiner ganzen Natur nach auf Gemeinschaft angelegt ist. Das Wort ›Mensch‹ schließt zugleich Mitmensch ein. ... Der Mensch wird durch seine Beziehung zum Mitmenschen in seinem eigenen Menschsein geprägt. Es ist für die menschliche Bildung von wesentlicher Bedeutung, wie der Mensch zu seinem Mitmenschen steht« (S. 1).

Diese Sätze verweisen offenkundig auf eine Verwandtschaft mit Natorpschen Vorstellungen über Sozialpädagogik. Auch für Natorp war die entscheidende Bedeutungskomponente im Begriff »sozial« der Hinweis auf die Gemeinschaftsbezogenheit des Menschen, die wechselseitige Verwiesenheit von menschlicher Bildung und Gemeinschaft. Dieser Eindruck eines unmittelbaren Zusammenhangs verstärkt sich, wenn Schlieper erklärt, Sozialpädagogik stelle die »Frage nach den Beziehungen und *Wechselwirkungen zwischen Gemeinschaft und Erziehung*, dem ursprünglichen *Untersuchungsobjekt der Sozialpädagogik*« (1964, S. 9). Hier wird demnach ausdrücklich an eine Konzeption von Sozialpädagogik angeknüpft, die das Verhältnis von Erziehung und Gemeinschaft in den Mittelpunkt ihrer Reflexionen gestellt hatte, an die Konzeption also, die um die Jahrhundertwende das theoretische Selbstverständnis der Sozialpädagogik ausmachte.

Die Entstehung der Sozialpädagogik sehen die Vertreter der sozialerzieherischen Position in Verbindung mit der

Entwicklung zur Industriegesellschaft. So schreibt Bornemann: »Sozialerziehung umfaßt einen großen und bedeutenden Teil der Gesamterziehung. Dieser Teil ist in der industriellen Gesellschaft deutlich hervorgetreten und zum Problem geworden« (1963, S. 278). Im Vergleich zu Mollenhauer, der ja auch die sozialpädagogischen Ursprünge in der industriellen Gesellschaft festmacht, werden hier jedoch die aus dem gesellschaftlichen Wandel resultierenden Veränderungen anders gedeutet, und es werden andere Probleme und Gegebenheiten als entscheidende Faktoren für das Notwendigwerden von Sozialpädagogik herausgestellt.
So versteht etwa Bornemann die Entwicklung zur modernen Gesellschaft als einen »Ausbruch aus festen und bewährten Lebensordnungen, die durch Sitte und Tradition getragen wurden und die zudem die Möglichkeiten zur Selbstregulation des sozialen Lebens durch die nahen mitmenschlichen Bindungen in sich trugen« (1963, S. 229). Der Mensch »muß nun in eigener Initiative zum Mitmenschen und zur sozialen Verantwortung zurückfinden« (a.a.O., S. 4). »In dieser kritischen Wende der Auflösung alter Sozialstrukturen und der Hinwendung zu neuen sozialen Ordnungen gewinnt die Sozialerziehung an besonderer Bedeutung« (a.a.O., S. 229 f.; vgl. Huth 1965, S. 23). Denn mit der Sozialstruktur habe sich auch das Lebensgefühl des Menschen gewandelt. Produktion und Konsum bestimmten nicht nur die Gegebenheiten seiner täglichen Umwelt, die materiellen Dinge beherrschten auch mehr denn je sein Sinnen und Trachten (vgl. Bornemann/Mann-Tiechler 1963, S. 109). Die Welt und die gesellschaftliche Ordnung würden nicht mehr als natur- und gottgegeben verstanden, sondern als vom Menschen gestalt- und wandelbar:

»Das Heil dieser Welt wird nicht mehr von Gott erwartet, sondern von der politischen Ordnung, von der Wirtschaft, von dem guten Willen der Machthaber und der Vorgesetzten. In dieser Einstellung haben viele Menschen weitgehend den Bezug zur Transzendenz verloren. Das gute Handeln, Sitte und Sittlichkeit werden mit zweckmäßiger Anpassung an äußere Gegebenheiten gleichgesetzt. Seelische Konflikte werden nicht mehr in ihrer ganzen Tiefe erlebt und durchgestanden als ein personales Ringen um letzte richtige Entscheidungen« (Bornemann/Mann-Tiechler 1963, S. 163 f.).

Die mit der industriellen Entwicklung neu gewonnene Freiheit und Mobilität machen es dem Menschen nicht nur möglich, seine Lebensbedingungen weitgehend selbst zu bestimmen, sondern bewirken, laut Bornemann,

»auch Unruhe und Unrast, das Fehlen von Muße und Besinnung, und daraus folgt, daß gemüthafte Werte und personale Innerlichkeit nicht mehr gepflegt werden. Die Formen des Kontaktes zu Mitmenschen wandeln sich; die Aufgeschlossenheit dem anderen gegenüber wird größer, die Fähigkeit, Kontakt zu gewinnen, hat zugenommen ... Aber die Kontakte, die gewonnen werden, reifen oft nicht zu einer persönlichen Verbundenheit; sie verbleiben auf der Stufe der unverbindlichen Bekanntschaft« (a.a.O., S. 165).

Die Folge ist »die Vereinzelung des Menschen im Massendasein« (a.a.O., S. 62) als kennzeichnendes Merkmal der industriellen Gesellschaft, seine »Entwurzelung ... mit ihren Domestikationserscheinungen, ihrem sittlichen Verfall« (Schmidt 1952, S. 343).
Der Übergang zur modernen Gesellschaft ist demnach in doppelter Hinsicht eine Voraussetzung für das Notwendigwerden von Sozialpädagogik: zum einen, weil dieser Wandel neue Freiheiten und Möglichkeiten brachte, auf die der Mensch nicht vorbereitet war, und zum anderen, und dies vor allem, weil mit diesen Freiheiten und Möglichkeiten Gefahren einhergingen, denen der Mensch hilflos gegenüberstand. Beides, so Bornemann/Mann-Tiechler, fordert eine sittliche Gesinnung, eine ethische Haltung, die »die Grundlage des menschlichen Zusammenwirkens in einer industriellen Gesellschaft ist« (1963, S. 3).

2. Aufgaben und Ziele der Sozialerziehung

Angesichts der gewandelten gesellschaftlichen Gegebenheiten, angesichts der Gefahren und Möglichkeiten, gilt es, so Bornemann/Mann-Tiechler, »das Verhältnis von Individuum und Gesellschaft auch unter den neuen, erschwerten Bedingungen in einem für beide Teile optimal fruchtbaren Sinn unter pädagogischer Verantwortung zu gestalten« (1963, S. 278). Dies ist die allgemeine Maxime, das Globalziel, dem sich alle anderen der Sozialerziehung zugewiesenen Aufgaben und Zielstellungen unterordnen lassen.

Denn darin besteht Einigkeit bei den Autoren, daß seit dem Übergang zur modernen Gesellschaft der Verkehr der Menschen untereinander sowie ihr Verhältnis zur Gesellschaft nicht mehr sich selbst überlassen werden können, ohne besondere Aufmerksamkeit von seiten der Erziehung, sondern vielmehr dringend einer gezielten, speziell pädagogischen Betreuung bedürfen (vgl. Böndel 1962, S. 910 f.; Haase 1962, Sp. 374; Knirck 1963, S. 56 f.; Schmidt 1952, S. 344). Dementsprechend werden von Haase zwei Hauptaufgabenkreise der Sozialerziehung genannt:

»Der erste umfaßt die Erziehung zu den sittlichen Haltungen im *Verkehr von Mensch zu Mensch,* die als allgemeine *Sozialtugenden* bezeichnet werden können. ... Der zweite ... besteht in der Erziehung des Einzelnen zur tätigen *Eingliederung* in jene Gemeinschaften, die durch die Wesensnatur des Menschen gefordert sind, ohne die also ein menschenwürdiges Dasein nicht möglich ist« (Haase 1962, Sp. 375).

Bornemann/Mann-Tiechler äußern sich sehr ähnlich, doch unterscheiden sie vier spezielle Aufgabengebiete:

»1. Erziehung zur sozialen Haltung dem Mitmenschen gegenüber (vor allem Weckung und Übung der sozialen Grundhaltung der Gerechtigkeit und Liebe sowie Erziehung zur Verantwortung im Mitdenken und Handeln für die Gesellschaft); 2. Unterweisung in den herrschenden Gesellschaftsformen, ihren Aufgaben sowie ihren individuellen und sozialen Gefahrenmomenten (Sozialkunde); 3. Sorge für den einzelnen, seinen rechten Platz in der Gesellschaft zu finden und auszufüllen; 4. Hilfe für die in Not und Bedrängnis geratenen Menschen« (1963, S. 278 f.).

Durch Wahrnehmung dieser Aufgaben, so die Autoren, will Sozialerziehung beitragen zur personalen Entfaltung des einzelnen in einer Welt, deren Sozialstruktur diesem Prozeß teilweise entgegengerichtet ist. Durch Beispiel und Dienst am Mitmenschen sollen Achtung, Hilfsbereitschaft und Verantwortungsbewußtsein in der Einstellung und im Verhalten der Menschen zueinander geweckt und gefestigt werden (vgl. a.a.O.).
Personalentfaltung und sittliche Verantwortung werden dabei nicht als formale Erziehungsziele verstanden, sondern in einem christlich-normativen Sinne definiert: »Die Sozialerziehung bedarf ... eines beständigen Leitzieles, wie es die Bergpredigt aufweist« (a.a.O., S. 4). Auch Huth, Haase und Siegmund-Schultze bekennen sich zu einer

christlich-normativen Ausrichtung ihrer Sozialerziehung (vgl. Huth 1965, S. 25 ff.; Haase o. J., S. 98 ff.; Siegmund-Schultze 1950, S. 11).

Bei Schlieper geht es ebenfalls um die Vermittlung einer Wertordnung, auch ihm ist das soziale Leben ein Feld sittlicher Bewährung: »Der einzelne muß Einsicht in die sozialen Ordnungs- und Wertzusammenhänge gewinnen und sein soziales Denken und Handeln sowohl in den unmittelbaren Beziehungen zu seinem Nächsten als auch in seinem Verhalten als Glied der verschiedenen Gemeinschaften an objektiven sittlichen Normen ausrichten« (1964, S. 31). Ihre Verbindlichkeit erhalten diese Normen aber nicht im Hinblick auf eine Transzendenz, sondern Sozialerziehung leitet sie ab »aus dem *Wesen des Menschen*, insbesondere seiner Sozialnatur, aus dem *Wesen der Erziehung* und aus dem *Sinn der Vergemeinschaftung*« (a.a.O., S. 39).

Das Wesen des Menschen, so Schlieper, wird nun primär bestimmt von seiner »*sozialen Veranlagung* ...; der Mensch ist von Natur aus sowohl gemeinschaftsbezogen als auch gemeinschaftsgebunden« (a.a.O., S. 25). In seiner Leiblichkeit und ebenso in seiner Geistigkeit sei er derart auf das Leben in der Gemeinschaft angelegt, daß ohne sie die ihm mitgegebenen Anlagen verkümmern und die in ihn hineingelegten Möglichkeiten nicht zur Entfaltung kommen würden. Daraus ergibt sich nach Schlieper für den Menschen »die sittliche Verpflichtung, sein Handeln innerhalb der verschiedenen Gemeinschaften am Wohle des Ganzen auszurichten und sich um eine sinnvolle und gerechte Gestaltung des sozialen Lebens zu bemühen. ... Als Glied der Gemeinschaft hat der Mensch zu tun, was seiner Stellung in der Gemeinschaft entspricht« (a.a.O.). Aufgabe der Sozialerziehung sei es, die dazu erforderlichen Einsichten sowie die entsprechende Gesinnung und Haltung zu vermitteln, um so den Menschen zu einer »selbstbewußten Persönlichkeit zu erziehen, die sich freiwillig und im Bewußtsein ihrer Verpflichtung zu sozialem Handeln in die Gemeinschaft einordnet« (a.a.O., S. 27).

Mit dieser Zielformulierung befindet sich Schlieper in bestem Einvernehmen mit der Auffassung der meisten Vertreter von sozialerzieherisch orientierten Ansätzen. Fast ausnahmslos sehen diese die Aufgaben von Sozial-

erziehung im Zusammenhang mit Gemeinschaft, ihrer Bildung und Ausgestaltung.
»Erziehung des einzelnen für die Gemeinschaft, ... Erziehung der Gruppe bzw. der Gesellschaft zur Gemeinschaft in ihrem Verhalten zum einzelnen und ... Erziehung der Gruppen zur rechten Gemeinschaftshaltung untereinander«, so lauten die drei Aufgaben, die Siegmund-Schultze (1950, S. 9) seiner Sozialpädagogik zuweist. Ausgehend von dem Tatbestand, daß »durch seine personale Anlage ... der einzelne von vornherein auf die Gemeinschaft hingeordnet ist« (Bornemann/Mann-Tiechler 1963, S. 62) bestimmen Bornemann/Mann-Tiechler »Gemeinschaftsbildung« als das »eigentliche Anliegen« der Sozialerziehung (a.a.O., S. 28), die Eingliederung des heranwachsenden Menschen in die Gemeinschaft. Ihr Streben gilt einer »Erziehung, die den einzelnen unmittelbar erfaßt, seine Gemütskräfte weckt, übt und heranbildet, so daß er zur Einordnung geneigt ist, die ihm entgegentretende Ordnung zu bejahen« (1964b, S. 195). Auch Huth sieht eine Aufgabe der Sozialerziehung in der »tätigen Eingliederung des einzelnen in die ihm zugänglichen und zuträglichen Gemeinschaften« (1965, S. 28). Ebenso erwartet Schmidt von einer sozialpädagogischen Erziehung, »daß sie den Menschen gemeinschaftsfreudig, gemeinschaftswürdig und gemeinschaftsreif mache« (1952, S. 344). Er soll »zu einem positiven Verhältnis zur Gemeinschaft überhaupt gelangen«, heißt es bei Knirck (1963, S. 45). Für Harder schließlich bedeutet soziale Erziehung »Mutmachen zum organischen Miteinander«, zur »verantwortlichen Teilhabe des einzelnen am Gemeinsamen und Ganzen« (1956/1957, S. 111).
Durch die Postulierung des Ideals einer »wirklichen Gemeinschaft«, deren Bildung und sittliche Ausformung zum Hauptanliegen gemacht wird, leistet Sozialerziehung, so Bornemann/Mann-Tiechler, zugleich den entscheidenden Beitrag zur »humanen ›Regeneration‹« und dem »kulturellen Fortgang der Gesellschaft« (1963, S. 278), denn »die tiefste Gestaltung der Gemeinschaft [ist] die höchste und zugleich die grundlegende Form aller Gesellschaftsgestaltung« (Siegmund-Schultze 1950, S. 11).
Schon aufgrund verhältnismäßig äußerlicher Gegebenheiten — allgemeine Bevölkerungszunahme, Zusammenballung einer Vielzahl von Menschen auf engem Raum, dich-

tes Zusammenleben von Menschen verschiedener Herkunft und unterschiedlichster Auffassungen – erfordert, so Knirck, das Leben in der Industriegesellschaft Menschen, die bereit sind, eigene Rechte zugunsten der Gemeinschaft aufzugeben, »über das gegenseitige Verstehen hinaus zu einer praktisch wirksamen Anpassung zu kommen, über das Nebeneinander hinweg zu einer wirklichen Verbundenheit« (1963, S. 57). So kann, folgt man den Ausführungen Knircks, die moderne Gesellschaft ohne den ständigen Vollzug sozialpädagogischer Erziehung überhaupt nicht existieren, denn diese Gesellschaft lebt vom Engagement:

»Einer muß für den anderen eintreten und bereit sein, auch unter Opfern für und mit dem andern etwas zu unternehmen. Das liegt im Wesen einer Gemeinschaft. Ohne den Gedanken des Füreinandereintretens kann sie nicht bestehen. In der Gesellschaft leben, heißt dem anderen dienen auch ohne eine konkrete Gegenleistung« (a.a.O., S. 22 f.).

Dementsprechend ist für die Vertreter dieser sozialerzieherischen Position Sozialpädagogik kein bestimmter abgrenzbarer Bereich innerhalb des Erziehungswesens, sondern sie entsteht durch

»die *Betonung* einer *allgemeinen,* d. h. einer überall, zu jeder Zeit und bei jedem Menschen bestehenden pädagogischen Aufgabe. Diese Aufgabe ist das Sozialverhalten, das jedoch weder praktisch noch theoretisch von dem Individualverhalten des Menschen loszulösen ist, sondern nur in diesem besonders apostrophiert werden kann. *Sozialerziehung entsteht demnach durch die besondere Apostrophierung einer allgemeinen Aufgabe der Pädagogik«* (Bornemann/Mann-Tiechler 1963, S. 405).

Die auf diesem Verständnis von Sozialpädagogik aufbauende wissenschaftliche Theorie ist somit keine Disziplin, »die von der Erziehungswissenschaft abzutrennen wäre, weil sie ein spezifisches Objekt, ein besonderes Ziel der Erziehung hat oder weil sie andere Methoden entwickelte, die für die Pädagogik keine Relevanz besäßen« (Bornemann/Freymann 1970, S. 23), sondern die theoretische Beschäftigung mit einem Grundaspekt des allgemeinen Erziehungsgeschehens, die »wissenschaftliche Instanz« einer allgemeinen allerdings besonders hervorgehobenen Erziehungsaufgabe (vgl. a.a.O., S. 29). Zielt Erziehung insgesamt auf Personalentfaltung, auf persönliche Vervollkommnung, so übernimmt Sozialerziehung »die spezifische

Verantwortung, die Entfaltung der Person vom Menschen als einem sozialen Wesen und inmitten einer Welt geschehen zu lassen, die in ihrer Sachherrschaft auf Reduktion der Person angelegt erscheint« (Bornemann/Mann-Tiechler 1964a, S. 127).

Gesellschaftspolitische Implikationen der Sozialpädagogik in den fünfziger und sechziger Jahren

Wie die vorangehende Darstellung zeigte, lassen sich die gesellschaftspolitischen Implikationen von Sozialpädagogik erst auf dem Hintergrund der jeweiligen sozio-ökonomischen Gegebenheiten adäquat erfassen. Daher scheinen einige Daten zur bundesrepublikanischen Gesellschaft der fünfziger und sechziger Jahre angebracht, ehe der Versuch unternommen wird, die Sozialpädagogik dieser Epoche auf ihren gesellschaftspolitischen Standort zu befragen.
Die Bundesrepublik Deutschland als Staatswesen wurde 1949 gegründet, doch, so Schwarz, »tragende Strukturelemente und Bewußtseinsorientierungen, die den Lebensweg des westdeutschen Staates bestimmen sollten, sind ... [schon in den Jahren 1945 bis 1949] ausgeformt worden – die Rahmenbedingungen des internationalen Systems ebenso wie die vorherrschenden außenpolitischen Orientierungen in Deutschland selbst, die Strukturen der politischen Grundordnung, aber auch konstitutive Elemente der Wirtschaftsordnung. So dürfte die paradoxe Formulierung nicht zu überspitzt sein, daß die Geschichte der Bundesrepublik Deutschland zu einem Gutteil vorentschieden wurde, bevor diese überhaupt ans Licht der Welt trat« (1974, S. 27).
Nach der Kapitulation des Deutschen Reiches bestand bei den Siegermächten zunächst im wesentlichen Einigkeit darüber, was mit dem besiegten Deutschland zu geschehen habe: Entindustrialisierung und Umwandlung Deutschlands in eine Agrarnation war die gemeinsame Konzeption. Doch bereits im Jahre 1946 lockerten die Westalliierten diese Politik der Niederhaltung, und ein Jahr später wurde Deutschland in das »Europäische Wiederaufbau-Programm« (Marshall-Plan) einbezogen (vgl. Lütge 1960, S. 498). »In einer Mischung von Sorge um Infektions-

krankheiten und politischen Radikalismus mit dem Wunsche, das deutsche Volk für die eigenen Vorstellungen von freiheitlicher Lebensführung zu gewinnen (Umerziehung) ... kam es sehr bald zur Belieferung der deutschen Bevölkerung mit Lebensmitteln und Rohstoffen auf Kosten der amerikanischen Steuerzahler« (a.a.O., S. 500). Eine weitere Ursache für diesen Kurswechsel in der amerikanischen Deutschlandpolitik war die Verschärfung des Ost-West-Konfliktes (»Kalter Krieg«), die in den USA das Interesse weckte an einem wirtschaftlich starken, prowestlichen Deutschland als politischem und ökonomischem Bollwerk gegen sowjetische Hegemonialansprüche (vgl. Schäfers 1976, S. 51; Schwarz 1966, S. 97 f.; Löwenthal 1974, S. 604). Zudem benötigte die seit Kriegsende auf Hochtouren laufende US-Industrie dringend lukrative Absatzmärkte und Investitionsmöglichkeiten im Ausland, so daß Deutschland, das nach wie vor das stärkste Industriepotential auf dem europäischen Kontinent darstellte, auch aus diesem Grund ein Adressat der amerikanischen Zuwendungen wurde (vgl. Czempiel 1974, S. 557; Schwarz 1966, S. 98 ff.).

Um zu gewährleisten, daß die Kredite und Hilfsmaßnahmen in dem intendierten Sinne zum Tragen kommen konnten, war es notwendig, daß vor allem in den drei westlichen Besatzungszonen so etwas wie ein eigener Staat geschaffen wurde, der die politische Sicherheit für diese Zielsetzungen abgab. Damit waren die Weichen für die Entwicklung der späteren Bundesrepublik gestellt: freiheitlich-demokratische Grundordnung nach westlichem Vorbild als Fundament des Gemeinwesens, privatwirtschaftliche Orientierung im ökonomischen Bereich und westlich-atlantische Ausrichtung mit Frontstellung gegen den Ostblock als ein Prinzip der Außenpolitik (vgl. Schwarz 1974, S. 39).

Ein erster Schritt in diese Richtung war die Gründung der Bizone (Doppelzonenabkommen vom Januar 1947 zwischen England und den USA), ein nächster Schritt war die von den Westmächten in den von ihnen besetzten Zonen durchgeführte Währungsreform im Juni 1948, die eine entscheidende Voraussetzung für den wirtschaftlichen Wiederaufbau in diesen Gebieten bedeutete. Außerdem brachte sie die währungspolitische Teilung Deutschlands, da die sowjetische Besatzungsmacht eine eigene Währungsreform für die russische Zone verordnete, womit »das letzte Verbindungsglied für die Wirtschaften aller vier Zonen und Sektoren zerschlagen« (Treue 1965, S. 779) wurde. In der SBZ wurde eine Zentralverwaltungswirtschaft sowjetischer Prägung eingeführt, während sich in den Westzonen eine marktwirtschaftlich orientierte Wirtschaftsform (Soziale Marktwirtschaft) durchsetzte.

Zwar waren nicht nur in der SPD, sondern anfangs auch in der CDU starke antimonopolistische Kräfte wirksam – »die Vorherrschaft des Großkapitals, der privaten Monopole und Konzerne ist zu beseitigen«, hieß es in den Kölner Leitsätzen der CDU vom September 1945 (zit. n. Schäfers 1976, S. 52), und im Ahlener Programm der CDU vom Februar 1947 war an eine Überführung der Schlüsselindustrien und Großbanken in Gemeinwirtschaften gedacht – doch aufgrund der Vorbehalte der westlichen Besatzungsmächte (vgl. Schwarz 1974, S. 58; Czempiel 1974, S. 561 f.) und der bald spürbaren Erfolge der Sozialen Marktwirtschaft, die zwar mit den genannten Prinzipien nicht völlig unvereinbar war, aber doch recht eindeutig einer privatwirtschaftlichen Verfügung über gesellschaftlich wichtige Produktionsmittel den Weg wies, wurden solche Vorstellungen einer sozialistischen Wirtschafts- und Gesellschaftsordnung nicht realisiert. Hinzu kam, daß die totalitären Entwicklungstendenzen in der DDR, die aktuellen Erscheinungsformen der Sowjetisierungspolitik marxistischer Ausrichtung (vgl. Schwarz 1966, S. 261 ff.) in Westdeutschland eine sozialistisch orientierte Neugestaltung zunehmend weniger wünschenswert erscheinen ließen (vgl. Löwenthal 1974, S. 609 ff.).

Der Ausgang der Bundestagswahlen von 1949 zugunsten der marktwirtschaftlich orientierten Parteien wurde denn auch als eine Art Plebiszit gegen eine sozialistische Wirtschafts- und Gesellschaftsordnung gedeutet (vgl. Schwarz 1974, S. 59). Dementsprechend verstand sich die Regierung Adenauer, die CDU war mit 31 % der abgegebenen Stimmen als stärkste Partei aus den Wahlen hervorgegangen (SPD: 29,2 %), als entschieden antisozialistisch. Ihr erklärtes Ziel wurde der Wiederaufbau von Wirtschaft und Gesellschaft auf der Grundlage privaten Unternehmertums (vgl. Müller-Armack 1974, S. 143 ff.).

Die Entwicklung der westdeutschen Wirtschaft zu einer von niemandem für möglich gehaltenen Hochblüte (»Wirtschaftswunder«) schien diese Konzeption zu rechtfertigen. Mit Hilfe des ausländischen Startkapitals war die Produktion bald wieder angelaufen. Ein Überangebot von geflohenen und vertriebenen Arbeitskräften — 1950 betrug die Arbeitslosenquote 12 % – führte zur Zahlung von Niedriglöhnen, und da aufgrund der geringen Zerstörung der Industrie wenige Investitionen genügten, ließen steigende Produktionszahlen und hohe Umsätze nicht auf sich warten (vgl. Lütge 1960, S. 503 ff.). Zusätzlich begünstigt wurde das lukrative Wirtschaftswachstum durch die staatliche Wirtschaftspolitik der CDU-Regierung, die die Unternehmer mit Steuererleichterungen und Abschreibungsvorteilen unterstützte. Außerdem war die allgemeine weltwirtschaftliche Lage der fünfziger Jahre für den Export westdeutscher Waren besonders günstig, so daß trotz kontinuierlich steigender Industrieproduktion die bundesdeutsche Wirtschaft keine Absatzschwierigkeiten kannte.
Mit dem Wachstum der Industrie und der allgemeinen wirtschaftlichen Prosperität verbesserte sich auch die Lage der arbeitenden Bevölkerung (vgl. Schäfers 1976, S. 56): Die große Arbeitslosigkeit der Nachkriegszeit wurde durch die Auswirkung der ständigen Produktionssteigerung nahezu beseitigt; Ende der fünfziger Jahre war eine regelrechte Vollbeschäftigung erreicht, und der Bedarf an Arbeitskräften nahm weiter zu. Mit der Verknappung der Arbeitskräfte erreichten auch die Arbeiter allmählich ein höheres Lohnniveau. Diese Einkommensverbesserungen ergaben sich allerdings nicht automatisch, sondern sie waren Ergebnis harter tarifvertraglicher Auseinandersetzungen. Ab 1957 begann in verschiedenen Industriezweigen eine sukzessive Arbeitszeitverkürzung und eine Verbesserung der Arbeitsbedingungen, die gegen Widerstände der Unternehmer durchgesetzt werden mußten. Damit waren die enorm günstigen Startbedingungen der bundesdeutschen Wirtschaft aufgebraucht. Hinzu kam, daß 1961 mit dem Bau der Berliner Mauer der Zustrom gutausgebildeter DDR-Abwanderer schlagartig unterbrochen wurde. Jahrelang waren sie als zusätzliche Arbeitskräfte für das westdeutsche Wirtschaftswachstum gern gesehen, nun bedeutete ihr Ausbleiben eine weitere Reduzierung des sich verknap-

penden Arbeitskräftepotentials (vgl. Klothen/Vollmer 1974, S. 703 ff.).
Die historische Betrachtung der gesellschaftlich-politischen Entwicklung der BRD bis Anfang der sechziger Jahre läßt keinen Zweifel, daß hier ein Staatswesen entstanden war, das sowohl innen- als auch außenpolitisch über ein beachtliches Maß an Stabilität verfügte, das sicher nicht zuletzt von grundsätzlichen Übereinstimmungen seiner Bürger im Bereich der Werte, Interessen und Gefühle herrührte. So bestand gewiß ein allgemeines Interesse, die Auswirkungen des Krieges so bald wie möglich zu überwinden, die Produktion wiederaufzunehmen, Häuser, Straßen usw. neu zu errichten, kurz: ein gewisses Maß an sozialer Sicherheit für sich und die Seinen wieder gewährleistet zu sehen. Einigkeit herrschte wohl auch darin, daß es dazu der gemeinsamen Anstrengung aller bedürfe, daß jeder seinen Teil am Wiederaufbau leisten müsse.
Daraus folgte jedoch nicht, daß es innerhalb des Systems keine sozialen oder politischen Spannungen, keine Konflikte gegeben hätte. Im Gegenteil, mit der wachsenden gesellschaftlichen Konsolidierung wurden auch die Unzulänglichkeiten dieser Gesellschaft deutlich, vor allem die Diskrepanz zwischen allgemein garantierten Rechten und der Möglichkeit ihrer Realisierung für einen Großteil der Bevölkerung.
Betrachtet man nun die Sozialerziehung, wie sie in den fünfziger und sechziger Jahren konzipiert wurde, so fällt auf, daß diese Ansätze einen Begriff von Gemeinschaft in den Mittelpunkt ihrer Reflexion stellen, der einen homöostatischen gesellschaftlichen Organismus zur Idealvorstellung erhebt, Interessengegensätze und scharfe Konflikte als moralische Verfallserscheinungen deutet. Einheit erscheint als das Ursprüngliche und Bewahrungswürdige, Pluralität als ein Abfall von der guten Urordnung. Ein Gemeinschaftsdenken wird reaktualisiert, das direkt oder indirekt an Natorpschen bzw. Tönniesschen Vorstellungen ausgerichtet ist (vgl. Schlieper 1964, S. 30 f.). Ein Vergleich der Begriffsdefinitionen und der Erläuterungen dessen, was unter »Gemeinschaft« zu verstehen sei, ergibt nicht nur eine sinngemäße, sondern eine nahezu wörtliche Übereinstimmung. Hier wie dort werden als wesentliche Bedeutungskomponenten von Gemeinschaft genannt: Harmonie

und Eintracht, innere Verbundenheit und gegenseitiges Füreinandereintreten sowie Unterordnung unter eine gemeinsame Zielsetzung.

Diese Tatsache verdient um so größere Aufmerksamkeit, als bereits Mitte der fünfziger Jahre seitens der Soziologie eine breite kritische Auseinandersetzung mit Tönnies und seinem Werk eingesetzt hatte, die sich insbesondere um die von ihm als soziologische Grundbegriffe entwickelten Kategorien »Gemeinschaft« und »Gesellschaft« konzentrierte (vgl. Kölner Zeitschrift für Soziologie und Sozialpsychologie 1955). Gemeinsamer Tenor dieser Stellungnahmen ist, daß bei aller Würdigung der theoretischen Leistung von Tönnies für die Entwicklung der Soziologie, mit Hilfe seiner Begriffsantinomie von Gesellschaft und Gemeinschaft die gegenwärtigen sozialen Strukturen und Prozesse nicht mehr wissenschaftlich angemessen zu erfassen seien (vgl. König 1955; Wurzbacher 1955). Weder treffe die Tönniessche Kategorie der Gemeinschaft konkrete Realität – »›Gemeinschaften‹ im Tönniesschen Sinne gibt es ... kaum noch« (Wurzbacher 1955, S. 460) – noch sei die Gesellschaft Gesellschaft in dem von ihm beschriebenen Sinne (vgl. Wurzbacher 1961, S. 11 ff.). »Die sozialen Strukturen der Gegenwart und die Tönniesschen Modelle sind zu unterschiedlich konstruiert« (Wurzbacher 1955, S. 460).

Dennoch orientiert sich die Sozialerziehung an einem Gemeinschaftsverständnis dieser Provenienz, übernimmt die positive Wertakzentuierung gemeinschaftlicher Strukturen. Eine mögliche Erklärung für diesen sonst wenig einsichtigen Tatbestand bietet das Ausmaß des industriellen Wachstums in der Nachkriegszeit. Angesichts dieser Entwicklung könnte jenes weit hinter die Jugendbewegung bis zur Romantik zurückreichende »Unbehagen« an modernen Industriegesellschaften neue Nahrung erhalten haben. Eine weitere Erklärung ergibt sich im Hinblick auf die in diesen Jahren sich erst herausbildende neue Grundordnung gesellschaftlichen Zusammenlebens in der BRD. Hier ließen sich die Gemeinschaftsvorstellungen der Sozialerziehung als ein Versuch deuten, das Ideal eines harmonischen, einträchtigen Miteinanders aller Menschen zu realisieren, diese noch im Werden begriffene Gesellschaft zur Gemeinschaft zu gestalten.

Bedenkt man aber, daß bereits bei Natorp die Postulierung der Gemeinschaft ideologisch belastet war, liegt die Vermutung nahe, daß auch hier ideologische Momente mit zum Tragen kommen könnten, die sich letztlich gegen Emanzipationsbestrebungen von gesellschaftlich Benachteiligten kehren.

So erfolgte die erneute Betonung des Gemeinschaftsideals in einer Zeit, da aufgrund der sozio-ökonomischen Konstellation in der BRD (demokratische Staatsform, Vollbeschäftigung) die Position der Arbeiterschaft derart gestärkt war, daß sie effektiv für ihre eigenen Interessen hätte eintreten können, Interessen, die sich ganz offensichtlich in Konflikt mit Unternehmerinteressen, mit Kapitalinteressen befanden. Dem steht nun ein Gesellschaftsbild, besser, ein Gemeinschaftsbild, entgegen, das diese Interessengegensätze teils bagatellisiert, teils ganz leugnet bzw. ihre Durchsetzung mit einer sittlichen Lebensführung für unvereinbar erklärt. Wer sich dennoch für eigene Interessen einsetzt, dem wird zu bedenken gegeben, »daß bei aller Verfechtung berechtigter Interessen des eigenen Standes oder Volkes das Gemeinwohl zu beachten ist, welches doch das eigene Wohl einschließt, zumal es dem eigenen Stande oder Volke auf Kosten anderer Stände oder Völker auf die Dauer nicht besser gehen kann, wie die geschichtliche Erfahrung hinlänglich beweist« (Clausen 1954, S. 5).

Die Sozialerziehung aber will es erst gar nicht so weit kommen lassen, indem sie versucht, eine Einstellung zu schaffen, die Anpassung, Einordnung, ja Unterordnung – »der Gedanke des Dienens [ist] das Fundament der Gesellschaft«, heißt es bei Knirck (1963, S. 23) – nicht allein bejaht, vielmehr als ethisch wertvoll achtet.

Somit wird nicht nur ein Weltbild vermittelt, das sich im Sinne einer Erkenntnisbehinderung für die Einschätzung gesellschaftlicher Realität auswirkt, sondern es werden auch Werte und Normen propagiert, die ein dieser Realität adäquates Handeln und Verhalten erschweren. Sozialvorstellungen wie »einer muß für den anderen Opfer bringen, ihm dienen auch ohne Gegenleistung«, »auf Kosten anderer kann es einem auf die Dauer nicht besser gehen« begünstigen die Restaurierung und Stabilisierung einer kapitalistisch orientierten Wirtschaft. Zum einen tragen sie bei zu einer Verschleierung tatsächlicher Interessenlagen und behindern damit eine gesellschaftlich wirksame Interessenwahrnehmung Unterprivilegierter und zum anderen zielen sie auf eine Gesinnung, die den Menschen für den Produktionsprozeß leichter verwertbar macht. »Die Einstellung zur Arbeit«, heißt es bei Knirck, »ist ein Gebiet, das die moderne Sozialpädagogik mit besonderer Aufmerksamkeit beobachten muß, damit Arbeitswille und Arbeitsleistung nicht zurückgehen« (1963, S. 52; vgl. Bornemann/Mann-Tiechler 1964a, S. 231).

Auch hinsichtlich des politischen Systems wirkt Sozialerziehung stabilisierend, ein Tatbestand, der von einzelnen Autoren auch mehr oder minder ausdrücklich intendiert ist. »Wir haben gesprochen von den Gegebenheiten dieser Gesellschaft und von einem neuen Verständnis der Sozialpädagogik im Dienste des Aufbaues und der Erhaltung einer freien Gesellschaftsordnung. Wir müssen uns deshalb die kritische Frage vorlegen, ob . . . die Sozialpädagogik als eine wesentliche Hilfe, als stabilisierender Faktor einer freien Gesellschaftsordnung angesehen werden kann« (Knirck 1963, S. 56). Weniger offen als bei Knirck ist diese Intention bei Schlieper. Ihm geht es darum, »den Menschen davor zu bewahren, ein anonymes, nur funktionierendes Teilchen eines organisierten Kollektivs zu werden« (1964, S. 27). In Jahren des erklärten Antikommunismus bieten die sozialerzieherischen Gemeinschaftsvorstellungen ein Gegenmodell zur kommunistischen Gesellschaftsordnung. Sie wollen zu einer entsprechenden Bewußtseinsbildung bei der westdeutschen Bevölkerung beitragen, wollen Loyalität und Verbundenheit mit der eigenen Staatsform wecken.

Die andere sozialpädagogische Richtung jener Jahre weist kein so unmittelbar augenfälliges Merkmal für mögliche ideologische Abhängigkeit auf wie den Gemeinschaftsbegriff der Sozialerziehung. Dennoch bedarf auch die Sozialpädagogik im Sinne Mollenhauers, Wilhelms, Furcks und Rüngers der kritischen Rückfrage. Denn diese Konzeptionen nehmen, dem hermeneutischen Vorgehen der Arbeiten Nohls sehr ähnlich, ihren Ausgang von vorgegebenem sozialpädagogischen Denken und Handeln, sind wissenschaftliche Instanz einer bereits vollzogenen bzw. sich vollziehenden Sozialpädagogik. Zwar konzentriert sich die Analyse Mollenhauers nicht mehr primär nur auf geistes-

geschichtliche Phänomene, sondern setzt diese auch in Relation zu sozio-ökonomischen Faktoren, doch solange sie die ideologischen Gehalte vergangener wie gegenwärtiger sozialpädagogischer Theorie und Praxis nicht ausdrücklich benennt, unterliegt die darauf aufbauende Theorie potentiell derselben Gefahr wie die Nohlsche Sozialpädagogik: Nicht aufgedeckte Ideologien fließen in den Ansatz mit ein und wirken seinem emanzipatorischen Potential entgegen.
So resultiert für Mollenhauer das die Entstehung von Sozialpädagogik begründende neue Erziehungsbedürfnis wohl aus der Diskrepanz von sozialem Bewußtsein und sozialer Realität, doch die Ursache dieser Diskrepanz in den veränderten materiellen Erfordernissen gesellschaftlicher Produktion wird nicht untersucht. Ebensowenig wird der Wandel von der sogenannten »Notstandspädagogik« zur allgemeinen Erziehungshilfe auf diesem Hintergrund gesehen. Weder Mollenhauer noch Wilhelm oder Furck erkennen hier einen Zusammenhang mit der sich wirtschaftlich und politisch im Aufbau befindenden BRD, einer Gesellschaft, die demnach in besonderem Maße darauf angewiesen war, an Stabilität und Sicherheit zu gewinnen. So ist das von den Autoren allgemein konstatierte immer frühere und umfassendere Eingreifen sozialpädagogischer Maßnahmen und Institutionen, die Ausdehnung ihrer Aufgabenbereiche, sicher nicht nur Ausdruck des Bemühens, die Jugend vor schädigenden Einflüssen der Gesellschaft zu schützen, sondern zugleich der Versuch, sich möglichst großen Einfluß auf die physische und psychische Entwicklung aller Heranwachsenden zu sichern, um auf diesem Wege sowohl deren politische Integration in das neue System weitestgehend zu lenken als auch die Herausbildung einer den wirtschaftlichen Erfordernissen entsprechenden Arbeitshaltung und Arbeitsqualifikation zu gewährleisten.
Die Ablösung der sozialpädagogischen Handlungsfelder von den »dissozialen« Adressaten, den Randständigen, und ihre Umorientierung auf prophylaktische Maßnahmen zur Sicherstellung einer »normalen« Sozialisation ist demnach mitbedingt durch die gewandelten gesellschaftlichen Systemzustände (vgl. Vahsen 1975, S. 109 f.). Hier ist vor allem die Veränderung der »konkreten« Arbeit zu nennen; so stellt »die zunehmende Komplizierung der Tech-

nik in der industriellen Gesellschaft ... Anforderungen an die die Maschinen bedienenden Arbeiter, die über dem Leistungsniveau der Ungelernten« (a.a.O., S. 102) liegen. Mit dem Übergang zu automatisierten und teilautomatisierten Produktionsprozessen erfordern die Arbeitsvollzüge statt »*sachgebundener* Fertigkeiten« zunehmend »*personengebundene* Qualifikationen«, wie Zuverlässigkeit, Stetigkeit und Disziplin, die eine nahezu universelle Verwendung ermöglichen, sowie einen größeren Anteil an intellektuellen und sensitiven Fähigkeiten. Das heißt mit der Tendenz zur »Verwissenschaftlichung« der Produktion korrespondiert eine Verschiebung von manueller Arbeit hin zu Kopfarbeit verbunden mit einer Verlagerung der generellen Qualifikationsansprüche an die unmittelbar Produzierenden.

Im Rahmen des allgemeinen Bildungssystems trägt Sozialpädagogik als dritter zusätzlicher Erziehungsraum dieser veränderten Qualifikationsstruktur der Arbeit Rechnung. So übernimmt sie beispielsweise im Vorschulbereich durch die Vermittlung von Einstellungen, kognitiven Kapazitäten und Sprachpflege die Förderung von Dispositionen, die eine schulische und berufliche Sozialisation vorbereiten und somit die Grundlage für eine potentielle Beherrschung von Arbeitsvollzügen legen (vgl. Vahsen 1975, S. 107 f.).

Plausibel für die Ausdehnung und Verallgemeinerung sozialpädagogischer Maßnahmen ist ebenfalls der bevölkerungspolitische Erklärungsansatz, »der sich auf die empirisch belegte und längst auch im politischen Handeln reflektierte Tatsache bezieht, daß die Familie ihre genuine gesellschaftliche Funktion der Produktion von ›Ersatzmännern‹ für die aus dem Produktionsprozeß ausscheidenden Lohnabhängigen zunehmend weniger erfüllt: auf den signifikanten ... Rückgang der Geburtenrate« (Barabas u. a. 1975, S. 399 f.). Demnach wäre sozialpädagogisches Handeln auch als ein Versuch zu verstehen, »durch die fortschreitende Entlastung der Familie, insbesondere der Frauen, von den Sozialisationsaufgaben und die materielle wie direkt aktive Unterstützung der Familie in Erfüllung der verbleibenden Sozialisationsaufgaben« (a.a.O., S. 400) zu einer wieder steigenden Kinderzahl zu motivieren.

Beide, Sozialpädagogik und Sozialerziehung, in ihrer jeweils ganz speziellen Ausprägung der fünfziger und sechziger Jahre wurden demnach mitgeprägt durch gesellschaftliche Entwicklungstendenzen in der BRD dieses Zeitraumes. Beide waren letztlich funktional bezogen auf diese Gesellschaft: Sozialerziehung implizierte die Legitimierung der politischen und ökonomischen Ordnung, Sozialpädagogik die Gewährleistung eines Potentials an bildungsfähigen Ressourcen bei sich wandelnden Qualifikationsanforderungen an den Faktor Arbeit.

Literaturhinweise

Konzepte der Sozialpädagogik: Furck 1966; Mollenhauer 1959, 1964a, 1964b, 1966; Rünger 1964; Wilhelm 1959, 1966.
Konzepte der Sozialerziehung: Bornemann/Mann-Tiechler 1963, 1964 2 Bde.; Haase 1962; Knirck 1963; Schlieper 1964.
Gesellschaftspolitische Situation der BRD: Löwenthal/Schwarz 1974; Lütge 1960; Schäfers 1976; Treue 1965.

4. Kapitel
Sozialpädagogik in der Gegenwart: kontroverse wissenschaftstheoretische Positionen

Für das Verständnis von Sozialpädagogik, ihrer Ziel- und Aufgabenstellung, bedeutete die Wende von den sechziger zu den siebziger Jahren einen erneuten Einschnitt. »Sozialpädagogik als Theorie und als pädagogisch-gesellschaftliche Praxis ist ... in Bewegung geraten«, heißt es bei Giesecke (1973b, S. 5). Bisherige Konzeptionen werden, zum Teil sogar von ihren eigenen Verfassern (Mollenhauer 1974, S. 66 ff.), in Frage gestellt, und zwar sowohl formal, hinsichtlich der Wissenschaftlichkeit ihrer theoretischen Grundlegung, als auch inhaltlich, bezogen auf ihre prinzipielle Ausrichtung an bürgerlichen Werten und Normen sowie im Blick auf die daraus resultierenden Zielvorstellungen und Methodenkonzepte, die an der realen Situation ihrer Adressaten vorbeigingen.

Die Ursachen für das erneute In-Bewegung-Kommen von Sozialpädagogik sind gewiß vielfältig und auch mehrdeutig, doch sei thesenhaft auf einige Bedingungen hingewiesen, die eine kritische Auseinandersetzung mit sozialpädagogischen Fragen und Problemen geradezu herausforderten.

Da ist zunächst die allgemein gewandelte Grundstimmung an den deutschen Universitäten: War die erste Generation der Studierenden, ebenso wie ihre Professoren größtenteils aus Krieg und Gefangenschaft kommend, zufrieden mit den Notbehelfen, die sie vorfanden, waren die zweite und dritte Generation, im Sog von Wiederaufbau und gesellschaftlicher Restauration, dankbar für soziale Hilfen und die Möglichkeit eines geregelten Studiums, so wurde nun für die vierte Studentengeneration offensichtlich, »daß der Wiederaufbau der westdeutschen Hochschulen unter Vorstellungen konzipiert war, die eine den Anforderungen der Gegenwart angepaßte Entwicklung behinderten« (Mager/Spinnarke 1967, S. 11). Doch zielten die im Sommersemester 1967 ihren Höhepunkt erreichenden Studentenunruhen nicht allein auf Hochschul- und Studienreform, auf Demokratisierung der Universitäten, sondern der Protest richtete sich zugleich gegen eine Gesellschaft, die ihren Anspruch auf Demokratisierung nur bedingt eingelöst hatte (vgl. a.a.O.). Eine kritische Analyse der Sozialpädagogik, ihrer Institutionen und Maßnahmen als einer speziellen Erscheinungsform eben dieser Gesellschaft war hier naheliegend.

Gesellschaftlich aktiv wurden aber nicht nur die Studenten, auch die Wissenschaft selbst entwickelte nun ein gesellschaftliches Engagement und machte die Einheit von gesellschaftswissenschaftlicher Theorie und gesellschaftsverändernder Praxis zu ihrem vordringlichen Anliegen. Ein neues Wissenschaftsverständnis war zum Tragen gekommen, denn jetzt, Ende der sechziger Jahre, hatte man die zum Teil bereits zwanzig, dreißig Jahre früher veröffentlichten Werke Horkheimers, Marcuses, Adornos, der geistigen Väter der »Kritischen Theorie« (Horkheimer 1968), auch an den deutschen Hochschulen zur Kenntnis genommen, durchdacht und in ihrer Bedeutung für eigenes wissenschaftliches Arbeiten anerkannt.

Die Diskussion um Sinn und Ziel von Wissenschaft, um ihre praktische Bedeutung für gesellschaftlich-politische Realität wurde noch erheblich intensiviert durch das Erscheinen deutschsprachiger Publikationen einer zweiten wissenschaftstheoretischen Position, des »Kritischen Rationalismus«, einer Position, deren neo-positivistisches Wissenschaftsverständnis sich grundsätzlich von dem der sogenannten Frankfurter Schule unterschied. Von der Bedeutsamkeit dieser Differenz hinsichtlich Theorienbildung und Methodologie, dem Gewicht, das den damit zusammenhängenden Fragestellungen beigemessen wurde, zeugen die als »Positivismusstreit« in die Literatur eingegangenen Auseinandersetzungen ihrer jeweils namhaftesten Vertreter (vgl. Adorno u. a. 1969).

In diese Zeit regster hochschulpraktisch-gesellschaftspolitischer Aktivität wie auch wissenschaftstheoretischer Diskussion fiel die Einführung eines akademischen Diploms für Sozialpädagogen (vgl. KMK-Beschluß vom 20. 3. 1969). Damit wurde Sozialpädagogik nahezu zwangsläufig Gegenstand konzentrierter theoretischer Reflexion, denn mit der Konstituierung als Hochschuldisziplin unmittelbar verbunden war die Notwendigkeit ihrer wissenschaftlich exakten Begründung, die Aufstellung einer hinreichend umfassenden wie hinreichend geschlossenen Theorie der Sozialpädagogik (vgl. Iben 1969, S. 385). Beide wissen-

schaftstheoretische Schulen setzten sich intensiv mit Sozialpädagogik auseinander, ihrem Objektbereich, ihrer Ziel- und Aufgabenstellung, und jede entwickelte, gemäß ihrem Wissenschaftsverständnis, eigene sozialpädagogische Konzeptionen, Theorien, die ihrer Vorstellung von Wissenschaftlichkeit entsprachen.
In jüngster Zeit hat noch eine dritte wissenschaftstheoretische Position die Sozialpädagogik für sich entdeckt: die dialektisch-materialistische Schule. Seit einigen Jahren erscheinen sozialpädagogische Theorien und Theorieentwürfe auf dem Markt, die, auf einer materialistischen Gesellschaftstheorie basierend, bewußt marxistisch ausgerichtet sind und Sozialpädagogik auf dem Hintergrund von Klassenkampf und revolutionärer Systemveränderung entwickeln.
Kritischer Rationalismus, Kritische Theorie und Dialektischer Materialismus bestimmen den Stand gegenwärtiger Diskussion um Sozialpädagogik. Die prinzipielle Unterschiedlichkeit der einzelnen Konzeptionen macht es allerdings nicht einfacher, Klarheit darüber zu gewinnen, was unter Sozialpädagogik zu verstehen sei, Konsens zu erzielen über Begrifflichkeit, Inhalt und Abgrenzung ihrer Theorie.

Die kritisch-rationalistische Position der Sozialpädagogik

Als bislang prägnantester Vertreter einer kritisch-rationalistischen Orientierung der Sozialpädagogik gilt Lutz Rössner. Spricht er in seinen Veröffentlichungen (1971, 1973, 1977) auch von »Sozialarbeit« und nicht von »Sozialpädagogik«, so versteht er seine »Theorie der Sozialarbeit« doch zugleich als »Sozialpädagogische Theorie« (vgl. 1973, S. 6). Aufgrund der Vieldeutigkeit des Begriffs Sozialpädagogik, seiner Verschwommenheit ebenso wie seiner teilweise ideologischen Überfrachtung, gibt Rössner dem Terminus Sozialarbeit den Vorzug (vgl. 1973, S. 120 ff.; 1971, S. 217). Doch diese Entscheidung ist rein pragmatischer Natur und nicht inhaltlich begründet: »Ob man diese Theorie nun eine Theorie der Sozialpädagogik oder eine Theorie der Sozialarbeit nennt, ist eine Frage der Zweckmäßigkeit« (a.a.O.).
Erheblich wichtiger jedoch als die begriffliche Bezeichnung

ist für Rössner das wissenschaftstheoretische Fundament dieser Theorie. Denn, so lautet seine Hypothese, die gegenwärtig im Bereich Sozialpädagogik bzw. Sozialarbeit vorliegenden Konzeptionen sind »weitgehend unbefriedigend, weil ihre methodologische Basis als unzureichend zu bezeichnen ist« (1973, S. 15), unzureichend insofern, als »die Erkenntnisse der modernen Wissenschaftslehre nicht oder nur wenig berücksichtigt werden« (1971, S. 196). Daher muß nach seiner Ansicht davon ausgegangen werden, daß bisher eine wissenschaftlich hinreichende Theorie der Sozialarbeit, eine »Sozialarbeitswissenschaft« nicht vorliegt und demzufolge auch die Sozialarbeits-Praxis über kein für sie relevantes wissenschaftliches Aussagensystem verfügt, daß also ein wissenschaftlich fundiertes Bezugssystem für praktisches Handeln fehlt. Doch, so setzt Rössner, diese Aussage relativierend, hinzu, »wenn hier und im folgenden vorliegende Theorie-Ansätze als wissenschaftlich unbefriedigend bezeichnet werden, so erfolgt dieses Werturteil aufgrund der *normativen Entscheidung* für ein bestimmtes wissenschaftliches Vorgehen, für ein bestimmtes ›Wissenschaftsideal‹. Da Werturteile — dies folgt schon aus der Entscheidung für ein bestimmtes Wissenschaftsideal — stets subjektiv, nicht zwingend allgemeingültig sind, kann dieses Werturteil selbstverständlich von einem anderen wissenschaftstheoretischen Standort aus zurückgewiesen werden. Dagegen sind wissenschaftliche Einwände nicht erhebbar« (1973, S. 19). Das Wissenschaftsideal nun, für das sich Rössner entschieden hat und von dem aus er seine Theorie der Sozialarbeit konzipiert, ist das des Kritischen Rationalismus:

»Wir sind der Auffassung, daß allein die methodologische Basis des Kritischen Rationalismus es ermöglicht, uns zu brauchbaren wissenschaftlichen Theorien auch für den Bereich der Sozialarbeit zu verhelfen, daß von dieser Basis aus die Probleme der Erziehung in unserer Gesellschaft bewältigt werden können« (Rössner 1973, S. 20).

1. Kritischer Rationalismus als methodologische Basis einer Theorie der Sozialarbeit

Kritischer Rationalismus ist die Bezeichnung für eine aus dem Wiener Kreis hervorgegangene, dann aber hauptsächlich in England weiterentwickelte wissenschaftslogische

Konzeption, die vor allem durch die Namen Popper, Albert und Topitsch repräsentiert wird. Die grundlegenden Gedanken, die die Erkenntnistheorie und Philosophie des Kritischen Rationalismus prägten, entwickelte Popper in seinem erkenntnistheoretischen Hauptwerk »Logik der Forschung« (1935) in Auseinandersetzung mit dem logischen Positivismus des Wiener Kreises.

Während Popper, Albert und Topitsch ihre Ausführungen primär auf den Bereich der Sozialwissenschaften beziehen, hat Wolfgang Brezinka (1971) diesen Ansatz speziell auf die Pädagogik übertragen. So stützt sich denn auch Rössner nicht allein auf die geistigen Urheber des Kritischen Rationalismus, sondern zieht insbesondere auch Brezinka zur wissenschaftstheoretischen Grundlegung seiner Sozialarbeitswissenschaft heran. Mit diesem ist er der Auffassung, daß es Aufgabe der Theorienbildung sei, »zu generellen Hypothesen [zu] gelangen, mit deren Hilfe man erklären kann, was sich ereignet hat, und voraussagen kann, was sich ereignen wird« (Brezinka 1971, S. 41). »Die Theorie eines bestimmten Objektbereiches ist« für Rössner – er beruft sich dabei auf Albert – »die Gesamtheit der logisch miteinander verbundenen nomologischen Hypothesen, die zur Erklärung und Voraussage des Verhaltens der Phänomene dieses Bereiches herangezogen werden müssen« (1973, S. 26).

Bevor jedoch Hypothesen formuliert werden können, bedarf es, so Rössner, eines basalen Begriffsnetzes eindeutig festgelegter Grundbegriffe, mit dessen Hilfe sich die Phänomene des betreffenden Problem- und Objektbereiches erfassen lassen (vgl. 1973, S. 27). Eine zentrale Aufgabe seines Theorieentwurfs sieht er daher in der Begriffsexplikation, in der Ersetzung eines mehr oder minder vagen alltagssprachlichen Begriffs durch einen exakteren, präziseren. »Derartige Begriffsbestimmungen (Definitionen) informieren allerdings noch nicht über die Realität, sondern sagen nur, wie die definierten Ausdrücke im Rahmen einer Theorie verwendet werden« (Brezinka 1971, S. 125).

In einem nächsten Schritt gilt es dann, so Rössner, »mit Hilfe der definierten Begriffe grundlegende Sätze zu formulieren und aus diesen dann für die Sozialarbeit empirisch relevante und *überprüfbare* Hypothesen (Erklärungen und Prognosen) abzuleiten« (Rössner 1973, S. 55),

wobei im Sinne Alberts davon ausgegangen wird, daß die brauchbarste Form einer wissenschaftlichen Theorie positivistischen Typus die eines axiomatisch-deduktiven Systems von Sätzen ist (vgl. Albert 1972).
Die früher (in der »klassischen« Wissenschaftslehre) vertretene Auffassung, die Axiome müßten Aussagen sein, deren Wahrheit man durch intuitive Einsicht in ihren Sinn mit Gewißheit feststellen könne, wird hier nicht geteilt, sondern »Axiom« wird definiert als ein »selbst innerhalb des betreffenden Systems nicht ableitbarer Satz, aus dem unter Zuhilfenahme der übrigen Axiome die anderen Sätze des Systems ableitbar sind« (Rössner 1973, S. 31). Das Theoriengebäude basiert somit auf Ausgangs- und Grundsätzen (Axiomen), die als freie Feststellungen zu verstehen sind, die nicht begründet, deren »Wahrheit« nicht bewiesen wird.

»Das Attribut ›deduktiv‹ weist darauf hin, daß es diesem Theorietyp im Postulat ... darum geht, zunächst von möglichst aussagehaltigen, möglichst allgemeinen, in möglichst nomologischer Form gehaltenen Hypothesen auszugehen. Diese allgemeinen Hypothesen ... sollen in einem logisch widerspruchsfreien Zusammenhang stehen. Von den allgemeinen Hypothesen werden dann weitere spezielle Hypothesen abgeleitet, so daß sie schließlich ... empirisch überprüfbar sind, d. h. durch Daten bestätigt bzw. widerlegt werden können« (Narr 1969, S. 27, zit. nach Rössner 1973, S. 26 f.).

Da es im Verständnis des Kritischen Rationalismus letzte unzweifelhaft verläßliche Quellen der Erkenntnis nicht gibt, ist diese Hypothesenüberprüfung von enormer Wichtigkeit; denn, so Brezinka, »unser Wissen besteht aus theoretischen Entwürfen, für deren Gültigkeit nicht ihre Herkunft maßgebend ist, sondern das Ergebnis der kritischen Prüfung, der sie ausgesetzt worden sind« (Brezinka 1971, S. 64). Daraus ergibt sich die Forderung, »daß wissenschaftliche Aussagen über die Wirklichkeit (empirische Sätze) in irgendeiner Weise an dieser Wirklichkeit *überprüfbar* sein müssen, und zwar ›intersubjektiv‹ oder ›interpersonell‹, d. h. für jede Person, die hinlänglich intelligent, ausgebildet und ausgerüstet dafür ist« (Brezinka 1971, S. 53). »Handelt es sich um Aussagen über die Wirklichkeit, so erfolgt die Nachprüfung durch den Vergleich der Aussage bzw. der logisch daraus abgeleiteten Folgerungen mit den Tatsachen. Über die Gültigkeit einer Aussage wird durch die Anwendung der Logik und durch Wahrnehmungen, die jeder wiederholen kann, entschieden« (Brezinka 1971, S. 7).

Als wissenschaftliche Sätze gelten daher nur solche, die nicht gegen Überprüfung abgeschirmt, immunisiert worden sind. Das aber setzt voraus, daß wissenschaftliche Aussagen gehaltvoll sind, denn »mit wachsendem empirischen Gehalt ... steigt die Überprüfbarkeit von Theorien und, bei positivem Resultat der Überprüfung, ihr Erklärungswert und ihr Bewährungsgrad« (Albert 1962, S. 53). Pseudoempirische Leerformeln, Sätze mit großem oder gar totalem Spielraum der von ihnen zugelassenen Möglichkeiten, sind prinzipiell nicht falsifizierbar, da sich aus ihnen beliebige, auch einander widersprechende Sätze von geringerer Allgemeinheit ableiten lassen, »d. h. sie sind mit jeder logisch möglichen bzw. faktisch auftretenden Sachlage vereinbar« (Degenkolbe 1965, S. 329). Sie werden daher vom Kritischen Rationalismus als wissenschaftliche Aussagen im Rahmen eines Theoriesystems auch nicht zugelassen.

Zentrale Aufgabe einer kritisch-rationalistisch orientierten Theorie ist neben der Beschreibung und Erklärung von Tatsachen auch und vor allem die Bereitstellung von prognostisch verwendbarem Erkenntnismaterial, denn erst in dieser Form trägt sie bei zur Gestaltung der sozialen Praxis. Theorien im Sinne des Kritischen Rationalismus sind somit in erster Linie technologische Aussagensysteme: sie sind gerichtet auf die Klärung von Handlungsalternativen, versuchen Probleme der Verwirklichung und der Kompabilität von Zielsetzungen zu lösen und geben Empfehlungen für die Realisierung vorgegebener Zwecke. Die technologische Formulierung enthält jedoch nicht die Aufforderung, spezielle Mittel zu verwenden, sondern nur die Behauptung, bestimmte Ziele seien nicht realisierbar ohne die Verwendung dieses oder jenes Mittels. »Die Technologie nimmt dem Handelnden nicht die *Entscheidung* ab, auch nicht die über die anzuwendenden Mittel, sondern sie erleichtert ihm die *Möglichkeitsanalyse.* Sie beantwortet nicht die Frage: Was sollen wir tun?, sondern nur die andere Frage: Was können wir tun?« (Albert 1967b, S. 113). Übertragen auf die Sozialarbeit bedeutet das für Rössner:

»Eine Sozialarbeitswissenschaft als technologische Disziplin

›*informiert* ... nur über die Mittel und Wege zu bestimmten Zielen, sie legt aber weder die Ziele selbst noch etwa die Anwendung oder Vermeidung gewisser Mittel nahe ... Sie benötigt daher keine Werturteile irgendwelcher Art‹« (Rössner 1973, S. 40).

Rössner versteht seine Theorie der Sozialarbeit demnach ganz im Sinne des Kritischen Rationalismus als »wertfreie Wissenschaft«, als eine Wissenschaft, die weder Werturteile noch normative Handlungsanweisungen innerhalb ihrer Aussagenzusammenhänge aufnimmt. Praxisorientierung und Handlungsbezogenheit von Wissenschaft bedeuten hier nicht wissenschaftliche Stellungnahme zu bestimmten, in der Praxis vorfindlichen Werten und Normen oder gar Postulierung der für den Praktiker maßgeblichen Zielsetzungen, sondern Analyse von Alternativprognosen für verschiedene Verhaltensweisen, die dem Praktiker eine Grundlage für die Entscheidung zwischen ihnen schaffen. Er wird informiert, »was unter bestimmten Bedingungen eintritt, bzw. (alternativ) bei Fehlen dieser Bedingungen nicht eintritt, was er unter bestimmten Bedingungen tun kann bzw. nicht tun kann« (Rössner 1973, S. 46).
Für Rössner besitzen Theorien praktische Relevanz, wenn sie, wie Topitsch sagt, »aufgrund festgestellter Regelmäßigkeiten die Voraussage künftigen Geschehens und vor allem der möglichen Folgen menschlicher Entscheidung gestatten: das Wissen um die kausalen Verknüpfungen ist die Voraussetzung jedes exakt zweckmäßigen Handelns« (Topitsch 1966, S. 331, zit. nach Rössner 1973, S. 46). Die Wahl zwischen den betreffenden Alternativen liegt jedoch allein beim Praktiker.

2. Rössners Theorie der Sozialarbeit

Gemessen am kritisch-rationalen Wissenschaftsideal stellen sich bisher der Sozialpädagogik bzw. Sozialarbeit zugeordnete Theoriemodelle »als eine relativ ungegliederte Menge von Aussagen dar, die insbesondere dadurch gekennzeichnet ist, daß Tatsachenerkenntnisse und Wert- bzw. Normenvorstellungen nicht streng voneinander getrennt werden« (Rössner 1973, S. 19). Des weiteren sei festzustellen, daß die dort verwandten Begriffe einschließlich der Grundbegriffe »eine hohe Inkonsistenz aufweisen, daß schon hier von einer Übereinkunft nicht die Rede sein kann. Von Ansätzen abgesehen, verfügen wir also nicht über ein sozialarbeitswissenschaftliches Informations- bzw. Bezugssystem für den Praktiker« (a.a.O.).

Um diesem Mangel zu begegnen (a.a.O., S. 293), konzipiert Rössner unter strengster Beachtung der methodologischen Forderungen (Spielregeln) des Kritischen Rationalismus seine Theorie der Sozialarbeit, seine Sozialarbeitswissenschaft. Allerdings, so räumt er ein, ist diese Theorie im Sinne eines ersten Theorie-Entwurfes zu verstehen, denn, da hierbei weitgehend wissenschaftliches Neuland betreten wurde, könne dieses Aussagesystem keinesfalls schon der Albertschen Theoriedefinition voll Genüge leisten.

»*Was zunächst nur geleistet werden kann, ist eine theoretische Konstituierung des Objektbereiches der Sozialarbeitswissenschaft, des Handlungsbereiches der Sozialarbeit mit Hilfe eines eigens dafür konstruierten ›Sprachspiels‹*. Die Theorie hat hier die Aufgabe, den Realitätsausschnitt, auf den sich Sozialarbeit bezieht, zu ordnen, begreifbar, ja, wenn man will, beobachtbar bzw. erfahrbar zu machen. Der Theorie-Entwurf schafft gewissermaßen erst eine systematisch geordnete Realität ›Sozialarbeit‹ – selbstverständlich ausgehend von einer (direkt oder vermittelt) erfahrenen und somit vorkonstruierten Realität« (Rössner 1973, S. 55).

Andererseits bleibt der Entwurf jedoch nicht ausschließlich auf den Bereich terminologischer Konstituierung, den Bereich reiner Explikation beschränkt, sondern im Verlauf der Konstruktion des Begriffs- und Satznetzes ergeben sich Berührungspunkte, Kongruenzen zwischen diesem und der Realitäts- bzw. der Beobachtungsebene, d. h., die Theorie erhält Realitätsbezug, wird empirisch überprüfbar.

Ausgehend von den Grundbegriffen *»Mensch«* und *»Verhalten«* sowie den Axiomen *»1. Es gibt Menschen. 2. Es gibt Verhalten. 3. Es gibt menschliches Verhalten«* (Rössner 1973, S. 57) entwickelt Rössner nun im folgenden sukzessive ein erstes, sehr grobmaschiges Netz für die Theorie der Sozialarbeit. Von zentraler Bedeutung sind dabei die Begriffe »Sozialisation«, »sozialisiertes Verhalten«, »nicht sozialisiertes Verhalten bzw. dissozialisiertes Verhalten«, »asymmetrische Sozialisation«, »asymmetrisch sozialisierter Mensch«, »Asymmetrie-Toleranz-Grenzen« sowie »Dissozialisation«.

»Sozialisation« wird definiert als *»das Lernen von Nor-*

men« (a.a.O., S. 69), wobei der Lernvorgang in der Übernahme der von der Gesellschaft vorgeschriebenen Verhaltensformen, Haltungen (Gesinnungen) und Leistungen liegt. Sozialisation bezeichnet den Prozeß, »durch den ein Individuum, das mit einer enormen Variationsbreite von Verhaltensmöglichkeiten geboren wird, zur Ausbildung seines faktischen, weit enger begrenzten Verhaltens geführt wird — wobei die Grenzen des üblichen und akzeptablen Verhaltens durch die Normen der Gruppe, der er angehört, bestimmt werden« (Child 1954, S. 655, zit. nach Rössner 1973, S. 70 f.).

»Ein Verhalten (eines Individuums) heißt sozialisiertes Verhalten, wenn es den Verhaltensnormen ... des das Individuum umgebenden sozialen Gebildes entspricht« (a.a.O., S. 72). *»Wenn ein Verhalten nicht der Norm einer Gruppe entspricht, dann wird dieses Verhalten von dieser Gruppe als nicht sozialisiertes, als dissozialisiertes diagnostiziert«* (a.a.O., S. 89). *»Dissozialisierung«* nennt Rössner *»den Lernprozeß in Richtung auf ›dissozialisiertes Verhalten‹«* (a.a.O.). Dabei ist zu beachten, daß dasselbe Verhalten sowohl als sozialisiert wie auch als dissozialisiert bewertet werden kann, je nach den Normvorstellungen der diagnostizierenden Gruppe. »Sozialisiertes und dissozialisiertes V [Verhalten] gibt es nicht ›an sich‹, sondern nur aufgrund der Bewertung einer diagnostizierenden *Instanz*« (a.a.O., S. 93).

Selbst wenn der Mensch die Normen seiner Bezugsgruppe bzw. der diagnostizierenden Gruppe anerkennt und sich strikt an sie hält, unterscheidet er sich, so Rössner, in irgendeiner Weise, in irgendeinem Maße doch von den anderen Mitgliedern dieser Gruppe, denn jeder hat seine individuelle Biographie, seine persönliche Art und Weise der Realisierung von Wert- und Normvorstellungen. Obwohl also für die Angehörigen einer bestimmten Gruppe dieselben Werte und Normen verbindlich sind, obwohl sie also dieselben Werte und Normen »lernen«, sind eben diese Sozialisationen — wenn auch noch so geringfügig — unterschiedlich, das heißt *»asymmetrisch«*. Es gibt somit nur asymmetrische Sozialisation und asymmetrisch sozialisierte Menschen. Jede diagnostizierende Instanz bzw. Gruppe erwartet daher grundsätzlich asymmetrisch sozialisierte Menschen, läßt Asymmetrie zu, allerdings nur in einem gewissen Umfang, in bestimmten Grenzen. Über diese Grenzen hinausgehende Asymmetrie ist verboten, das heißt, es werden *»mit Bezug auf andere Menschen Asymmetrie-Toleranz bzw. Asymmetrie-Toleranz-Grenzen« produziert* (Rössner 1973, S. 88).

Bewegt sich ein Individuum innerhalb des erwarteten Asymmetrie-Spielraumes, dann gilt es für die diagnostizierende Gruppe bzw. Instanz als *»normalisiert«*, als *»normal«*, bewegt es sich außerhalb des erwarteten, aber innerhalb des tolerierten Asymmetrie-Spielraumes, dann wird es als *»auffällig«* angesehen, bewegt es sich jedoch außerhalb des tolerierten Asymmetrie-Spielraumes, dann wird es als *»dissozialisiert«* beurteilt (vgl. a.a.O., S. 103 f.).

Bezeichnet »dissozial« ein Verhalten, das sich außerhalb der Asymmetrie-Toleranz-Grenzen einer bestimmten Gruppe befindet, somit von anderen Gruppen durchaus als »normal« betrachtet werden kann, so ist *»asozial«* der Begriff für ein Verhalten, das die Asymmetrie-Toleranz-Grenzen aller Gruppen der Gesellschaft überschritten hat. Das »asoziale Individuum« wird somit von der gesamten Gesellschaft abgelehnt (vgl. a.a.O., S. 105 ff.).

Nutzt ein Individuum den von der diagnostizierenden Instanz erwarteten Asymmetrie-Spielraum nicht aus, so zeigt es aus der Sicht der diagnostizierenden Instanz einen Asymmetrie-Mangel, der, wenn er die Toleranz-Grenze für Asymmetrie-Mangel überschreitet, als *»Übersozialität«* diagnostiziert wird. Im Extrem bedeutet dies ein totales Unterwerfungsverhalten, indem ein Individuum sich streng an alle jeweils auftretenden, auf denselben Verhaltensbereich bezogenen Verhaltensanforderungen beliebiger Gruppen anpaßt (vgl. a.a.O., S. 179 ff.).

Was für das Verhalten eines einzelnen gilt, gilt entsprechend für das Verhalten mehrerer einzelner bzw. Gruppen, das heißt es gibt *»normalisierte (unauffällige) Gruppen«*, *»auffällige Gruppen« und »dissozialisierte Gruppen«*.

»Eine normalisierte Gruppe ist eine solche, die von einer anderen Gruppe als normalisiert diagnostiziert wird. ... Eine auffällige Gruppe ist eine solche, die von einer anderen Gruppe als auffällig diagnostiziert wird. ... Eine dissozialisierte Gruppe ist eine solche, die von einer anderen Gruppe als dissozialisiert diagnostiziert und damit nicht toleriert wird« (a.a.O., S. 111).

Dieselbe Gruppe kann wiederum von anderen Gruppen durchaus unterschiedlich bewertet werden, da, wie Rössner mehrfach hervorhebt, Asymmetrie, Dissozialität und Asozialität keine fixen Größen sind, sondern als Resultat einer Diagnose »abhängig von den durch die diagnostizierende Instanz gesetzten und vertretenen Normen, von dem, was DI [die diagnostizierende Instanz] für ›normal‹ hält; die Diagnose ergibt sich aufgrund eines *Vergleiches* ... des tatsächlichen Verhaltens mit der Verhaltensnorm, wobei diese eine statische sein kann oder eine ideale« (a.a.O., S. 116 f.).

Da sich die für seine Theorie der Sozialarbeit maßgeblichen Diagnosen auf soziales Verhalten, Verhalten, das sich an mindestens einer anderen Person orientiert (vgl. a.a.O., S. 58), beziehen, spricht Rössner auch von *»Sozialer Diagnose«*. Darunter versteht er:

»die bewertende Beurteilung eines sozialen Verhaltens beziehungsweise einer sozialen Verhaltenskomplexion (eines Verhaltensträgers, eines Individuums) durch eine (diagnostizierende) Instanz (Individuum, soziales Gebilde, [gesellschaftliche] Gruppe, Gesellschaft) auf der Basis des Vergleichs des realisierten Verhaltens beziehungsweise des (sozial) auftretenden Individuums mit dessen früherem Verhalten beziehungsweise Gesamtverhalten, das von der diagnostizierenden Instanz als normal akzeptiert wurde, oder mit anderem Verhalten von Individuen beziehungsweise anderen Individuen, die als normal akzeptiert werden« (a.a.O., S. 118).

Mit Hilfe der explizierten Zentralbegriffe und aufgrund der Thesen bzw. Hypothesen glaubt Rössner, nun eine Stufe der Theorieentwicklung erreicht zu haben, die es ihm gestattet, den Objekt- bzw. den Problembereich der Sozialarbeitswissenschaft begrifflich exakt zu bestimmen:

»Der Objekt- oder Problembereich der Sozialarbeitswissenschaft oder Theorie der Sozialarbeit sind die einer Sozialen Diagnose folgenden
a) prophylaktischen Maßnahmen,
die im Hinblick auf ein von der diagnostizierenden Instanz befürchtetes nicht tolerierbares dissozialisiertes oder übersozialisiertes Verhalten oder im Hinblick auf eine von der diagnostizierenden Instanz befürchtete Dissozialität oder Übersozialität (des Individuums) von der diagnostizierenden Instanz beabsichtigt, von der diagnostizierenden Instanz oder einer anderen Institution im Auftrage der diagnostizierenden Instanz geplant und gegebenenfalls, sofern die diagnostizierende Instanz mächtig genug ist, durchgeführt werden, und

b) korrigierende Maßnahmen,
die im Hinblick auf ein von der diagnostizierenden Instanz festgestelltes nicht tolerierbares dissozialisiertes oder übersozialisiertes Verhalten oder im Hinblick auf eine von der diagnostizierenden Instanz festgestellte Dissozialität oder Übersozialität (des Individuums) von der diagnostizierenden Instanz beabsichtigt, von der diagnostizierenden Instanz oder einer anderen Institution im Auftrage der diagnostizierenden Instanz geplant und gegebenenfalls, sofern die diagnostizierende Instanz mächtig genug ist, durchgeführt werden« (a.a.O., S. 183).

Prophylaktische und korrigierende Maßnahmen bilden somit den Kern sozialpädagogischer bzw. sozialarbeiterischer Aufgaben. Beide werden als erzieherische Aufgaben definiert. Prophylaktische Maßnahmen dienen der Vermeidung des Lernens von »falschen«, das heißt von der diagnostizierenden Instanz nicht akzeptierten Normen. In diesem Sinne könnten zwar alle erzieherischen Maßnahmen als prophylaktische Maßnahmen, als Dissozialitäts-Prophylaxe, verstanden werden, doch sollte nach Rössner der Terminus erst dann Verwendung finden, wenn von der diagnostizierenden Instanz Dissozialität befürchtet werden muß, wenn das Individuum in der Gefahr steht, nicht zu einem »normalen« Individuum zu werden (vgl. a.a.O., S. 124 ff.). Die prophylaktischen Maßnahmen dienen somit »der Abwehr des möglicherweise eintretenden Persönlichkeitszustandes, der Abwehr dieser *Gefahr*« (a.a.O., S. 128), wobei die Gefahr in einem doppelten Sinne besteht; zum einen ist das Individuum gefährdet, weil es bei Realisierung des zunächst nur drohenden Zustandes negative Sanktionen erfahren wird, und zum anderen ist das geordnete Zusammenleben der diagnostizierenden Gruppe durch das betreffende Individuum gefährdet, bedroht (vgl. a.a.O., S. 133 f.). Korrigierende Maßnahmen dagegen beziehen sich auf einen bereits eingetretenen Persönlichkeitszustand, sie dienen seinem Abbau (vgl. a.a.O., S. 128), sie versuchen, die Dissozialisation aufzuhalten und das Lernen von »richtigen«, von der diagnostizierenden Instanz vertretenen Normen einzuleiten.

»Eine ... fehlgelaufene oder mißglückte Sozialisation ... wird korrigiert, indem Maßnahmen getroffen werden, die die Dissozialisation ›aufhalten‹ und den Zustand der Dissozialität ›aufheben‹ ..., um ihn durch einen neuen Zustand zu ersetzen, den der Normalität. Gleiches gilt im Hinblick auf die Übersozialisation und den Zustand der Übersozialität. Da jeder

Mensch eine primäre und eine sekundäre Sozialisation bzw. (aus der Sicht der jeweiligen DI [diagnostizierenden Instanz]) Dissozialisation durchläuft, kann man den durch korrigierende Maßnahmen eingeleiteten (Lern-)Prozeß (von ›richtigen‹ Normen) auch als *tertiäre Sozialisation* bezeichnen« (Rössner 1973, S. 218 f.). Aufgabe dieser tertiären Sozialisation ist es, *»die ›Normalität‹ eines Individuums (einer Gruppe) zu erhalten bzw. die Normalität wiederherzustellen (ein Individuum oder eine Gruppe zu ›normalisieren‹)«* (a.a.O., S. 240).

»Normalität« ist nun keine feste, sondern eine relative Größe, sie ist abhängig von den Normen, die für die jeweils diagnostizierende Instanz verbindlich sind. Jede diagnostizierende Instanz, die prophylaktische oder korrigierende Maßnahmen ergreift oder zu ergreifen versucht, ist daher zur exakten Bestimmung ihrer Normen gezwungen, einerseits um »Rechtssicherheit«, Klarheit über das erwünschte Verhalten bei den Betroffenen zu schaffen, andererseits um selbst genau zu wissen, in welche Richtung sie korrigierend bzw. prophylaktisch wirksam werden soll. Sie muß eindeutig erklären, »welches Verhalten bzw. welche Verhaltenskomplexion als normal, als erstrebenswert, für erzieherisch wertvoll etc. gehalten (wird) und welche Abweichungen davon für schädlich, gefährdend usf.« (a.a.O., S. 287). Das aber setzt voraus, »daß man exakt weiß, welche Gesellschaft, welche Gesellschafts-›Ordnung‹ man will, welche sittlichen, moralischen, politischen Ziele man anstrebt, welche gesellschaftlichen und damit auch Persönlichkeits-Zustände angestrebt werden sollen, welche Leit-Normen und welche sekundären Normen das gesellschaftliche Leben und der einzelne in der Gesellschaft erfüllen sollen« (a.a.O., S. 281).
Erst auf dieser Basis lassen sich Werte und Normen sowie die damit verbundenen Erziehungsziele setzen, ihre Formulierung ist jedoch nicht Aufgabe der Sozialarbeitswissenschaft, »über sie kann nur auf moralischer bzw. politischer Ebene diskutiert werden, um — unter demokratischen Bedingungen, falls man diese anstrebt oder erhalten will — einen Konsensus herbeizuführen« (a.a.O., S. 282). Dann und nur dann kann auch Dissozialität bestimmt werden, können Verfahren entwickelt und überprüft werden, die dem unerwünschten Zustand (Dissozialität) vorbeugen bzw. ihn abbauen. Denn bedingt durch die Relativität des Normalitätsbegriffs variiert auch die Auffassung von Dis-

sozialität; so kann etwa subkulturelles normenkonformes Verhalten gesamtgesellschaftlich betrachtet durchaus nonkonform sein.
Welche Gruppe ihre Wert- und Normvorstellungen allgemein verbindlich machen kann, welche Gruppe dementsprechende Korrektur- und Prophylaxe-Maßnahmen einleiten und durchsetzen kann, ist, so Rössner, abhängig von der Mächtigkeit dieser Gruppe innerhalb des gesellschaftlichen Systems (vgl. a.a.O., S. 288 f.). Daraus resultiert für eine Theorie der Sozialarbeit die Aufgabe »zu ermitteln, welche DI [diagnostizierenden Instanzen] ... mächtig genug sind, um prophylaktische und korrigierende Maßnahmen zu realisieren, und welche Mächtigkeitsverteilung in einer jeweiligen Gesellschaft anzutreffen ist und schließlich, in welches ›Diagnose-‹ und gegebenenfalls ›Korrektur-Feld‹ der einzelne integriert ist, der zum Klienten des Sozialarbeiters wird« (a.a.O., S. 288).
Des weiteren fordert die Theorie der Sozialarbeit Untersuchungen in der Gesellschaft bzw. ihren Subgesellschaften über die Bedingungen, unter denen Sozialisationen als Dissozialisationen interpretiert werden. Da diese Interpretationen durch die jeweils geltenden Wert- und Normvorstellungen erklärt werden können, ist deren Analyse von besonderer Wichtigkeit. Sodann sind Untersuchungen notwendig über die Erfolge prophylaktischer und korrigierender Maßnahmen, die Überprüfung der Effizienz von Mitteln und Verfahren. Zunächst jedoch bedarf es nach Rössners Ansicht vordringlich der Erweiterung der Theorie der Sozialarbeit um sozial- und lernpsychologische Hypothesen, die, in technologische Aussagen umgeformt, zusätzliche handlungsrelevante Alternativprognosen ermöglichen.
»Die Theorie, die hier entworfen wurde, hat für solche Untersuchungen«, so Rössner, »ein begriffliches Bezugssystem und allgemeine (formale) Ausgangshypothesen geliefert. Für die konkreten Handlungsbereiche der Sozialarbeit sind diese nun ›inhaltlich zu füllen‹« (a.a.O., S. 293).
Die Arbeit an einer Sozialarbeitswissenschaft gilt Rössner daher noch nicht als abgeschlossen, für ihn steht sie vielmehr erst am Anfang, die Weiterentwicklung des Theorie-Entwurfs zu einer Theorie höherer Allgemeinheit wird ausdrücklich gefordert (vgl. a.a.O., S. 294).
Vier Jahre später, 1977, leistet Rössner selbst einen erneu-

ten Beitrag zur Konzeption einer Sozialarbeitswissenschaft kritisch-rationalistischen Typus. Im Rahmen dieser Arbeit erweitert er unter anderem den Aufgabenbereich der Sozialarbeit: zu den prophylaktischen und korrigierenden Maßnahmen treten die kompensierenden Maßnahmen hinzu. Diese werden realisiert, wenn »ein (potentieller) Educand eine Disposition nicht erworben hat, die er nach Auffassung der diagnostizierenden Instanz (längst) hätte erwerben müssen, wenn er also ein *positiv bewertetes und realisiert-sein-sollendes Verhalten nicht zeigt*« (Rössner 1977, S. 144). Kompensierende Maßnahmen dienen somit der Aufhebung eines nicht tolerierten Defizits, dem verspäteten, nachholenden Aufbau einer positiv bewerteten Disposition.

3. Die Theorie der Sozialarbeit als Subwissenschaft der Erziehungswissenschaft

Rössners metatheoretische Grundlegung einer Theorie der Sozialarbeit steht unter folgender allgemeiner Voraussetzung:

»Die Sozialarbeitswissenschaft ist eine Subwissenschaft der Erziehungswissenschaft und diese wiederum ist eine Subwissenschaft der Soziologie. Mit anderen Worten: Die Theorie der Sozialarbeit ist eine Teil-Theorie der Theorie der Erziehung und diese ist wiederum eine Teil-Theorie der Soziologie bzw. eine ›Soziologische Theorie‹ oder ›partielle Soziologie‹« (Rössner 1973, S. 28).

Diese Festlegung, dessen ist sich Rössner bewußt, findet weder allgemeine Anerkennung noch ist sie im strengen Sinne wissenschaftlich begründbar. Denn, gestützt auf Aussagen des Kritischen Rationalismus, unterstellt er, daß die Auffassungen über Gegenstand und Grenzen wissenschaftlicher Disziplinen weniger in der Wirklichkeit selbst begründet sind als vielmehr bedingt durch die historisch relativ zufällig entstandenen Konstruktionen, mit deren Hilfe die Menschen versucht haben, diese Wirklichkeit theoretisch zu erfassen (vgl. Brezinka 1971, S. 34). Gleichwohl vertritt Rössner die Ansicht, daß eine logisch saubere Abgrenzung der Sozialarbeitswissenschaft sowie deren Einordnung in den Kanon der Einzelwissenschaften notwendig und auch möglich ist. Dabei geht er in Übereinstimmung mit Brezinka davon aus, Erziehungswissenschaft als Sozialwissenschaft zu begreifen:

»Das zentrale Problem der Erziehungswissenschaft ist der Beitrag, den das erzieherische und erziehungspolitische Handeln zur Verwirklichung von Erziehungszielen leisten kann. Erzieherisches Handeln ist soziales Handeln. Es zielt auf einen oder mehrere Sozialpartner.... Man kann das Erziehen als ein Handeln betrachten, das Prozesse sozialer Wechselwirkung in Gang bringt oder das zu solchen bereits ablaufenden Prozessen hinzutritt. Der Handelnde versucht diese Prozesse in Richtung auf die Verwirklichung der von ihm verfolgten Ziele zu steuern. Er wird aber auch seinerseits von den Adressaten seiner Handlungen beeinflußt, er verarbeitet diese Einflüsse und wirkt von einer dadurch mehr oder weniger veränderten Ausgangsbasis wiederum auf seine Partner zurück. In diesem Sinne *ist das erzieherische Handeln stets Bestandteil einer sozialen Interaktionsbeziehung*.... Die Erfordernisse des sozialen Handelns, seiner Bedingungen und Wirkungen ist die Aufgabe der *Sozialwissenschaften.* Da auch das erzieherische Handeln ein Ausschnitt oder eine Teilmenge des sozialen Handelns ist, bildet es einen speziellen Gegenstandsbereich oder Problemkreis der sozialwissenschaftlichen ... Forschung« (Brezinka 1971, S. 34 f.; vgl. Rössner 1973, S. 29).

Zum zweiten geht Rössner davon aus, daß die »Sozialwissenschaften« »partielle Soziologien« sind (1973, S. 20), die Begründung liefern ihm Popper und Albert: »Die Aufgabe, [die] ... soziale Umwelt zu beschreiben ..., ist ... die grundlegende Aufgabe der Sozialwissenschaft, [und] es dürfte angemessen sein, diese Aufgabe der Soziologie zuzuteilen« (Popper 1962, S. 246). Entsprechend dieser »Zuteilung« versteht Rössner die Erziehungswissenschaft als »Subwissenschaft der Soziologie« oder, mit Albert gesprochen, als eine »partielle Soziologie«, und zwar als die »Soziologie der Interaktionen im Erziehungsprozeß« (Albert 1967a, S. 256).

Voraussetzung dieser Zuordnung ist ein ganz bestimmtes Verständnis von »Erziehung«, ein Verständnis, das Erziehen definiert als »von einem Menschen s1 in bezug auf einen Menschen s2 realisiertes rationales Beeinflussen (rational-technologisch orientiertes Zuführen von Informationen), um das Lernen von s2 so zu steuern, daß s2 Dispositionen bewahrt oder erwirbt oder so ändert, daß s2 Verhalten realisiert, das die Verhaltenserwartungen von s1 (und/oder seines Auftraggebers) erfüllt« (Rössner 1977,

S. 69). In diesem Sinne ist der Terminus Sozialisation umfassender als der Terminus Erziehung; so meint Sozialisation den gesamten Normen-Lern-Prozeß, während Erziehung nur die intentionale Einflußnahme auf diesen Prozeß bezeichnet (vgl. a.a.O., S. 103 f.).
Gemäß dieser Definition handelt es sich auch bei der praktischen Sozialarbeit um eine spezifisch erzieherische Tätigkeit, das heißt um absichtlich und planvoll eingesetzte Maßnahmen zur Steuerung des Sozialisationsprozesses. Allerdings bezieht sich diese Einflußnahme der Sozialarbeit auf die tertiäre Sozialisation, »eine Sozialisation, die dazu führen soll, Effekte von Dissozialisationen aufzuheben, verkürzend formuliert: den dissozialisierten Menschen zu einem sozialisierten zu machen« (Rössner 1977, S. 131).
Abgrenzung und Zuordnung der Sozialarbeit als wissenschaftliche Disziplin erfolgen somit bei Rössner im Hinblick auf ihren speziellen Objektbereich, und zwar werden logisch stringent, im Sinne einer Deduktion aus dem sehr weit gefaßten Objektbereich einer Primärwissenschaft (Soziologie) sukzessive jeweils engere und speziellere Objektbereiche als Ausschnitte, als deren Teilmenge konstruiert, bis schließlich der Objektbereich der Sozialarbeitswissenschaft erscheint: Gegenstand der Soziologie sind die »sozialen Beziehungen zwischen Menschen«, das gegenseitige menschliche Verhalten, die menschlichen Interaktionen. Verschiedene partielle Soziologien haben verschiedene Interaktionen zum Objektbereich. So umfaßt zum Beispiel die Nationalökonomie das Marktverhalten, die Politologie das politische Verhalten und die Erziehungswissenschaft die Interaktionen, die sozialisiertes Verhalten zur Folge haben. Die Sozialarbeitswissenschaft bezieht sich wiederum auf einen noch spezielleren Bereich dieser auf Erziehung gerichteten Interaktionen: die prophylaktischen, kompensierenden und korrigierenden Maßnahmen mit Bezug auf Dissozialität und Asozialität (vgl. Rössner 1971, S. 198 f. und S. 203) bzw., wie Rössner es in seinem neuesten Buch formuliert: »*Sozialarbeitswissenschaft* [ist das] System von wissenschaftlichen Theorien, Technologien und Technologischen Theorien über Phänomene bzw. Klassen von Phänomenen, die unter den Begriff ›tertiäre Erziehung‹ subsumiert werden« (1977, S. 156).
Die Aussagenmenge der Sozialarbeitswissenschaft stellt

somit eine Teilmenge der Aussagenmenge der Erziehungswissenschaft dar, das heißt die Sozialarbeitswissenschaft ist eine Subdisziplin der Erziehungswissenschaft. Die Theorie der Sozialarbeit setzt daher die Theorie der Erziehung voraus, wie diese wiederum als »Sub-Theorie« oder »Sub-Wissenschaft der integrierten Wissenschaften vom sozialen Verhalten und von den psychischen Objektivationen der Menschen« (Brezinka 1971, S. 39) auf die Ergebnisse und Sozialtechnologien der jeweils übergeordneten Wissenschaft verwiesen ist. Die Sozialarbeitswissenschaft ist damit verortet im Kontext der Sozialwissenschaft bzw. Soziologie, ein Anspruch auf Autonomie wird nicht erhoben, sondern Erziehungswissenschaft und dementsprechend auch Sozialarbeitswissenschaft werden definiert als »technologisch orientierte Sekundärwissenschaften«, die auf den allgemeinen Gesetzmäßigkeiten basieren, wie sie von den verschiedenen Primärwissenschaften erforscht werden (vgl. Rössner 1973, S. 237).

Die kritisch-emanzipatorische Position der Sozialpädagogik

Noch gibt es keine auf dem Wissenschaftsverständnis der »Kritischen Theorie« basierende sozialpädagogische Theorie, die ähnlich umfassend und in sich geschlossen ist wie Rössners von der Position des Kritischen Rationalismus aus konzipierte »Theorie der Sozialarbeit«. Was vorliegt, sind Lexikon- und Handbuchartikel und vor allem eine Vielzahl von Aufsätzen, die, einzeln betrachtet, zwar weder eine vollständige Theorie darlegen wollen noch können, doch zusammengenommen durchaus ein theorieadäquates System von Aussagen über den Komplex Sozialpädagogik liefern, das wissenschaftstheoretisch als Einheit betrachtet werden kann. Denn bei aller Verschiedenartigkeit des jeweiligen thematischen Ansatzes haben die Autoren das gemeinsame Anliegen, eine theoretische und insbesondere auch praktische Neuorientierung der Sozialpädagogik herbeizuführen, die, gemäß den Erkenntnissen der Kritischen Theorie, sowohl den objektiven Interessen und Bedürfnissen ihrer Klienten Rechnung trägt als auch deren subjektiv befriedigende Existenz im Auge hat.

1. Kritische Theorie als methodologische Basis der Sozialpädagogik

Der Begriff »Kritische Theorie« in dem hier gemeinten Sinne wurde erstmals von Max Horkheimer geprägt (vgl. 1937). Er steht für eine dialektische Gesellschaftstheorie, die in den zwanziger Jahren von Horkheimer in Zusammenarbeit mit Theodor W. Adorno und Herbert Marcuse konzipiert, nach 1945 von diesen erkenntnistheoretisch weiterentwickelt und durch Jürgen Habermas teilweise neu akzentuiert wurde.

Kritische Theorie, dieser Terminus will mehr besagen, als daß Wissenschaft kritisch sein muß gegenüber sich selbst, ihrem erkenntnisleitenden Interesse, ihren Forschungsmethoden, den sie begründenden Theoremen und Ergebnissen. Kritische Theorie meint mehr als diese selbstverständliche Kritik sich selbst gegenüber, in diesem Sinne nämlich ist auch jede empirisch-positivistische Wissenschaft — und gerade sie — notwendig kritisch (vgl. Schäfer/Schaller 1973, S. 23).

Kritische Theorie im Sinne der Autoren der sogenannten Frankfurter Schule schließt ein ganz bestimmtes Erkenntnisinteresse ein (vgl. Habermas 1968b), »nämlich ein auf Gestaltung oder Veränderung der Praxis gerichtetes Interesse« (Klafki 1971a, S. 264; vgl. Horkheimer 1968, Bd. I, S. 193). Die besondere Richtung dieses Interesses kann durch Begriffe wie »Mündigkeit«, »Selbstbestimmung«, »Freiheit«, »Demokratisierung« und »Emanzipation« als Wertungskriterien angegeben werden. Es ist das »Interesse des Menschen an der Erweiterung und Erhaltung der Verfügung über sich selbst. Es zielt auf die Aufhebung und Abwehr irrationaler Herrschaft, auf die Befreiung von Zwängen aller Art« (Lempert 1972, S. 483). Kritische Theorie versteht sich somit als Forschung und Theoriebildung im Hinblick auf die Klärung des Problems der Selbstbestimmung, der Demokratisierung, der Emanzipation.

»Die konsequente Reflexion«, so Klafki, »auf die Möglichkeit, dem einzelnen wirklich zur Selbstbestimmung, zur Emanzipation, zum Recht auf individuelles Glück zu verhelfen, führt die Kritische Theorie zu der Einsicht, daß diese Möglichkeit nur in einer entsprechend strukturierten

Gesellschaft gegeben ist« (1971a, S. 384). »Freiheit des einzelnen als Recht jedes Menschen ... ist nur in einer freien bzw. einer sich in Richtung auf mehr Freiheit entwickelnden Gesellschaft möglich« (Klafki 1971b, S. 265). Kritische Theorie wird daher notwendigerweise zur permanenten Gesellschaftskritik, bzw. verbündet sich mit Gesellschaftskritik, die an den obengenannten Prinzipien orientiert ist. Sie analysiert alle Gesellschaften — heute etwa die spätkapitalistischen ebenso wie die sogenannten sozialistischen — daraufhin, ob in ihnen realiter — und nicht nur dem jeweiligen Selbstverständnis nach — Selbstbestimmung, freie Wahl individueller Möglichkeiten und Anerkennung jedes Menschen als gleichberechtigter Person potentiell gegeben sind. Dabei wird jedoch kein Leitbild einer Idealgesellschaft vorausgesetzt, in der solche Möglichkeiten ein für allemal bestehen; jene Begriffe werden vielmehr als Prinzipien verstanden, die im geschichtlichen Prozeß immer wieder neuer Interpretationen bedürfen (vgl. Klafki 1971a, S. 265). »Theorie des gesellschaftlichen Gesamtzusammenhangs meint nicht: einen fixen Begriff davon haben ..., sondern meint: radikale Kritik des Ganzen der Gesellschaft als eines solchen, das noch keinen wahren Begriff von sich erreicht hat« (Brentano 1972, S. 117).

Kritisiert wird durch das Messen der Sache an ihrem kritischen Begriff — dem, was sie nicht ist —, das heißt durch die Konfrontation des Faktischen mit dem objektiv Möglichen (vgl. a.a.O.; Mollenhauer 1970, S. 68). Dabei wird in Anlehnung an ausgewählte Marxsche Gedanken die konstitutive Bedeutung ökonomischer Kräfte für die gesellschaftliche Wirklichkeit hervorgehoben; das heißt, Kritische Theorie geht davon aus, daß die jeweiligen gesellschaftlichen Verhältnisse durch die wirtschaftlichen Gegebenheiten, die Produktions- und Konsumbedingungen, wesentlich bestimmt oder doch mitbestimmt werden. Sie macht es sich daher zur Aufgabe, die ökonomischen und politischen Voraussetzungen, Grenzen, Abhängigkeiten und Verzahnungen, die die jeweilige geschichtliche Situation charakterisieren, zu untersuchen, um so die Widersprüche dieser Situation aufzudecken, die Faktizität ideologischer Abhängigkeiten theoretisch zu erfassen, um diese dann praktisch außer Kraft zu setzen.

Forschung und Theoriebildung im Sinne der Kritischen

Theorie erfolgen demnach mit dem zugleich theoretischen und praktischen erkenntnisleitenden Interesse »an der Ermittlung der Bedingungen und der praktischen Möglichkeiten, Freiheit, Gerechtigkeit, Vernunft zu realisieren – jeweils verstanden als dialektischer Zusammenhang von individueller *und* gesellschaftlicher Freiheit und Gerechtigkeit, individueller Vernunft *und* vernunftgemäßen gesellschaftlichen Verhältnissen« (Klafki 1971b, S. 382). Der Wissenschaftler übernimmt die Verantwortung für die Realisierung von Mündigkeit, »für das kritische Potential einer Gesellschaft« (Mollenhauer 1970, S. 69), was zugleich die Verantwortung für die Praxis mit einschließt. »Erst die kritisch-praktische Tätigkeit, in der Philosophie sich aufhebt, um sich zu verwirklichen, wird«, so Habermas, »den Bann der Ideologie als solchen brechen können« (1963, S. 316). Erst wenn Theorie als Kritik bestehender Verhältnisse in die Praxis gesellschaftlicher Veränderung übergeht, hat sie ihren Sinn erfüllt. »Theorie wird nicht mehr in ontologischer, sondern nur mehr in praktischer Absicht betrieben« (a.a.O., S. 311). Über den Wert einer Theorie entscheidet daher nicht allein das formale Kriterium der Wahrheit, sondern »ihr Zusammenhang mit den Aufgaben, die im bestimmten historischen Moment von fortschrittlichen sozialen Kräften in Angriff genommen sind« (Horkheimer 1968, Bd. I, S. 146 f.).

»Die Theorie der Gesellschaft ist ... keine einfache Summation abstrakter begrifflicher Elemente, sondern der Versuch, mit Hilfe aller Einzelwissenschaften ein Bild des gesellschaftlichen Lebensprozesses nachzuzeichnen, das zur tiefgreifenden Erkenntnis des kritischen Weltzustands und der Ansatzmöglichkeiten für eine vernünftigere Ordnung führen kann. ... Die Erkenntnis für sich allein gilt ... wenig. Sie gewinnt ... erst im Zusammenhang mit den Kämpfen um eine Vermenschlichung des Lebens Bedeutung. Losgelöst von aller Not und Hoffnung haben auch die wahren Gedanken der Menschen für sie selbst keinen Wert« (Horkheimer 1968, Bd. I, S. 168 f.).

Kritische Theorie ruft daher auf zum Kampf um eine bessere Ordnung, eine Ordnung, die die fortschreitende Emanzipation der gesellschaftlich Handelnden ermöglicht (vgl. a.a.O., S. 162). Denn »die Verwirklichung einer solchen [repressionsfreien] Gesellschaft ist nicht mit technischen Mitteln zu erreichen, sondern nur durch eine Tätigkeit, die sich dem Ziel einer realen Veränderung der gesell-

schaftlichen Zustände unterstellt« (Habermas, zit. nach Troebst 1973, S. 79).
In dem Maße, in dem es der Wissenschaft gelingt, Verdinglichung und Fremdbestimmung aufzuheben, hat sie sich als kritische Theorie bewährt (vgl. Blankertz 1966, S. 74). Was unter Verdinglichung zu verstehen ist, erklärt Ulich:

»Mit Verdinglichung kann man dabei den Ausschluß, das Durchbrechen des selbstreflexiven, den eigenen Erkenntnisprozeß einschließenden Rückbezugs zwischen Erkenntnis und Interesse, zwischen elementaren sozialen Bedürfnissen und wissenschaftlicher ›Wahrheit‹ meinen. Verdinglichung bewirkt ›falsches‹ Bewußtsein, dem die eigenen Bedingungen nicht mehr durchschaubar sind. Durch die Förderung der Selbstbestimmung soll an die Stelle des ›falschen‹ das ›richtige‹ Bewußtsein treten. Auf diesem Wege wird das emanzipatorische Interesse in der Weise wirksam, daß rationale Diskutierbarkeit das Kriterium für die Vertretbarkeit einer wissenschaftlichen Aussage wird: unbeschränkte Rationalität ist jedem möglichen (irrationalen) Herrschaftsinteresse entgegengerichtet« (Ulich 1972, S. 60).

2. Die offensive Wende der Sozialpädagogik

Mit der Auseinandersetzung um die Kritische Theorie in der deutschen Wissenschaft, insbesondere mit ihrem Eindringen in die erziehungswissenschaftliche Theoriebildung, wo sich die Fruchtbarkeit dieses methodologischen Ansatzes in zahlreichen Veröffentlichungen dokumentierte, wandelte sich auch die Auffassung von Sozialpädagogik, ihren Zielen und Aufgaben. Die beiden miteinander verschränkten Hauptcharakteristika der gesellschaftskritischen Position — die ideologiekritische Fragestellung und das emanzipatorische Erkenntnisinteresse — bewirkten sowohl eine grundsätzliche Kritik herkömmlicher Sozialpädagogik — als einer Pädagogik, die die Selbstbestimmung ihrer Adressaten verhindert bzw. erschwert — als auch den Entwurf sozialpädagogischer Neukonzeptionen, deren konstitutives Prinzip die Idee der Mündigkeit aller Menschen ist.
1973 erschien die von Hermann Giesecke herausgegebene Aufsatzsammlung »Offensive Sozialpädagogik«, die diese Wende im Verständnis von Sozialpädagogik besonders gut verdeutlicht. »Jahrelang«, so der Tenor dieser Schrift, »war die deutsche Sozialpädagogik *defensiv* eingestellt« (S. 5), wobei das Adjektiv »defensiv« der umfassende Begriff ist

für die dieser Sozialpädagogik anzulastenden Mängel: Defensive Sozialpädagogik ist verpflichtet den bürgerlichen Werten und Normen, die sie auch denen gegenüber verbindlich macht, die sie als »Verwahrloste« und »Kriminelle« nicht erfüllen können; sie ist »geleitet von pädagogisch-gesellschaftlichen Zielvorstellungen und Methoden-Konzepten, die z. T. eher aus archaischen Ängsten und abgesunkenen religiösen Idealen (erwuchsen) als aus rationalen wissenschaftlichen Kalkülen« (a.a.O., S. 5), aus der Analyse der objektiven Bedingungen von Dissozialität, der Entstehung von abweichendem Verhalten im Kontext seiner gesellschaftlichen Genese (vgl. Mollenhauer 1973, S. 20 ff.).

So erfolgte, laut Mollenhauer, der als führender Vertreter der neuen gesellschaftskritischen Sozialpädagogik gelten kann, die Bewertung von Dissozialität, von abweichendem Verhalten, allein unter dem Aspekt bürgerlicher Lebenspraxis, und zwar nicht nur im Hinblick auf Abweichungen bürgerlicher Jugendlicher, sondern auch und vor allem – da die den resozialisierenden Erziehungsmaßnahmen unterworfenen Kinder und Jugendlichen vorwiegend, im 19. Jahrhundert sogar nahezu ausschließlich, den unteren sozialen Schichten entstammten – hinsichtlich unterschichtsspezifischer Dissozialität.

»Gemessen an der bürgerlichen Wertorientierung erscheint nicht nur der einzelne delinquente Jugendliche, sondern erscheinen die Verhaltenseigentümlichkeiten der sozialen Gruppe, der er angehört, als Makel, als Stigma. Kraft der materiellen Überlegenheit und mit Hilfe der öffentlichen Institutionen von Jugendgerichtsbarkeit und Jugendhilfe wird die Stigmatisierung für den Betroffenen zu seiner Definition als eines abweichlerischen Individuums.« Durch diesen Vorgang wird der Jugendliche nun einerseits »aus dem Horizont bürgerlicher Lebenserwartung und Identifizierungschancen ausgegrenzt«, andererseits werden ihm »im Zusammenhang desselben Stigmatisierungsaktes die Wert- und Normorientierungen des bürgerlichen Selbstverständnisses nahegebracht, in der Erwartung, daß eine Integration in diesen Orientierungshorizont erfolgt« (1973, S. 13 f.).

»Der größte Teil der Dissozialen aber wächst unter Familienbedingungen auf, deren pathogene und kriminogene Struktur u. a. durch die besonders nachdrückliche Wirkung extremer, durch die soziale Position definierbarer Faktoren erklärt werden muß ... [:] durch gravierende Mängel im expressiven Bereich ..., durch Häufung ehelicher Konflikte, abwesende Väter, Vernachlässigung der Kinder bei gleichzeitiger überstarker Bindung der Mutter an das Kind, durch Kommunikationsdefizite im sprachlichen Bereich, durch Inkonsistenz von Normen und tatsächlichem Verhalten, mangelnde Identifikationsmöglichkeiten der Kinder« (a.a.O., S. 19).

Ein pädagogisches Konzept, das, ausschließlich orientiert am Begriff der Individualität, auf Re-Individualisierung oder Re-Integration zielt, das heißt, davon ausgeht, der dissoziale Zögling sei, ebenso wie das bürgerliche Individuum, »seiner Möglichkeit nach imstande, seine Individualität derart auszubilden, daß er an der freien Wechselwirkung der Individuen in der bürgerlichen Gesellschaft teilnehmen kann« (a.a.O., S. 15), geht nach Mollenhauer an der sozialen Realität ihres größten Klientenkreises vorbei und muß somit notwendig scheitern: diese Kinder und Jugendlichen können nicht *re*-integriert werden, weil sie bzw. ihre Familien an den Lebenschancen der bürgerlichen Gesellschaft noch gar nicht teilhatten. Ohne eine Berücksichtigung der restriktiven Bedingungen ihrer sozialen Herkunft kann von Resozialisierung nicht die Rede sein, allenfalls von Legalisierung. Eine sozialpädagogische Konzeption, die ihre Fragen und Strategien nicht direkt aus der sozialen Situation der Betroffenen heraus zu formulieren versucht, wird dem Problem der Dissozialität nicht gerecht, eine These, die die sogenannten Erfolgsstatistiken der Erziehungsheime und Jugendstrafanstalten zu bestätigen scheinen: sie konstatieren Rückfallquoten von 33 bzw. 65 Prozent (vgl. a.a.O., S. 18; Thiersch 1973).
Ein weiteres Merkmal defensiver Sozialpädagogik ist nach Giesecke ihre Stellung im Gesellschaftssystem: sie existiert im Schatten des öffentlichen Interesses, »festgelegt auf die Rolle einer sozialen Feuerwehr« (1973b, S. 5; Riedl 1973, S. 1), die erst dann und möglichst unauffällig in Erscheinung tritt, wenn das Feuer bereits ausgebrochen ist. »Prinzipiell ist diese Verspätung deshalb, weil sie nicht über die Veränderungen der Bedingungen verfügt, die das Eingreifen nötig machen. Der Zusammenhang zwischen der als ursächlich anzunehmenden Sozialstruktur, der Erscheinungsform von Hilfsbedürftigkeit und der Hilfsmaßnahme wird weder theoretisch mit der nötigen Deutlichkeit formuliert noch praktisch wirksam« (Mollenhauer 1970, S. 137), und zwar bedingt sowohl durch eine »anti-wissenschaftliche, den Ideologien der Träger unterworfene Aus-

bildung der Sozialpädagogen« (Giesecke 1973b, S. 5), die nicht das theoretische Rüstzeug lieferte, diesen Bedingungszusammenhang hinlänglich zu erfassen, als auch durch den Widerstand jener gesellschaftlichen Kräfte, deren Interesse auf die Erhaltung des Status quo gerichtet ist. »Defensive Sozialpädagogik blieb also fixiert auf die Beseitigung punktueller Schaden-Symptome; eine Rückmeldung an die Gesamtgesellschaft darüber, daß diese Schäden Probleme und Widersprüche des gesamtgesellschaftlichen Systems selbst signalisierten«, erfolgte nicht. »Defensive Sozialpädagogik war im ganzen eine Art von gesellschaftlicher Subkultur, in der trotz aller formalen Rechtsstaatlichkeit bürgerliche Rechte und bürgerliche Umgangsformen weitgehend suspendiert blieben« (a.a.O.; vgl. Denninger 1973).
Demgegenüber nun charakterisiert Giesecke die neue, gewandelte Sozialpädagogik als eine »offensive Sozialpädagogik«, die sich gerade dadurch auszeichnet, »daß sie diese traditionelle Rolle durchbricht, daß sie die überlieferte sozialpädagogische Theorie und Praxis als Teil der gesamtgesellschaftlichen Praxis und Ideologie begreift, als Symptom ihrer Widersprüche und ungelösten Probleme; daß sie die Prinzipien der Grundrechte, der Rechtsstaatlichkeit und der zunehmenden Demokratisierung für ihren Gegenstand entdeckt und übernimmt, daß sie Tatsachen und Intentionen mit wissenschaftlichen Erkenntnissen und Theorien konfrontiert« (1973b, S. 5); kurz: Giesecke entwirft das Bild einer *Sozialpädagogik als kritischer Theorie.*

3. Aufgaben und Ziele kritisch-emanzipatorischer Sozialpädagogik

Bereits Anfang der sechziger Jahre, das heißt vor der Rezeption der Kritischen Theorie auf einer breiteren Basis der erziehungswissenschaftlichen Fachwelt, charakterisierte Mollenhauer die Sozialpädagogik seines Verständnisses hinsichtlich ihrer spezifischen Aufgabenstellung mit folgenden Worten:

»Die Sozialpädagogik ist nicht nur gleichzeitig mit der ›industriellen Gesellschaft‹ entstanden, sondern sie hängt auch der Art nach eng mit dieser zusammen. Sie kommt überall dort ins Spiel, wo die soziale Entwicklung das Heranwachsen gefährdet, wo sie dem Menschen Schaden zugefügt hat oder zuzufügen im Begriff steht. ... Sie sieht sich dem Werden einer Gesellschaft gegenüber, deren Unvollkommenheiten dem Sozialpädagogen unmittelbar als Gefährdungen entgegentreten; das aber bedingt, daß der sozialpädagogischen Tätigkeit immer auch ein sozialkritischer Gedanke innewohnt. Die in der Praxis täglich neu erfahrene subjektive Entsprechung einer problematischen gesellschaftlichen Lage im einzelnen Erziehungsfall weist die Erziehungstätigkeit auf diese Lage zurück als auf die Bedingungen der individuellen *Erziehungsbedürftigkeit.* Die sozial-pädagogische Erziehungsrichtung nimmt daher nie nur den direkten Weg auf den einzelnen zu, sondern schließt die Absicht zur Veränderung der Erziehungsbedingungen mit ein« (1964b, S. 291).

Diese Ausführungen weisen hin auf einen Zusammenhang zwischen Gefährdungen im Prozeß des Heranwachsens, individuellen Notlagen und Fehlentwicklungen auf der einen Seite sowie einer »unvollkommenen« Gesellschaftsform, einer »problematischen gesellschaftlichen Lage« auf der anderen. Spricht Mollenhauer hier auch noch sehr vage von »Unvollkommenheiten«, die Gefährdungen bedingen, und von einem »sozialkritischen Gedanken«, der Veränderung initiiert, ohne den spezifischen Maßstab der Kritik oder die Richtung dieser Veränderung genauer zu bezeichnen, so dokumentiert sich hier doch schon tendenziell, was einige Jahre später zu konstitutiven Elementen einer Sozialpädagogik als kritischer Theorie wird: die Einsicht, daß »zwischen den von einzelnen erzeugten Formen auffälligen und abweichenden Verhaltens und den Sozialstrukturen funktionelle Abhängigkeit besteht« (Tuggener 1971, S. 134), und daraus resultierend, ein gesellschaftskritisches Engagement, diese sozialen Strukturen wissenschaftlich zu analysieren, um sie dann pädagogisch verantwortbar derart zu verändern, daß die Ursachen für Dissozialität aufgehoben bzw. minimalisiert werden.

»Immer geht es ... Sozialpädagogik darum«, so Gerd Iben, »die Behinderungen und Gefährdungen des Erziehungsprozesses in ihren Ursachen, und Wege zu ihrer Überwindung zu erforschen und andererseits pädagogische Mittel zu suchen, um soziale Notstände zu beseitigen oder ihnen vorzubeugen« (1971, S. 235). Sie stellt, laut Armin Riedl, vor allem die Frage, »*warum* Dissozialität ... gehäuft [auftritt]« (1973, S. 2); die Antwort versucht sie durch eine Analyse der sozio-kulturellen Umwelt des Heranwachsenden zu finden, durch eine Deutung der sozialen Situation (vgl. a.a.O., S. 3 ff.). Sozialpädagogik »untersucht die Ursachen der Mißstände in ihrem gesellschaftlichen Zusammenhang« (Bundesminister 1974, S. 141); sie reflektiert nicht nur die eigens zum Zwecke der Erziehung geschaffenen Institutionen, sondern darüber hinaus »die gesellschaftlichen und politischen Prozesse und Konstellationen . . ., welche die Sozialisationssituation und -lage von Kindern und Jugendlichen bestimmen« (Hornstein 1973, S. 92). »Jede sozialpädagogische Intention«, so fordert auch Horst Erich Pohl, muß »aus einer wissenschaftlichen Analyse der konkreten industriegesellschaftlichen Lebensbedingungen hervorgehen. . . . Das allein setzt die Sozialpädagogik in die Lage, ihre Aufgaben gegenüber gesellschaftlichen Gefährdungserscheinungen wahrzunehmen« (1973, S. 49). Diese Aufgabe ist »präventiv und offensiv, um die Entstehungsbedingungen für abweichendes Verhalten so zu beeinflussen, daß Dissozialität nicht mehr zu entstehen vermag« (Bundesminister für Jugend, Familie und Gesundheit 1974, S. 153). Das aber heißt mit anderen Worten: Sozialpädagogik leitet ihre Ziele ab von einer antizipierten Gesellschaftsordnung, in der die strukturellen Voraussetzungen für Sozialpädagogik nicht mehr vorhanden sind (vgl. Mollenhauer 1970, S. 150; Aich 1973, S. 243). Sozialpädagogik arbeitet somit letztlich an ihrer »Selbstaufhebung«, sie ist bemüht, sich selbst überflüssig zu machen (vgl. Iben 1969, S. 390).

Aus der Einsicht in die gesellschaftliche Bedingtheit von Dissozialität, von Kinder- und Jugendnot, resultiert für kritische Sozialpädagogik, daß es weniger darum geht, die Veränderung von gesellschaftlich nicht akzeptierten Verhaltensweisen, die funktionale Anpassung sozialauffälliger oder -abweichender Heranwachsender an ein gegebenes Gesellschaftssystem zu erreichen, daß vielmehr eine Veränderung eben dieser Gesellschaft selbst das Ziel ist. Dabei bedeutet Veränderung nicht so sehr die Herbeiführung einer anderen Gesellschaftsordnung — schon gar nicht im Sinne eines revolutionären Umsturzes —, sondern vielmehr ein nachdrückliches Bestehen darauf, daß die gegenwärtige bürgerlich-demokratische Gesellschaft ihrem eigenen Anspruch, dem bislang noch weitgehend uneingelösten Versprechen, Freiheit, Gleichheit, Gerechtigkeit und Glück zu realisieren, gerecht wird (vgl. Friedländer/Pfaffenberger 1969, S. 3; Giesecke 1973a, S. 97 f.; Giesecke 1973b, S. 5).

Sozialpädagogik ist »Parteiergreifung«; sie setzt sich ein für die »Durchsetzung optimaler Entwicklungsbedingungen für die Jugend, Durchsetzung ihres Anspruches auf Emanzipation als Erweiterung ihrer Entscheidungs- und Handlungsmöglichkeiten, Durchsetzung ihrer Mitwirkungsmöglichkeiten, Durchsetzung der Chancengleichheit ... für die Benachteiligten« (Bundesminister für Jugend, Familie und Gesundheit 1974, S. 142 f.). Sie wendet sich daher gegen jeden Versuch, »Kinder und Jugendliche als fremdbestimmte Objekte an der Teilhabe emanzipatorischer Prozesse zu hindern, sie hat für eine materielle Chancengleichheit aller Schichten zu kämpfen, sie wird Bürgerinitiativen, die sich für eine höhere Lebensqualität einsetzen, gegen Verwaltungen und politische Fehlentscheidungen zu unterstützen haben« (a.a.O., S. 159). Daß es sich bei diesen Zielsetzungen nicht um die einer systemsprengenden Sozialpädagogik handelt, nicht um eine Bedrohung für die bestehende Gesellschaftsordnung, sondern im Gegenteil um die konsequente Wahrnehmung demokratisch-rechtsstaatlicher Prinzipien, davon zeugt auch die Tatsache, daß die oben zitierten Aussagen einer vom Bundesminister für Jugend, Familie und Gesundheit herausgegebenen Schrift entstammen.

»Das Ziel, mehr Fähigkeit und Möglichkeit zur Selbstbestimmung, zur Eigenlenkung des sozialen Verhaltens und zur sozialen Beteiligung und Mitverantwortung an einer und für eine Gesellschaft und Umwelt, die den Lebens- und Entwicklungsbedingungen aller Menschen besser gerecht wird, ist nur erreichbar, wenn es gelingt, bei der Zielgruppe (den Kindern, Jugendlichen, Erwachsenen), ein günstiges Verhältnis von Fähigkeiten zum friedlichen kooperativen, angepaßten Verhalten und von Fähigkeiten zu mutigem Widerstand, zum Wagnis des Experiments, zum Konflikt, zur Durchsetzung und zur aktiven Teilhabe an Prozessen der Veränderung zu erreichen. Dieses ›günstige Verhältnis‹ zu definieren und mittels sozialer Intervention zu fördern, ist eines der Grundprobleme, das die ... Sozialpädagogik ständig neu zu lösen [hat]. Das andere Grundproblem betrifft das Herstellen von Verhältnissen, die eine Teilhabe und Beteiligung aller nicht nur zulassen, sondern hervorrufen; und dies nicht formal oder verbal, sondern konkret und tatsächlich« (Bäuerle 1973, S. 283).

Diese Zielsetzung und die daraus resultierende doppelte Aufgabenstellung kann als charakteristisch für kritische Sozialpädagogik in dem hier gemeinten Verständnis gel-

ten; sie findet sich, mehr oder weniger sinngemäß, bei den meisten einer Sozialpädagogik als kritischer Theorie verpflichteten Autoren. So besteht Konsens darüber, daß das Ideal einer repressionsfreien, Emanzipation ermöglichenden Gesellschaft nicht zu verwirklichen ist ohne die Menschen, die fähig und bereit sind, diese Entwicklung als eine nie abgeschlossene mitzutragen. Kritische Sozialpädagogik verbündet sich daher zwar auch mit sozialpolitischen Aktionen und wird selbst gesellschaftspolitisch tätig, um an der Veränderung dieser Gesellschaft in Richtung auf mehr Freiheit und Menschlichkeit wirksam mitzuarbeiten, vor allem aber richtet sich ihr Augenmerk auf den Menschen, insbesondere den jungen Menschen, um ihn zu befähigen, in dieser Gesellschaft sowohl auszuhalten und in ihr zu leben als auch sich von ihr zu distanzieren und aktiv zu innovieren. Denn, und auch darin sind sich die Autoren einig, »um Unterdrückung und Unterprivilegierung politisch überwinden zu können, bedarf es nicht nur des politischen Kampfes im Sinne der objektiven Demokratisierung, sondern auch zahlreicher Lernprozesse (z. B. hinsichtlich der eigenen Interessen, hinsichtlich der Interessen der Unterdrücker, hinsichtlich des Systems der Herrschaft usw.), die man daher als die subjektive Seite des Demokratisierungsprozesses bezeichnen könnte« (Giesecke 1973a, S. 65). Es handelt sich darum, daß im einzelnen »die individuellen empirischen Bedingungen hervorgebracht werden, unter denen rationales politisches Handeln allererst möglich ist« (Mollenhauer 1972, S. 15).
Das bedeutet für den Sozialpädagogen, daß er bei seinen Klienten selbst »kritische Rationalität und Sensibilität für drohende Unfreiheit und Entfremdung wecken und stärken muß« (Riedl 1973, S. 7). Angestrebt wird »emanzipatorische ›Aufklärung‹ im Sinne einer Einleitung von Erkenntnisprozessen, ... es [geht] um ›Bildung‹ in einem weiten Sinne, nämlich um die Befähigung zur Wahrnehmung und Durchsetzung eigener Interessen in Politik und Gesellschaft . . ., weiterhin um die Befähigung zur Bewältigung spezieller Lebenssituationen in Familie, Arbeit und Freizeit« (Curriculum-Arbeitsgruppe an der Gesamthochschule Kassel 1973, S. 29).
Dabei ist es ein wesentliches Merkmal dieser Richtung von Sozialpädagogik, daß sie nicht einseitig nur auf Disengage-

ment, Widerstand und Nonkonformismus abzielt und mit einer ausschließlichen Festlegung auf dementsprechende Einstellungen und Handlungsmuster ihre Klienten in ständigen kämpferischen Konflikt mit ihrer Umgebung bringt, sondern ihre Maßnahmen sind ebenso darauf gerichtet, »den Mitmenschen (Kindern, Jugendlichen, Erwachsenen) zu helfen, sich in der gegebenen Gesellschaft, so wie sie ist, zurechtzufinden und die bestehenden Normen anzunehmen oder doch wenigstens nicht laufend zu verletzen« (Bäuerle 1973, S. 284; vgl. Riedl 1973, S. 7). Der Sozialpädagoge ist aufgefordert, sich ständig neu zwischen den beiden Arten der Hilfe zu entscheiden bzw. ihr angemessenes Verhältnis zu definieren; darin liegt seine große Schwierigkeit, aber auch seine Autonomie (vgl. Iben 1969, S. 392; Bäuerle 1973, S. 284).

4. Sozialpädagogik als »integrale« Disziplin

Wenn man, wie oben dargestellt, Sozialpädagogik begreift als die Frage nach den sowohl gesellschaftlich als auch individuell bedingten Notlagen, Behinderungen und Konflikten, die einem befriedigenden Dasein als mündigem Bürger in einer mündigen Gesellschaft entgegenstehen, und als die Suche nach wirksamen Möglichkeiten ihrer Verhütung und emanzipativen Bewältigung, ist eine Beschränkung des Arbeitsgebietes auf den Bereich außerhalb von Elternhaus und Schule weder notwendig noch sinnvoll. Denn einerseits, so argumentieren die Autoren, sind heute auch die traditionellen Erziehungsfelder konfliktreicher und problemgeladener geworden, und andererseits haben viele der im Laufe des Lebens auftretenden Schwierigkeiten und Probleme hier ihre Ursache, werden durch die hier geltend gemachten Anforderungen erst hervorgebracht (vgl. Hornstein 1973, S. 91; Keil 1975, Sp. 970; Lucht 1973, S. 62; Mühe 1972, S. 18 ff.; Flitner 1974, S. 33 ff.). Eine kritisch-emanzipatorische Sozialpädagogik, die ihrem eigenen Anspruch gerecht wird, sich nicht auf die Beseitigung von Symptomen beschränkt, nicht lediglich korrigierende Funktionen ausübt, wendet sich daher sämtlichen Erziehungsinstitutionen zu und schließt sie in ihren Aufgabenbereich mit ein.
Dementsprechend bezeichnet Sozialpädagogik zwar nach

wie vor ein bestimmtes Arbeitsfeld, jene erzieherische Praxis und Institutionen, »die sich um die Lösung derjenigen erzieherischen Aufgaben und Konflikte bemühen, die sich im Zusammenhang mit den gesellschaftlichen Prozessen der Neuzeit, also mit Industrialisierung, Verstädterung, Verwissenschaftlichung u. a. entwickelt haben« (Hornstein 1973, S. 91), sofern jedoch solche Konflikte und Probleme zunehmend auch die Erziehung in Familie, Schule und Beruf beeinflussen, vor allem soweit diese durch die genannten gesellschaftlichen Prozesse selbst »schwieriger«, konfliktträchtiger geworden ist, richtet sich Sozialpädagogik auch auf die in diesen Erziehungsfeldern ablaufenden Erziehungsprozesse, »und zwar eben unter dem spezifischen Aspekt der hier auftretenden Konflikte und Probleme« (a.a.O.). In diesem Sinne ist Sozialpädagogik einerseits »die Theorie eigener, eben sozialpädagogischer Institutionen«, jener pädagogischen Einrichtungen, die speziell als Antwort auf die durch die gesellschaftlichen Prozesse der Neuzeit produzierten Probleme und Konflikte entstanden sind, und andererseits ist sie »eine Betrachtungsweise, ein Aspekt, unter dem die verschiedenen traditionellen Erziehungsinstitutionen analysiert und kritisiert werden können« (a.a.O.; vgl. Keil 1975, Sp. 970; Iben 1969, S. 389; Pohl 1973, S. 49; Bundesminister für Jugend, Familie und Gesundheit 1974, S. 141).
Doch nicht nur die Beschränkung auf den außerfamilialen und außerschulischen Bereich als konstitutives Merkmal von Sozialpädagogik wird aufgegeben, sondern auch die auf den speziellen Adressatenkreis der Kinder und Jugendlichen (vgl. Iben 1969, S. 394; Pohl 1973, S. 50; Keil 1975, Sp. 969). Aus der Erkenntnis der modernen Erziehungswissenschaft, daß die Begriffe Erziehung und Bildung ein im Grunde lebenslanges, prozeßhaftes Lerngeschehen umschreiben, daß auch im Hinblick auf die Fähigkeit, neue Erfahrungen zu machen, Lernen nicht beschränkt ist auf ein bestimmtes Lebensalter (vgl. Giesecke 1973a), zog kritisch-emanzipatorische Sozialpädagogik die Konsequenz, sich auch erwachsenen und alten Menschen zuzuwenden.
Sozialpädagogik wird damit der Begriff für eine Theorie spezieller Sozialisationshilfen für die Bewältigung der im Lauf der lebenslangen Sozialisation auftretenden Konflikte; Hilfen, die sowohl auf eine Änderung des Indivi-

duums, eine Erweiterung seiner kognitiven, emotionalen und psychomotorischen Kompetenz zielen als auch auf die Beseitigung der diesen Konflikten zugrunde liegenden häufig systemimmanenten Ursachen (vgl. Keil 1975, Sp. 969). Mit dem in dieser Definition sich dokumentierenden gewandelten Selbstverständnis, dem Doppelaspekt ihrer Ziel- und Aufgabenstellung ebenso wie der Ausweitung des Betätigungsfeldes und Adressatenkreises, ist die Bestimmung von Sozialpädagogik als einer spezialwissenschaftlichen Disziplin der Erziehungswissenschaft im Sinne der Theorie eines bestimmten, eindeutig abgrenzbaren Bereichs nicht länger haltbar. Mit diesem ihrem Selbstverständnis hat sie ja nicht nur ihre bisherigen Kriterien der Ein- und Zuordnung ausdrücklich aufgegeben, sondern auch eine Zielstellung gesetzt, die einerseits, zumindest dem Anspruch nach, konstitutiver Bestandteil jeder emanzipatorischen Erziehungswissenschaft ist und andererseits stark in den Bereich gesellschaftspolitischer Aktivität hineinreicht. In diesem Sinne ist dann auch das folgende Zitat von Hentigs zu verstehen: »*Sozialpädagogik ist nichts als der verschärfte, der radikale Fall aller Erziehung.* Sie könnte getrost in Pädagogik und Politik aufgehen, wenn die Gesellschaft dies nur hinreichend gründlich verstanden hätte« (1967, S. 383). Sozialpädagogik als besondere Disziplin wäre demnach überhaupt unnötig. Andererseits ist sich von Hentig auch dessen bewußt, daß es nach wie vor spezialisierte Einrichtungen und Maßnahmen für diejenigen wird geben müssen, die besonderer Zuwendung und Hilfe bedürfen: ein Argument für die Konstituierung einer speziellen Wissenschaft, insbesondere wenn man wie er von der grundsätzlichen Gewichtung dieses Aufgabenkomplexes überzeugt ist, dem mehr gebührt »als nur ein fachliches und humanitäres Interesse« (a.a.O., S. 384).
Auch Iben gibt zu bedenken, daß sich die wissenschaftliche Eigenständigkeit der Sozialpädagogik durchaus in Zweifel ziehen läßt, vor allem sofern man von ihr den Nachweis spezifischer wissenschaftlicher Methoden erwartet. Hier ist sie, so Iben, nicht nur der Erziehungswissenschaft, sondern auch der Psychologie, Rechtswissenschaft, Medizin und Politologie verpflichtet, sie ist geradezu angewiesen auf deren Aspekte, Erkenntnisse und Verfahrensweisen. Sozialpädagogik entsteht jedoch nicht durch die bloße

Addition der Fachperspektiven, Aspektlehren und Teilaspektlehren anderer Disziplinen; entscheidend für ihre Erkenntnisstruktur sind somit nicht allein die in ihr enthaltenen Aspekte und Aspektlehren an sich, sondern die durch sie realisierte »fächerübergreifende Zusammenschau unter dem Vorzeichen der durch die Praxis selbst gegebenen Anforderungen« (Curriculum-Arbeitsgruppe der Gesamthochschule Kassel 1973, S. 5). Hier erst gründet ihre wissenschaftliche Autonomie; in ihrer besonderen Fragestellung, mit der sie die Ergebnisse dieser Wissenschaften im Hinblick auf die Analyse und Interpretation menschlicher Konflikte und ihrer Bearbeitung in eigener Theoriebildung sichtet, ordnet und verarbeitet. Diese besondere Fragestellung ist eine spezifisch pädagogische Fragestellung, das heißt, Sozialpädagogik »bleibt auch dort Pädagogik, wo sie um eines pädagogischen Zieles willen die Grenzen ihrer Disziplin überschreitet, wo sie z. B. mit Hilfe gesellschaftspolitischer Einsichten und Möglichkeiten die Bedingungen von Pädagogik überhaupt reflektiert und zu beeinflussen sucht« (Iben 1969, S. 399).
Sozialpädagogik wäre demnach zu verstehen als »Integrationswissenschaft«, als »integrale« Disziplin, deren Schwerpunkt allerdings eindeutig im Bereich der Pädagogik liegt.

5. Soziale und sozialpädagogische Arbeit als einheitliches Funktionssystem gesellschaftlicher Hilfen

Die neue offensive Ziel- und Aufgabenstellung einer kritisch-emanzipatorischen Sozialpädagogik, die »Verbindung des Pädagogischen und des Sozialen, von Erziehung und Bildung, von Ermöglichung menschlicher Freiheit, Entfaltung und Selbstverwirklichung und ihren äußeren, auch materiellen Voraussetzungen und Bedingungen« (Friedländer/Pfaffenberger 1969, S. XXXI), das heißt die Einsicht in die Interdependenz von sozio-ökonomischen Faktoren und individuellen Lernprozessen zur Verwirklichung eines subjektiv und objektiv gleichermaßen befriedigenden Lebens, legte es nahe, die bislang weitgehend übliche Unterscheidung und strikte Trennung von Sozialpädagogik als dem Bereich der primär pädagogisch orientierten, auf Kinder und Jugendliche gerichteten Hilfsmaßnahmen, und

Sozialer Fürsorge bzw. Sozialarbeit als dem Bereich der reinen Versorgungsleistungen, der wirtschaftlichen Sicherstellung (vgl. Scherpner 1962, S. 138 f.; Arlt 1958), im Hinblick auf ihre Revisionsbedürftigkeit zu untersuchen.
Wie die historische Darstellung der Jugendwohlfahrt zeigte, gab es bis ins 13., 14. Jahrhundert hinein überhaupt keine speziellen Einrichtungen und Hilfsmaßnahmen für notleidende Kinder und Jugendliche; diese erfuhren die gleiche Behandlung wie die erwachsenen Hilfebedürftigen auch; in der alten Welt wurden sie mitgetragen von den Gemeinschaften der Familie, Sippe, Nachbarschaft oder des Stammes, im Mittelalter sicherte die christliche Almosenlehre die Versorgung der Armen. Kinder und Erwachsene waren gleichermaßen Objekt der verdienstlichen Gaben. Auch als mit den sozialen Umwälzungen beim Übergang zur Neuzeit die Armut derart massenhaft wurde, daß sich die weltliche Obrigkeit zu organisatorischen Eingriffen in das Almosenwesen veranlaßt sah, wurden die Kinder der Armen in den städtischen Bettelordnungen zwar besonders erwähnt, doch unterlagen sie nach wie vor der allgemeinen Armenpflege, die nun vor allem polizeiliche und strafrichterliche Bettelbekämpfung war. »Der ›Selbsterhaltungsunfähige‹ wird deklassiert, er verliert seine bürgerlichen Rechte, oft auch seine kirchlichen Ehrenrechte« (Böttcher 1975, S. 41).
Erst nach der Neuorganisation der kommunalen Armenpflege durch Einführung und Ausbau des sogenannten »Elberfelder Systems«, das an die Stelle der Bettelbekämpfung und kärglich-almosenhafter Zuwendungen eine individuelle, durch ehrenamtliche Armenpfleger ausgeübte Fürsorge setzte, zeigte sich Mitte des 19. Jahrhunderts auch ein staatliches Interesse an einer speziellen Erziehungsfürsorge; bis dahin hatten lediglich freie Träger, insbesondere kirchliche Organisationen, den Strafcharakter öffentlicher Fürsorge durch Erziehungsmaßnahmen zu ersetzen versucht. Doch bis zur rechtlichen und organisatorischen Ausgliederung der Hilfsmaßnahmen für Kinder und Jugendliche aus der allgemeinen Armenpflege vergingen noch Jahrzehnte. Erst um die Jahrhundertwende dokumentierte sich auch in der Gesetzgebung die Erkenntnis, daß gefährdete und verwahrloste Heranwachsende einer andersgearteten Hilfe bedurften als notleidende Erwachsene; und mit

der Neuordnung der Jugendfürsorge durch das RJWG und JGG erfüllte sich dann endlich die Forderung vieler Reformer nach einer autonomen Jugendwohlfahrtsbehörde, die die gesamte Jugendfürsorge unter dem Gesichtspunkt der Erziehung zusammenfaßte.
Seit dieser Zeit lief die Entwicklung von Armenpflege bzw. Wohlfahrtspflege, wie es jetzt hieß, und Jugendfürsorge bzw. Sozialpädagogik mehr oder weniger getrennt voneinander; nicht nur die Sozialpädagogik legte unter Betonung ihrer spezifischen Aufgabe (Erziehung) großen Wert auf ihre Eigenständigkeit, sondern auch die Wohlfahrtspflege ging ihren Weg in ausdrücklicher Abgrenzung von dieser Sozialpädagogik und ihrer pädagogischen Zielsetzung.
War die Stellung des Bedürftigen in der bürgerlichen Gesellschaft des 19. Jahrhunderts noch dadurch gekennzeichnet, daß er Objekt einer Betreuung war, deren Ausgangspunkt wohl in der Pflicht der Gesellschaft, nicht aber im Recht des Armen auf Hilfe lag, so erfolgte nach dem Ersten Weltkrieg auch hier eine allmähliche Wandlung. Die bisherige Deklassierung des Armen wird aufgehoben, er behält seine bürgerlichen Rechte, doch insgesamt bleibt seine Rechtsstellung schwach. »Art und Maß der Hilfe liegen im Ermessen der fürsorgerischen Stellen, wobei ›Bedürftigkeit und Würdigkeit‹ als Beurteilungsmaßstäbe gelten« (Böttcher 1975, S. 42).
Erst nach dem Zweiten Weltkrieg, mit der Verabschiedung des Bundessozialhilfegesetzes (BSHG) im Jahre 1962 erhält der Bürger einen Rechtsanspruch auf Hilfe. »Begrifflich wird der Veränderung der Rechtsstellung dadurch Ausdruck gegeben, daß der Hilfebedürftige, der schon in seiner Wortprägung die Objektstellung des Notleidenden kennzeichnet, im BSHG durch den Hilfesuchenden ersetzt und bereits durch diese Bezeichnung als Rechtssubjekt charakterisiert wird« (Skiba 1969, S. 62). Aus der Bezeichnung »öffentliche Fürsorge« wird »Sozialhilfe«, aus dem »Fürsorge- oder Wohlfahrtsamt« das »Sozialamt«.
Sozialhilfe umfaßt Maßnahmen der materiellen Hilfe sowie solche der »persönlichen Hilfe« im Sinne der Beratung und Betreuung (vgl. Scherpner 1962, S. 157 ff.). Ihre Aufgabe ist es, »dem Empfänger der Hilfe die Führung eines Lebens zu ermöglichen, das der Würde des Menschen entspricht. Die Hilfe soll ihn so weit wie möglich befähi-

gen, unabhängig von ihr zu leben; hierbei muß er nach seinen Kräften mitwirken« (§ 1,2 BSHG zit. n. Nowicki 1973, S. 97). Sozialhilfe ist somit »Hilfe zur Selbsthilfe«, sie verpflichtet den Empfänger bzw. dessen Angehörige zur Mitverantwortung und Mitwirkung.
Die neue Einstellung zum Hilfesuchenden dokumentierte sich auch in der Rezeption der im Rahmen des amerikanischen »Social work« (zu social work vgl. Tuggener 1971, S. 39 ff.; Böttcher 1975, S. 45 ff.) entwickelten, vor allem psychoanalytisch und sozialwissenschaftlich begründeten Arbeitsformen der Einzelfallhilfe (case-work), der Gruppenarbeit (group-work) und der Gemeinwesenarbeit (community-work). (Zu diesen Arbeitsformen vgl. Smalley 1974.) Diese Arbeitsformen definieren die Rolle von Sozialarbeiter und Klient analog dem Verhältnis von Arzt und Therapeuten zum Patienten. Mit der Übernahme dieses Selbstverständnisses ebenso wie mit dem Begriff »Sozialarbeit« selbst wandte sich diese Sozialarbeit ausdrücklich gegen eine »Pädagogisierung« ihres Berufsfeldes — das heißt gegen eine Gleichsetzung von Sozialarbeit und Sozialpädagogik —, allerdings, so Iben, bedingt durch die Ablehnung eines ganz bestimmten Erziehungsverständnisses, eines, das mit Vorstellungen über strenges väterliches Regiment, über autoritäre Beeinflussung und personale Abhängigkeit verknüpft ist (vgl. 1969, S. 392 f.; Mollenhauer 1966, S. 41 ff.).

»Die Abneigung gegen eine solche Vorstellung von Erziehung und ihre Gleichsetzung mit dem Verständnis der eigenen Arbeit teilt nun aber der Sozialarbeiter durchaus mit dem professionellen Erzieher und dem Theoretiker dieses Geschäfts. Was sich hier ... gegenübersteht, ist nicht Erziehung einerseits und eine anders geartete Form von Hilfe andererseits, sondern sind zwei verschiedene Vorstellungen von der Eigenart einer bestimmten Gruppe unter den Sozialisationsprozessen« (Mollenhauer 1966, S. 41).

So hat sich nach Mollenhauer mit den gesamtgesellschaftlichen Veränderungen auch das System der sozialen Aufzucht gewandelt, also auch der mit dem Begriff »Erziehung« benannte Bereich. »Es würde ein falsches Bewußtsein verraten, wollte man nach wie vor hier von Erziehung sprechen in eben dem Sinne, in dem das 18. oder das bürgerliche 19. Jahrhundert diesen Ausdruck gebrauchte« (a.a.O., S. 42). Das Gesamtsystem erzieherischer Institu-

tionen wurde seitdem um Erziehungseinrichtungen neuer Art erweitert, »Einrichtungen der Gesellung Gleichaltriger, Einrichtungen der Beratung, der Unterstützung der erziehenden Generation selbst, Einrichtungen, in denen der als Person gegenwärtige und unmittelbar Einfluß nehmende Erzieher zurücktritt zugunsten eines methodischen Arrangements von Erziehungsbedingungen« (a.a.O.). Die pädagogischen Verfahren haben sich stark gewandelt: indirekte Methoden, Gruppenpädagogik und Selbstverwaltungstechniken gewannen an Bedeutung, und autoritäre Erziehungspraktiken sollten von partnerschaftlichen Umgangsformen abgelöst werden.
Diese Veränderungen darf man nicht übersehen, wollte man auch weiterhin an einer Abgrenzung gegenüber »Erziehung« festhalten; insbesondere muß dabei aber die Entwicklung einer Erziehungswissenschaft berücksichtigt werden, für die, laut Mollenhauer, von konstitutiver Bedeutung ist, »daß Erziehung und Bildung ihren Zweck in der Mündigkeit des Subjektes haben«, dem korrespondiert, daß ihr erkenntnisleitendes Interesse »das Interesse an Emanzipation ist« (1970, S. 10).
Es sei nicht anzunehmen, folgert Iben, daß sich der Sozialarbeiter in seinem Selbstverständnis von einer im Lichte eines solchen Erziehungsverständnisses interpretierbaren Sozialpädagogik absetzen müsse (vgl. 1969, S. 393). Und in der Tat deutet sich eine Entwicklung an, und zwar sowohl auf seiten der Sozialarbeit als auch auf seiten der Sozialpädagogik, eher die Gemeinsamkeiten zu betonen als das Trennende hervorzuheben.
Begünstigt wird dieser Prozeß durch das von der Frankfurter Schule propagierte Wissenschaftsideal, das nicht nur die kritische Hinterfragung bestehender sozialpädagogischer Theorie und Praxis bewirkte, sondern auch die Sozialarbeit zur Überprüfung ihres bisherigen Selbstverständnisses veranlaßte (vgl. Böttcher 1975, S. 43 f.; Otto/Schneider 1973). Und ähnlich der Sozialpädagogik definierte die an der Kritischen Theorie orientierte Sozialarbeit die gegenwärtige Theorie und Praxis als »defensive Sozialarbeit« (Otto 1973, S. 257), als einseitig »an den Normen bürgerlich-mittelständischer Verhaltensregeln« orientiert, als verankert »in ein gesellschaftlich dem Statusquo-Denken verpflichtetes Wertsystem« (Otto/Schneider

1973, Bd. I, S. 11), gerichtet auf »ein An- und Einpassen in einen gegebenen Zustand, auf Rückkehr eines Abweichlers in die von ihm (sträflich) verlassene Ordnung« (Bäuerle 1967, S. 98; vgl. Kosmale 1969).

Die Konsequenz lautet auch hier »radikale Reform« und »gesellschaftliche Neuorientierung« (Otto 1973, S. 257) entsprechend den Erkenntnissen einer auf den Begriff der »Emanzipation« ausgerichteten Sozialarbeit als Kritischer Theorie (vgl. Haag u. a. 1973). Diese Entscheidung bedingte notwendig die wachsende Einsicht, »daß wirksame Arbeit im Sinne einer Emanzipation von einzelnen und Gruppen nicht allein mit therapeutischen Methoden geschweige mit einer Hilfe durch ›Maßnahmen‹ geleistet werden kann. Zugleich muß ›Aufklärung‹ als Einleitung von Erkenntnisprozessen, als Information, als Erlernen der Wahrung eigener Interessen, als ›Bildung‹ im weitesten Sinne stattfinden« (Curriculum-Arbeitsgruppe an der Gesamthochschule Kassel 1973, S. 15).

Damit aber hat die Sozialarbeit die Jahrzehnte alten Grenzen zur Sozialpädagogik überschritten. Und auch die Sozialpädagogik ist dabei, diese Grenzen zu überschreiten: zum einen gibt sie, wie schon erwähnt, mit der Revision der Vorstellung, daß Erziehung und Bildung notwendig an bestimmte Altersgrenzen gebunden seien, mehr und mehr ihre Beschränkung auf ihre traditionelle Zielgruppe (Kinder und Jugendliche) auf, um sich auch erwachsenen und alten Menschen zuzuwenden, und zum anderen sucht sie zur Bewältigung von Sozialisationsdefiziten und -schäden auch nach sozialtherapeutischen und gesellschaftspolitischen Lösungen (vgl. Iben 1969, S. 393 ff.; Bäuerle 1973, S. 283; Pohl 1973, S. 50; Keil 1975, Sp. 969 ff.).

Diese Entwicklung, die Einsicht in die Interdependenz von Aufgaben und Problemen der Sozialarbeit und Sozialpädagogik, läßt die Autoren für die Zukunft eine Integration beider Bereiche erwarten. Noch besteht zwar kein allgemeiner Konsens, ob beide Begriffe synonym zu verwenden sind oder nur einer von beiden, und wenn, welcher dann den Gesamtbereich bezeichnet — Keil z. B. entscheidet sich für »Sozialpädagogik«, Aich für »Sozialarbeit« — oder gar beide durch einen neuen dritten ersetzt werden — Böttcher wählt hier den Begriff »Agogik« —, doch sind hier eher formale als inhaltliche Hindernisse zu überwinden.

So sind die folgenden Forderungen Pfaffenbergers weitgehend repräsentativ für den aktuellen Stand der Diskussion um das Verhältnis von Sozialarbeit und Sozialpädagogik, zumindest im Bereich kritisch-emanzipatorisch orientierter Sozialpädagogik und kritisch-emanzipatorisch orientierter Sozialarbeit:

»Die soziale und sozialpädagogische Arbeit muß ... als einheitliches Funktionssystem gesellschaftlicher Hilfen gesehen und verstanden werden ... Jede Zweiteilung, jede Trennung des Gesamtbereiches in Sozialarbeit und Sozialpädagogik zieht künstliche Grenzen, erschwert Zusammenarbeit und Weiterentwicklung und ist ein Hindernis für die Zukunft des gesamten Bereiches. Diese Zweiteilung ist historisch geworden, teils zufällig entstanden, teils aus heute überholten und nicht mehr gegebenen Bedingungen hervorgegangen. Sie ist aber heute keinesfalls mehr sachlich zu begründen und zu verteidigen« (Friedländer/Pfaffenberger 1969, S. XXXI).

Die historisch-materialistische Position der Sozialpädagogik

Die dritte Position, die gegenwärtig die theoretische Auseinandersetzung um Sozialpädagogik, ihre Struktur und Funktion, mitbestimmt, läßt sich durch die Namen Karam Khella, Walter Hollstein, Marianne Meinhold und Hartwig Zander kennzeichnen. Auch diese Autoren verstehen Sozialpädagogik und Sozialarbeit als zusammengehörigen Aufgabenkomplex, der in der wissenschaftlichen Analyse und Theoriebildung notwendig als Einheit zu betrachten ist (vgl. Khella 1974, S. 1; Hollstein 1973b, S. 9; Zander 1973, S. 233; Kappeler 1974, S. 115). Ihre eigenen Arbeiten zu diesem weitgefaßten Themenbereich erheben jedoch nicht den Anspruch, schon jene geschlossene und umgreifende Theorie der Sozialarbeit/Sozialpädagogik darzustellen, deren Fehlen immer wieder beklagt wird, sondern sind zu verstehen als Analyse von Einzelaspekten, die allerdings zugleich auch Grundsätzliches über Sozialpädagogik und Sozialarbeit aussagen wollen (vgl. Hollstein/Meinhold 1973, S. 8).
Methodologische Grundlage dieser Untersuchungen und Reflexionen ist ein dialektisch-historisches Wissenschaftsverständnis, theoretischer Bezugsrahmen eine materialistische Gesellschaftstheorie und intendiertes Ziel eine marxistische Theorie der Sozialarbeit und Sozialpädagogik.

1. Dialektischer Materialismus als methodologische Basis der Sozialarbeit/Sozialpädagogik

Die gesamte marxistische Konzeption versteht sich aus einer spezifischen gesellschaftlichen Position heraus, nämlich als Ausdruck der Bedürfnisse und Interessen der Arbeiterklasse. Daraus ergibt sich auch notwendigerweise die Einheit von Theorie und Praxis; theoretische Instrumente sind sowohl Erkenntnis- als auch Veränderungsmittel. Von Bedeutung ist auch der umfassende Erklärungsanspruch, der sich nicht beschränken läßt auf bestimmte Bereiche, sondern extensiv die dialektisch-materialistische Erklärungsweise für sämtliche Gebiete der Natur und Gesellschaft in Anwendung bringt (vgl. Lefèbvre 1971).
Die klassische Formulierung der Grundzüge des von Karl Marx und Friedrich Engels konzipierten dialektisch-historischen Materialismus findet sich in dem 1859 verfaßten Vorwort »Zur Kritik der Politischen Ökonomie«:

»In der gesellschaftlichen Produktion ihres Lebens gehen die Menschen bestimmte, notwendige, von ihrem Willen unabhängige Verhältnisse ein, Produktionsverhältnisse, die einer bestimmten Entwicklungsstufe ihrer materiellen Produktivkräfte entsprechen. Die Gesamtheit dieser Produktionsverhältnisse bilden die ökonomische Struktur der Gesellschaft, die reale Basis, worauf sich ein juristischer und politischer Überbau erhebt, und welcher bestimmte gesellschaftliche Bewußtseinsformen entsprechen. Die Produktionsweise des materiellen Lebens bedingt den sozialen, politischen und geistigen Lebensprozeß überhaupt. Es ist nicht das Bewußtsein der Menschen, das ihr Sein, sondern umgekehrt ihr gesellschaftliches Sein, das ihr Bewußtsein bestimmt. ... Mit der Veränderung der ökonomischen Grundlage wälzt sich der ganze ungeheure Überbau langsamer oder rascher um. In der Betrachtung solcher Umwälzungen muß man stets unterscheiden zwischen der materiellen, naturwissenschaftlich treu zu konstatierenden Umwälzung in den ökonomischen Produktionsbedingungen und den juristischen, politischen, religiösen, künstlerischen und philosophischen, kurz ideologischen Formen, worin sich die Menschen dieses Konfliktes bewußt werden und ihn ausfechten. Sowenig man das, was ein Individuum ist, nach dem beurteilt, was es sich selbst dünkt, ebensowenig kann man eine solche Umwälzungsepoche aus ihrem Bewußtsein beurteilen, sondern muß vielmehr dies Bewußtsein aus den Widersprüchen des materiellen Lebens, aus dem vorhandenen Konflikt zwischen gesellschaftlichen Produktivkräften und Produktionsverhältnissen erklären« (Marx 1961, S. 8 f.).

Dialektisch-materialistische Gesellschaftstheorie analysiert somit die ökonomischen Grundlagen einer bestimmten historischen Gesellschaft als deren Sein, die politischen und rechtlichen Strukturen als die Art und Weise, in der dieses gesellschaftliche Sein sich an der Oberfläche der jeweiligen Gesellschaft manifestiert, sowie das Bewußtsein, das die Menschen von sich als gesellschaftlichem Subjekt haben. Marxistische Gesellschaftstheorie ist gleichbedeutend mit Kritik der gesellschaftlichen, das heißt ökonomischen Verhältnisse; ihr terminus a quo ist der Grundwiderspruch gesellschaftlicher Produktion: die antagonistische Einheit von Arbeitsprozeß (Arbeit als materiellem Inhalt) und Verwertungsprozeß (Arbeit als gesellschaftlicher Form). Denn die formalen Bedingungen der Produktion gesellschaftlichen Reichtums verkehren den materiellen Prozeß der Erzeugung und Erhaltung gesellschaftlichen Lebens, den aktiven Stoffwechsel von Mensch und Natur, zu Bedingungen der Verelendung gesellschaftlicher Arbeit. Die bürgerliche Form gesellschaftlicher Arbeit ist das Sein einer Gesellschaft, für die »Entfremdung« wesenhaft ist: unter den Gegebenheiten von Lohnarbeit und Kapital werden das Produkt der Arbeit sowie der Akt der Produktion für den Lohnarbeiter zu etwas Fremdem, Äußerlichem, was unmittelbar einhergeht mit seiner Selbstentfremdung, dem Verlust seiner selbst, und der Entfremdung vom Mitmenschen; es entfremdet sich der Mensch vom Menschen (vgl. Marx 1966; zum Begriff Entfremdung Israel 1972).
Gemäß dem Axiom, daß Sein Bewußtsein impliziert, machen die marxistisch orientierten Theorieansätze zur Sozialpädagogik/Sozialarbeit die Frage nach den ökonomischen Bedingungen als den objektiven Mechanismen von Dissozialität und Verelendung zum Ausgangspunkt ihrer Reflexion. »Das Verständnis sozialer Prozesse und Entwicklungsverläufe in einem gegebenen System setzt«, so Khella, »eine Gesellschaftsanalyse voraus« (1974, S. 19). Gesellschaftsanalyse ist dabei gleichbedeutend mit Klassenanalyse (vgl. Kappeler 1974, S. 116; Hollstein 1973a, S. 179), das heißt, die Autoren gehen davon aus, daß die Gesellschaft der Bundesrepublik wesenhaft zu charakterisieren sei durch das Bestehen von Gruppierungen, die durch ökonomisch bedingte soziale Schranken mehr oder minder grundsätzlich voneinander getrennt sind.

»Das gesellschaftliche System der Bundesrepublik ist vom Phänomen des *Kapitals* geprägt, dessen Gegensatz die *Lohnarbeit* ist. Ihr Verhältnis bezeichnet den Grundwiderspruch der kapitalistischen Gesellschaft, der darin besteht, daß zwar allgemein produziert, das Resultat gesellschaftlicher Arbeit aber nur privat akkumuliert wird« (Hollstein 1973a, S. 171).

Dieser Grundwiderspruch, so Hollstein, personifiziert sich in den einander antagonistisch gegenüberstehenden beiden Hauptklassen der Kapitaleigner und der Lohnabhängigen (vgl. a.a.O., S. 179). Als kennzeichnende Merkmale der Klassenlage der Arbeiterschaft nennt er Machtlosigkeit und Unsicherheit als Folge ihrer allgemeinen Besitzlosigkeit. Die grundsätzliche Unsicherheit wird zur desolaten Situation, wenn Arbeitsschwierigkeiten, Entlassung, Krankheit, Schulden oder Verteuerung der Monatsmiete auftreten, Ereignisse somit, gegen die keine Arbeiterfamilie gefeit ist. Das aber heißt für Hollstein, daß die Möglichkeit der Deklassierung und damit der Verelendung »der Arbeiterexistenz je immanent« ist (vgl. a.a.O., S. 182 ff.).

Auch für Khella besteht ein unmittelbarer Zusammenhang zwischen den Bedingungen der Arbeit sowie dissozialen und defizitären Erscheinungsformen. Nachdem er, ähnlich wie Hollstein, sehr ausführlich Material über die finanzielle Lage und die Arbeitssituation der Lohnabhängigen (Unsicherheit des Arbeitsplatzes, Akkordlohn, Fließbandarbeit, Schwerarbeit, Nacht- und Schichtarbeit, Betriebsunfälle, Berufskrankheiten, Frühinvalidität) dargeboten hat, kommt er zu dem Schluß, daß die Ursachen für die Entstehung und Ausbreitung sozialen Elends nicht subjektive, das heißt selbstverschuldete Faktoren seien, sondern objektive, das heißt systemimmanente, produktionsbedingte Widersprüche (vgl. Khella 1974, S. 145).

»Die materielle Lebensgrundlage der Menschen gibt den Ausschlag dafür, wie die anderen Aspekte ihres Lebens vorbestimmt und entfaltet werden. Die Darstellung der konkreten Arbeits- und Lebensfaktoren der tätigen Bevölkerung zeigt, daß die Deformierung ihrer Existenzgrundlagen im Produktionsprozeß selbst begründet ist. Das Betriebsleben zeigt Punkt für Punkt die systematische physische und psychische Zerstörung der arbeitenden Menschen. Der Arbeiter ist einem System unterworfen, dessen zermürbende Motorik sich nicht auf den Arbeitstag beschränkt. Er wird in ständiger Angst und Unsicherheit gehalten. Die Freiheitsgrade, in denen sich Fluchtmöglichkeiten des einzelnen bewegen können, sind gegen die objektiven Faktoren minimal bemessen« (a.a.O., S. 68).

Bezeichnendes Merkmal der Gruppen, die in den Zustand gesellschaftlichen Elends gerieten — hier nennt Khella »Obdachlose, Straffällige, Fürsorgezöglinge und andere Gruppen« (a.a.O., S. 97) —, sei die Tatsache ihres völligen oder zeitweiligen Herausfallens aus dem Produktionsprozeß:

»Ihre Einkünfte sinken unter Wert, d. h. sie reichen nicht mehr für die Reproduktion aus. Die Betroffenen geraten unter das Existenzminimum. Ursachen für diese Entwicklung können verschiedener Natur sein: Arbeitslosigkeit, Kurzarbeit, Straffälligkeit, Invalidität, längere Krankheit, Steigerung der Lebenshaltungskosten ... ohne parallele Lohnerhöhung u. a. m. Mit dem Herausfallen aus dem Produktionsprozeß und der damit verbundenen Verknappung der Mittel können diese Menschen ihren an Kosten gebundenen Verpflichtungen nicht mehr nachgehen. Sie werden sozialauffällig und sozialabhängig. Bei Zahlungsunfähigkeit wird ihnen der Wohnraum gekündigt. Bei ihrer Umsiedlung in ein Obdachlosenlager fallen sie zudem aus der Wohngemeinschaft heraus. Es handelt sich also um eine umfassende Entwicklung, die auf alle Bereiche ihres Lebens übergreift« (a.a.O., S. 98).

Diesen Prozeß bezeichnet Khella als Deklassierung. *»Deklassiertes Proletariat ist die Schicht von Arbeitern, die aus dem ökonomischen, sozialen und kulturellen Zusammenhang ihrer Klasse herausfallen«* (a.a.O.).
Erklärungsmuster für Dissozialität ist somit »Deklassierung«, das heißt »klassenspezifische Verelendung« (a.a.O., S. 32 ff. und S. 98 ff.), ursächlich bedingt durch die Ausgliederung aus dem Produktionsprozeß. Doch kann Khella nicht umhin zu konstatieren, daß auch Bevölkerungsteile außerhalb der Arbeiterschaft von sozialer Not betroffen sind, sozial auffälliges oder abweichendes Verhalten zeigen. »Es handelt sich um sozialbedingte, durch die politische Ökonomie des Kapitalismus verursachte Verelendungserscheinungen: Alkoholismus, Drogensucht und Aggressivität leiten sich nicht vom unmittelbaren Produktionsprozeß, sondern von gesamtgesellschaftlichen Umständen ab« (a.a.O., S. 34). Diese nichtproletarische Verelendung wird zurückgeführt auf den Warencharakter der Zwischenmenschlichkeit, die Atomisierung der sozialen Teilnehmer sowie die Desorganisation der sozialen Strukturen. Als Überbau der ökonomischen Strukturen, das heißt als abhängige Größen, verweisen diese Erscheinungen jedoch für Khella mittelbar auf die Poduktionsbedingungen (vgl. a.a.O., S. 146). Jegliche Form von Dissozialität gründet

somit direkt oder indirekt letztlich in den Produktionsverhältnissen, in dem Widerspruch von Lohnarbeit und Kapital.

2. Sozialpädagogik und Sozialarbeit als Funktion des bürgerlichen Staates

Gemeinsames Resultat der von den einzelnen Autoren vorgenommenen Gesellschafts- bzw. Klassenanalyse ist die Bestimmung von Sozialarbeit und Sozialpädagogik als Funktion des bürgerlichen Staates, als dessen Reaktion auf das Sein einer Gesellschaft, in der die Lebensrechte und Entfaltungsmöglichkeiten einer großen Zahl von Menschen als Klasse durch die objektiven sozio-ökonomischen Bedingungen erheblich eingeschränkt sind. Sozialpädagogik/ Sozialarbeit wird definiert »als Instrument ..., als Teil des umfangreichen Steuerungs- und Kontrollsystems ›Staat‹ ..., dessen Aufgabe die Absicherung und die Förderung der ›Weiterentwicklung‹ der kapitalistischen Gesellschaft ist« (Arbeitskreis kritischer Sozialarbeiter 1973, S. 226).

Diese generelle Aufgabe läßt sich, so Kappeler, in folgende Bereiche unterteilen:

a) »Der Staat hat die Reproduktion des Proletariats zu sichern — dem Kapital zu garantieren —, weil die Ausbeutungsfähigkeit der Ware Arbeitskraft eine entscheidende materielle Grundlage der kapitalistischen Gesellschaft überhaupt ist« (1974, S. 120). Hier gründeten im wesentlichen alle Maßnahmen zur »sozialen Sicherung« der Masse der Bevölkerung, aus dieser Wurzel seien auch die sozialpädagogischen Maßnahmen herzuleiten, die als direkte Unterstützung proletarischer Familien wirksam werden.

b) »Die innere Absicherung der Klassenherrschaft ›in den Köpfen‹ der Menschen (Marx) durch die Vermittlung der bürgerlichen Ideologie — die Produktion gesellschaftlich notwendig falschen Bewußtseins ist eine weitere wichtige Funktion des bürgerlichen Staates« (a.a.O., S. 120 f.). Sie zielt auf die Sicherstellung von Loyalität der unterdrückten Klassen mit dem System der Unterdrückung, wozu auch die ständige notdürftige Legitimation dieses Staates als »Sozialstaat« gehört. Sozialpädagogik hat nach Kappeler in diesem Kontext »die Aufgabe, überall dort, wo die

menschenzerstörenden Auswirkungen dieser Gesellschaft deutlich zu Tage treten und ihren Gewaltcharakter offenbaren, mit sozialpädagogischen und fürsorgerischen Strategien ›die Sorge des Staates um die in individuelle Not geratenen einzelnen‹ zu dokumentieren und damit die Sozialstaats-Illusion einerseits und das Individual-Schuld-Theorem andererseits zu reproduzieren« (a.a.O., S. 121).
c) »Die direkte Sicherung der Klassenherrschaft durch unmittelbare Unterdrückung und Abschreckung vermittels des staatlichen Gewaltapparats« (a.a.O., S. 121) nennt Kappeler als dritten wesentlichen Aufgabenkomplex des Staates. Nach seiner Auffassung steht eine ganze Fülle von sozialpädagogischen Maßnahmen in direktem Bezug zu dieser Funktion: Familienfürsorge, Heimerziehung und Jugendstrafvollzug sind ihm Beispiele für Kontrolle, Selektion und Stigmatisierung (vgl. a.a.O.).
Ganz ähnlich bestimmt auch Hollstein die Funktion der von Sozialarbeit und Sozialpädagogik ausgeführten Hilfeleistungen:

»Die ökonomische Funktion dieser Hilfeleistung besteht darin, die Reproduktion der Arbeitskraft im kapitaladäquaten Maßstab zu gewährleisten. Die soziale Funktion läßt sich im Versuch des Staates resümieren, mit den gesetzlichen Fürsorgemaßnahmen die bestehenden Klassenunterschiede und die daraus erwachsenden Diskriminierungen zu mildern. Die politische Funktion der Hilfe muß darin gesehen werden, daß der Staat zur Stabilisierung der gegebenen Machtverhältnisse einen Zustand ›sozialen Friedens‹ herzustellen versucht, indem er auch die Bedürfnisse der Armen ›befriedigt‹« (Hollstein 1973a, S. 189).

All diese Funktionszuweisungen sehen die ökonomische Funktion von Sozialarbeit und Sozialpädagogik somit nur mittelbar. Sozialarbeit/Sozialpädagogik hat gemäß dieser Aussagen ihren Ort primär im Reproduktionsbereich; innerhalb dieses Bereiches dominiert ihre Integrationsfunktion (vgl. Hollstein 1973a, S. 189). Sie ist ein Medium des Staates, das zwischen den Klassen vermitteln soll, und reiht sich ein in die Kette der Maßnahmen der Redistribution (Sozialversicherung und andere Sozialleistungen), »deren Intention es ist, den ›sozialen Frieden‹ im Sinne des Kapitals zu sichern, d. h. also ohne die Grundwidersprüche des Systems aufzuheben« (a.a.O., S. 190). Dabei ist sie, so Hollstein, zugleich »Agentur der sozialen Kontrolle«, die, sobald die strikte Beachtung der offiziellen Normen gefährdet erscheint, ihre Klientenschaft in Kontakt bringt mit den therapeutischen Organen der Fallhilfe, der Psychiatrie, der Erziehungsstätten respektive den punitiven Organen der Heime, Gefängnisse oder Strafjustiz: »Diese Kontrollfunktion ... wird freilich generell als Hilfeleistung ausgegeben, wobei in der Tat bei der Sozialarbeit im Gegensatz zu der Polizei und Justiz ein Mixtum von *Assistenz und Repression* entsteht, dessen genaue Verbindungslinien nicht immer exakt bestimmbar sind« (a.a. O., S. 190 f.).

Dieses Mixtum von Beistand und Unterdrückung dokumentiert sich für Hollstein sowohl in der materiellen als auch in der immateriellen Form der Hilfe. Die finanzielle Hilfe sei so bemessen, »daß sie dem Klienten gerade das Nötigste gibt, um überleben zu können«, sie »ist so beschaffen, daß sie ja niemanden anlockt, aber alle degoutiert« (Hollstein 1973a, S. 199 f.; vgl. Zander 1973, S. 240). Die immaterielle Hilfe, insbesondere die gesamte öffentliche Jugendfürsorge, diene »der herrschenden Schicht als *zuverlässiges Mittel zur Erhaltung des gesellschaftlichen Status quo*«. Sie sei »Agent des bestehenden Rechtssystems«, dessen Aufgabe die Anpassung der Individuen an gesellschaftliche Normen sei, und zwar mittels »Überredung oder Überzeugung und Bekehrung«, das heißt durch Formen »manipulativer« Einflußnahme, so »daß die Personen, die durch diesen Einfluß kontrolliert werden, sich dieser Tatsache nicht bewußt werden, sondern der Ansicht sind, daß das, was sie tun, selbst bestimmt ist« (Hollstein 1973a, S. 193 f.).

Die repressive Adaption wird verstärkt durch die Bedrohung der Exklusion bei abweichendem Verhalten. So hat die strafende Ausschließung des Delinquenten für den »Normalen« einmal die Bedeutung, man müsse sich angepaßt verhalten, um negative Sanktionen zu vermeiden; zum anderen kann er daraus die Bestätigung ableiten, selbst auf dem rechten Weg zu sein:

»›Moralische Entrüstung gegenüber Abweichenden dient dazu, die Gerechten von einem Gefühl der eigenen Schuld und Unwürdigkeit zu befreien und trägt dazu bei, ihre moralische Identität zu stützen‹ (Coser 1968, S. 24). So teilt die Strafe die Gesellschaft in Gut und Böse ein. Der sozio-ökonomische Widerspruch von Kapital und Lohnarbeit kaschiert sich im moralischen von Wohlverhalten und Abweichung. ... Solche Ablenkung von den wirtschaftlichen Trennungslinien in der kapitalistischen Gesellschaft stärkt diese und wirkt also herrschaftsstabilisierend. Gewissermaßen entsteht so die Gemeinschaft der Guten, Ordentlichen und Fleißigen, zu der Kapitalist und Lohnarbeiter je zusammen gehören; ihr gemeinsamer Feind ist der Böse, Unordentliche und Faule, vor dem sich die Guten zu eigenem Nutz und Frommen schützen müssen« (Hollstein 1973a, S. 203 f.).

Zusammenfassend bestimmt Hollstein — und trifft damit die Auffassung auch der anderen, Marx und seiner Lehre verpflichteten, Autoren — die Hilfeleistung von Sozialarbeit/Sozialpädagogik »als *Helfersdienst* für die bestehende Herrschaft«. Nicht das Interesse der Klienten bestimme die gegenwärtige Sozialarbeit/Sozialpädagogik, »sondern jenes ganz andere des Kapitals. Beiden ist indessen mehr gemeinsam als nur der Anfangsbuchstabe K; ihre Beziehung ist mehrheitlich eine kausale: Kapital schafft Klienten« (Hollstein 1973a, S. 204; vgl. Kappeler 1974, S. 121; Khella 1974, S. 149 ff.; Zander 1973, S. 240).

3. Aufgaben und Ziele einer marxistisch orientierten Sozialarbeit/Sozialpädagogik

Die Einsicht in den sozialstrukturellen Ursachenzusammenhang von kapitalistischem Gesellschaftssystem und abweichendem Verhalten, sozialem Elend und Deklassierung sowie die Funktionsbestimmung von gegenwärtiger Sozialarbeit/Sozialpädagogik als Instrument des Staates in seiner Eigenschaft als Repräsentant und Ausführendem der Kapitalinteressen bedingten sowohl eine Ablehnung jeglicher institutionalisierter Sozialarbeit / Sozialpädagogik (vgl. Hollstein 1973b, S. 42 f.) als auch die Konzeption einer bewußt antikapitalistischen Sozialarbeit/Sozialpädagogik, die ihre Ziel- und Aufgabenstellung aus dem »eigenen Interesse«, dem »*objektiven* Interesse« derer herzuleiten beansprucht, »die auf die Sozialarbeiter/Sozialpädagogen angewiesen sind« (Zander 1973, S. 233 und S. 262; vgl. Kappeler 1974, S. 121; Khella 1974, S. 149).
Da nach materialistischem Verständnis Dissozialität ebenso wie rein materielle Not mehr oder weniger unmittelbar auf das ökonomische System, auf die Produktionsweise einer kapitalistischen Gesellschaft rückführbar sind, subjek-

tive Faktoren hierbei allein untergeordnete Bedeutung haben, kann in der Auffassung marxistischer Sozialarbeit/ Sozialpädagogik soziales Elend auch nur überwunden werden »durch politische, umfassende, gesellschaftsverändernde Praxis« (Khella 1974, S. 145). »Der Veränderung der Lage der Gesellschaftsmitglieder (muß) eine Veränderung der sozial-ökonomischen, klassengebundenen Bedingungen vorausgehen« (a.a.O., S. 19), fordert Khella. »Sozialreformen im Kapitalismus bringen keine substantielle Verbesserung der Lebensbedingungen« (a.a.O., S. 153), dazu bedarf es vielmehr einer Veränderung der Arbeits- und Produktionsbedingungen, das heißt eines grundlegenden Wandels der Wirtschafts- und Gesellschaftsform. Denn, und darin besteht Einigkeit bei dieser Position von Sozialpädagogik/Sozialarbeit, »Sozialarbeit ist so alt wie die Klassengesellschaft und wird so lange existieren, wie die Klassen bestehen. Die Aufgabe aller fortschrittlichen Sozialarbeit ist, sich selbst überflüssig zu machen, sich aufzuheben. Dies bedeutet, daß Sozialarbeit in dem Maß fortschrittlich ist, wie sie den Kampf gegen das System, das soziales Elend produziert, unterstützt« (Khella 1974, S. 158).

Damit ist das allgemeine Richtziel genannt: Sozialarbeit/ Sozialpädagogik ist Kampf gegen soziales Elend und als solcher Teil des Klassenkampfes. »Sozialarbeit und Sozialpädagogik kommt es darauf an, sich in die Klassenbewegung zu integrieren« (Khella 1974, S. 27), denn sie geht davon aus, daß »nur der anhaltende, langandauernde und auf das strategische Ziel der Arbeiterbewegung bezogene Kampf« bleibenden Erfolg verspricht (a.a.O., S. 154). Ihr obliegt jedoch nicht, die Arbeiterschaft zu organisieren oder spezifische politische oder gewerkschaftliche Funktionen auszuführen, sondern sie hat die Aufgabe, »Bewußtsein vom sozialen Elend und von der Deklassierung, die jeden Werktätigen bedrohen, in die Arbeiterbevölkerung und besonders in die Arbeiterorganisationen zu tragen« (a.a. O., S. 27). Sie macht, so Zander, »das Grundverhältnis der Ausbeutung den Beteiligten unmittelbar sinnfällig« (Zander 1973, S. 261). Sie will Lernprozesse initiieren, die ein Begreifen der eigenen widersprüchlichen Lage bewirken, in der Hoffnung, daß »in der Erfahrung einer Lage, die, unkorrigiert, immer unerträglicher werden

müßte, sich das Proletariat eines tiefer liegenden objektiven Verhältnisses bewußt (wird); vom Lageerlebnis schreitet es fort zum Klassenhandeln« (a.a.O.).
Marxistische Sozialarbeit/Sozialpädagogik leistet somit einen Beitrag zur Veränderung der Arbeiterklasse von einer Klasse »an sich« zu einer Klasse »für sich«, einer Klasse, die ein subjektives Bewußtsein der eigenen Interessenlage hat, das Klassenbewußtsein, welches die gemeinsamen Interessen als Klasseninteressen erkennt, die es im politischen Kampf durchzusetzen gilt.
Die primäre Aufgabe von Sozialarbeit/Sozialpädagogik liegt somit nicht in der eigenen tätigen Beseitigung sozialer und persönlicher Not, sondern in der Aktivierung und Mobilisierung der Masse zu Gemeinschaftshandeln. »Den eigentlichen Kampf gegen soziales Elend führt die Arbeiterklasse«, heißt es bei Khella (1974, S. 147), ihr ist Sozialarbeit/Sozialpädagogik untergeordnet, an ihren Zielen orientieren sich sozialpädagogische Handlungsstrategien.
Da nach Khellas Auffassung »Emanzipation, Selbstverwirklichung und allseitige Entfaltung des Menschen erst nach Überwindung des Kapitalismus eintreten« kann (Khella 1974, S. 155), ist es wenig sinnvoll, sich unter kapitalistischen Bedingungen für die Realisierung dieser Ziele einzusetzen. Erziehung zu Freiheit und Mündigkeit im bestehenden System gilt als unmöglich — Erziehung im Kapitalismus ist Erziehung zum Kapitalismus (vgl. a.a.O., S. 156) —, pädagogischen Interventionen wird ein gesellschaftsveränderndes Potential abgesprochen. »Die Erziehung folgt der historischen Veränderung, geht ihr aber nicht voraus« (Zander 1973, S. 156). Auch hier ist die Sozialpädagogik an die gesamtgesellschaftliche Bewegung gebunden; wichtiger als Erziehung ist politischer Kampf.
Damit schiebt sich der Aufgabenkomplex der Sozialarbeit/Sozialpädagogik eindeutig in den politischen Bereich, in die Sphäre politischer bzw. revolutionärer Agitation. Im Rahmen des allgemeinen Klassenkampfes übernimmt Sozialpädagogik/Sozialarbeit die Funktion der Solidarisierung ihrer Adressaten mit der produktiven Arbeiterschaft. Ihr Ziel ist *»die Reintegration* [des Klienten] *in den Arbeitsprozeß«* (Khella 1974, S. 98; vgl. Zander 1973, S. 262), seine Rückgliederung »in den ökonomischen, sozialen, gewerkschaftlichen, politischen und kul-

turellen Zusammenhang seiner Klasse« (Khella 1974, S. 152) und damit »die Wiederherstellung der Klassensolidarität« (a.a.O., S. 146). »Allein diese Strategie«, so Khella, »vermag es, ... die Lage der Deklassierten wirksam zu verändern« (a.a.O., S. 27). Erst die politische Selbstorganisation der Klienten (vgl. Hollstein 1973b, S. 43), deren aktive Teilnahme an den Kämpfen ihrer Klasse (vgl. Khella 1974, S. 152), läßt die wirkliche, das heißt die »gesellschaftspolitische Lösung des Problems der Armut« (Zander 1973, S. 243) erwarten und damit die Überwindung von Verelendung und Deklassierung.

Marxistische Sozialarbeit/Sozialpädagogik arbeitet demnach mit am Sturz der bestehenden Gesellschaftsordnung, ihre Fortschrittlichkeit wird bemessen an ihrem Beitrag zum solidarischen Kampf des Proletariats; ihr Ziel ist erreicht mit dem Ende der Klassengesellschaft als der Ursache sozialen Elends.

Literaturhinweise

Kritischer Rationalismus: Albert 1956, 1962, 1967a, 1967b, 1972; Brezinka 1971; Popper 1971; Topitsch 1966.
Konzepte kritisch-rationalistischer Sozialpädagogik/Sozialarbeit: Rössner 1971, 1973, 1977.
Kritische Theorie: Habermas 1963, 1968a, 1968b, 1969; Habermas/Luhmann 1971; Horkheimer 1968, 2 Bde.; Klafki 1971a, 1971b.
Konzepte kritisch-emanzipatorischer Sozialpädagogik: Giesecke 1973b; Iben 1969; Keil 1975; Mollenhauer 1973.
Dialektischer Materialismus: Israel 1972; Lefèbvre 1971; Marx 1961, 1966; Marx/Engels 1972
Konzepte historisch-materialistischer Sozialpädagogik/Sozialarbeit: Hollstein/Meinhold 1973; Kappeler 1974; Khella 1974; Zander 1973.
Konzepte der Fürsorge: Arlt 1958; Scherpner 1962.
Konzepte der Sozialarbeit: Barabas u. a. 1975; Bäuerle 1967; Otto/Schneider 1973, 2 Bde.
Verhältnis Sozialpädagogik – Sozialarbeit: Böttcher 1975; Tuggener 1971.
Social work: Smalley 1974; Tuggener 1971.

5. Kapitel
Bilanz und Ausblick

War die vorangehende Analyse älterer und neuerer Konzepte der Sozialpädagogik darauf gerichtet, zu einem angemessenen Verständnis der einzelnen Positionen zu gelangen, und zwar sowohl hinsichtlich ihres jeweiligen Selbstverständnisses als auch im Hinblick auf ihre Zusammenhänge mit gesamtgesellschaftlichen Prozessen und Strukturen, soll nun versucht werden, die am Anfang gestellte Frage zu beantworten, welche der vorliegenden Konzepte angemessen oder nicht angemessen sind. Kriterium für die Überprüfung ist dabei, wie bereits in der Einleitung erläutert, das Leitziel der Emanzipation, und zwar einer Emanzipation, der es ebenso um die subjektive Befreiung aus autoritärer Psychostruktur geht wie um die Aufhebung unangemessener Macht- und Herrschaftsansprüche auf allen Ebenen gesellschaftlichen Lebens. Im Anschluß an diese Überprüfung sollen thesenhaft die wesentlichen metatheoretischen Voraussetzungen einer auf Emanzipation gerichteten Theorie der Sozialpädagogik skizziert werden.

Kritische Einschätzung der Theorien zur Sozialpädagogik

Die Gegenüberstellung der sozialpädagogischen Konzepte um die Jahrhundertwende mit den sozio-ökonomischen Gegebenheiten jener Zeit machte deutlich, daß diese theoretischen Ansätze an dem Interesse des privilegierten Teils der Gesellschaft orientiert waren, gerichtet auf Integration der unteren Volksschichten in das gegebene System. Damit gingen diese Theorien nicht nur an den Bedürfnissen ihrer Adressaten weitgehend vorbei, sondern waren in ihrer Zielsetzung teilweise sogar gegen sie gerichtet.
Von besonderem Gewicht ist dabei das im Mittelpunkt der sozialpädagogischen Intentionen stehende Gemeinschaftsverständnis, dessen verschleiernde, eine realistische Wahrnehmung eigener gesellschaftlicher Wirklichkeit behindernde Funktion sich nachweisen ließ. Eine Sozialpädagogik jedoch, deren zentraler Begriff nicht erkenntnisför-

dernd, sondern -hemmend wirkt, der ein Mehr an Aufklärung eher erschwert als begünstigt, steht einer Emanzipation ihrer Adressaten entgegen. Denn die Verwirklichung von Mündigkeit und Selbstbestimmung ist abhängig von der Einsicht in die Bedingungen des eigenen Daseins, ist notwendig gebunden an eine realistische Sicht bestehender Strukturen und Prozesse.

Eine Sozialpädagogik, die berechtigtes Streben nach gesellschaftlicher Teilhabe und politischer Gleichberechtigung ernst nimmt, wird sich daher nicht an Begriffen orientieren dürfen, durch die eine Erfassung gegebener Abhängigkeiten, Macht- und Herrschaftsverhältnisse verstellt ist. Dies bedeutet keine generelle Abwertung der damals sozialpädagogisch begründeten Forderung nach gleicher Bildung für alle Schichten, denn damit wurde durchaus ein erster Schritt zur Überwindung gesellschaftlicher Gegensätze getan. Heutige Sozialpädagogik kann dies als Hinweis nehmen für die Notwendigkeit subjektiver, an Bildung im Sinne umfassender Aufklärung gebundene Emanzipation als eine Bedingung gesellschaftlicher und politischer Emanzipation. Doch müssen, und auch dies wurde deutlich, die vermittelten Bildungsinhalte auf die Lebenssituation ihrer Adressaten bezogen sein, wenn sie wirkliche Orientierungshilfe geben und zur Erkennung und adäquaten Formulierung eigener Interessen beitragen wollen. Wird jedoch wie bei Natorp und den ihm gleichgesinnten Pädagogen Bildung einseitig an den Kulturgütern eines Standes ausgerichtet, kann die der Bildung potentiell innewohnende innovatorische Kraft für die unterprivilegierten Schichten nicht zum Tragen kommen. Bildung steht dann nicht im Dienste der Veränderung, dem Abbau von Ungleichheit und Unterprivilegierung, sondern wird so zu einem retardierenden Moment im Prozeß fortschreitender Emanzipation.

Sozialpädagogik im Natorpschen Verständnis sollte daher der Vergangenheit angehören, ihre konstitutiven Begriffsinhalte »Erziehung und Bildung durch Gemeinschaft zur Gemeinschaft« sollten einer auf Emanzipation gerichteten Sozialpädagogik suspekt sein und kritische Wachsamkeit wecken gegenüber denen, die auch heute noch direkt oder indirekt eine Sozialpädagogik auf diesen Bedeutungen aufbauen.

In diesem Sinne war die Hinterfragung der in den fünfziger und sechziger Jahren konzipierten Sozialerziehung von besonderem Belang, da sowohl die von ihr benutzte Terminologie als auch die damit gefaßten Inhalte eine deutliche Verwandtschaft zu Natorpschem Gedankengut aufwiesen. So verdiente vor allem die Reaktualisierung des Gemeinschaftsbegriffs als Zentralbegriff dieser Konzepte erhöhte Aufmerksamkeit.
Wie aufgezeigt werden konnte, erfolgte die Wiederaufnahme des auf Natorp zurückgehenden Entwicklungsstranges von Sozialpädagogik ohne eine Berücksichtigung der im Bereich der Soziologie, aber auch der Pädagogik (vgl. Wilhelm 1958), nachdrücklich geäußerten Vorbehalte gegen die Kategorie der Gemeinschaft. Die Ideologielastigkeit des Gemeinschaftsdenkens wurde nicht erkannt, und so kam es auch nicht zu der daraus notwendig resultierenden Distanzierung von diesen Bedeutungsgehalten. Die an Natorp geübte Kritik trifft damit grundsätzlich auch die Autoren der Sozialerziehung.
Damit soll nicht gegen die Forderung nach sittlich verantworteter Lebensführung, nach bewußter Mitmenschlichkeit geredet werden, auch nicht gegen die Weckung positiver Wertschätzung demokratischer Ideale durch eine sozialpädagogische Erziehung — dies sind wichtige und anzuerkennende pädagogische Aufgaben —, sondern die Bedenken richten sich gegen die Postulierung eines Gesellschaftsbildes, das bestehende Gegensätze und Konflikte schlicht negiert, sowie gegen die Vermittlung von Werten und Normen, die einem solchen einseitigen Gesellschaftsbild, nicht aber der Realität entsprechen. Die Implikationen dieser sozialerzieherischen Zielsetzung für die in der Gesellschaft Benachteiligten wurden ausführlich dargestellt, so daß die Ablehnung dieser Position als ein der Gegenwart angemessenes Verständnis von Sozialpädagogik hinreichend begründet erscheint.
Methodologisch betrachtet handelt es sich bei der Natorpschen und den im Anschluß daran entworfenen sozialpädagogischen Konzeptionen um ontologisch-normative Theorieansätze: Werte und Normen werden als Seinsvorgabe postuliert, ihre gesellschaftliche Komponente, ihr Gebundensein an bestimmte soziale und politische Verhältnisse bleiben weitgehend unberücksichtigt, und zwar sowohl im

Entstehungs- wie auch im Begründungszusammenhang. Werte jedoch, die nicht der Wirklichkeit, der Erfahrung, ausgesetzt werden, stehen nicht nur in der Gefahr, ihren heuristischen, die Erfahrung kontrollierenden Charakter zu verlieren, sondern ohne die Reflexion im Kontext konkreter gesellschaftlicher Funktionszusammenhänge wird das Sein-Sollende auch leicht zur Ideologie.
Demgegenüber entwickelte Nohl eine Sozialpädagogik, die ihre richtungweisende Idee, ihr Leitziel, nicht in Loslösung von der gesellschaftlichen Wirklichkeit empfing, sondern die sich verstand als Ausdruck und Konkretisierung der dieser Wirklichkeit zugrunde liegenden Struktur und ihres Sinns. Als Theorie einer Praxis für die Praxis, als Klärungsinstanz ihrer Probleme und Schwierigkeiten, stand sie in ständigem Dialog mit der Praxis und teilte die Verantwortung des Praktikers, dem sie Entscheidungshilfe bot, ohne ihn zu bevormunden.
Während ein ontologisch-normatives Theoriemodell als von seinem Ansatz her potentiell ideologiegefährdet abgelehnt wird, berücksichtigt die hermeneutische Vorgehensweise Nohls wesentliche Aspekte, die einer emanzipatorischen Theoriebildung förderlich erscheinen. Insbesondere der Aspekt, daß es hier nicht um ein realitätsfernes Theoriekonstrukt ging, sondern um einen wissenschaftlichen Bezugsrahmen für bereits bestehende, aber auch für erst noch zu entwickelnde sozialpädagogische Maßnahmen und Institutionen, um eine Reflexionsinstanz ihrer Motive und Energien, legt es nahe, dieser Position gesellschaftskritische Potenz zuzuschreiben.
So gelang es Nohl in der historischen Analyse, die Motive, die zur Arbeit an der Jugend geführt haben, als politische, konfessionelle und wirtschaftliche aufzudecken und sie für die Gegenwart zurückzuweisen hinter die erzieherische Motivation, das »rein Pädagogische«, dessen Autonomie ausdrücklich hervorgehoben wird. Damit wurde – und dies ist das große Verdienst Herman Nohls für die Entwicklung der Sozialpädagogik – in die Theorie und Praxis der Jugendwohlfahrt ein Maßstab eingeführt, der, zumindest dem Anspruch nach, den Interessen des Staates, der Wirtschaft und der Kirche an der Jugend entgegentrat und sich einsetzte für die Lebensrechte des Kindes um seiner selbst willen. Diesem Wandel sollte der Terminus Sozialpädago-

gik Ausdruck geben: der Hinwendung zum Heranwachsenden, der Orientierung an seinen Bedürfnissen und Ansprüchen unabhängig von politischen und wirtschaftlichen Überlegungen.

Hier liegt eine entscheidende Voraussetzung emanzipativer Sozialpädagogik: ihre Unabhängigkeit, ihre kritische Distanz gegenüber allen Mächten, die den Menschen, sei es Kind oder Erwachsener, für sich vereinnahmen, den eigenen Interessen unterordnen wollen. Die Schwäche der Nohlschen Konzeption liegt darin, daß dieser Anspruch im wesentlichen theoretisch blieb. Seine praktische Realisierung wurde dadurch behindert, daß die rein hermeneutische Reflexion *verdeckte,* darum aber nicht minder massive Machtansprüche und Ideologien der Praxis nicht hinreichend aufdecken konnte. Emanzipatorische Theoriebildung sollte daher stets im Auge haben, daß das Verstehen gesellschaftlicher Wirklichkeit die Analyse sozialer, politischer und ökonomischer Zusammenhänge notwendig mit einschließt, daß Hermeneutik der Ergänzung bedarf durch Ideologiekritik.

Neben der Einführung einer eigenständigen Idee, dem spezifisch pädagogischen Maßstab für den Bereich der Jugendwohlfahrt, haben im wesentlichen zwei Zielsetzungen der Nohlschen Konzeption Bedeutung für ein gegenwärtiges Verständnis sozialpädagogischer Aufgabenstellung: zum einen die nachdrückliche Forderung, sich nicht mit der Korrektur bereits aufgebrochener Schäden, schon bestehender Not und Verwahrlosung zu begnügen, sondern das Gewicht auf die Prophylaxe, die vorbeugende Jugendpflege im weitesten Sinne, zu legen, und zum anderen der Hinweis, daß materielle Zuwendungen ohne pädagogische Hilfe dem Menschen nicht gerecht werden.

So wird emanzipative Sozialpädagogik sich nicht in die Rolle der sozialen Feuerwehr drängen lassen, die erst eingreift, wenn das Unglück bereits geschehen ist — obwohl auch dies sicher eine notwendige Aufgabe bleibt —, sondern vor allem dahingehend wirksam werden, das Unglück zu verhindern. Auch die Notwendigkeit der Koppelung materieller und pädagogischer Hilfsmaßnahmen sollte gegenwärtige Sozialpädagogik nicht außer acht lassen: Wenn Nohl auch die individuelle, im Charakter begründete Komponente von Not und Elend etwas stark hervorhob,

wenn er auch von der Höherbildung des Menschen für die Bewältigung der persönlich, aber auch gesellschaftlich bedingten Schwierigkeiten und Probleme zu viel erwartete, so sollte eine auf Emanzipation zielende Sozialpädagogik seine Gedanken doch als sinnvoll und hilfreich zur Kenntnis nehmen, um nun nicht ihrerseits die materiellen, d. h. die die sozio-ökonomischen Verhältnisse verändernden Maßnahmen überzubewerten.
Die Sozialpädagogik der fünfziger und sechziger Jahre als Wiederaufnahme und Fortführung Nohlscher Vorstellungen liefert weitere wichtige Einsichten für ein emanzipatives Verständnis von Sozialpädagogik. Mit ihrer zunehmenden Schwerpunktverlagerung auf die prophylaktische Funktion von Sozialpädagogik, mit ihrem Anspruch, allen Kindern und Jugendlichen bei der Bewältigung ihrer im Entwicklungs- und Eingliederungsprozeß auftretenden Probleme Hilfe zu leisten, lenkte sie ihr Interesse mehr und mehr auf gesellschaftliche Faktoren, die sie als Bedingungen für individuelle Schwierigkeiten und Konflikte verstand.
Allerdings fehlte auch dieser Position, wie Mollenhauer ein Jahrzehnt später zur Einordnung seines eigenen früheren Ansatzes schreibt (1974), noch das wissenschaftliche Instrumentarium, um diese Phänomene in ihrer objektiven Gestalt zu erfassen und zu benennen. So blieb es bei einer an der Oberfläche der Gesellschaft haftenden Kritik, und die Aussagen über zu fordernde Veränderungen erreichten kaum ein solches Maß an Konkretion und Klarheit, daß sie gesellschaftlich wirksam werden konnten. Auch die gesellschaftliche Einbindung der eigenen Theoriebildung sowie der postulierten Werte und Zielsetzungen wurde nicht hinreichend reflektiert, so daß weder die eigene mittelständische Wertorientierung noch ihre Beziehung zu bestimmten politisch-ökonomischen Interessen in den Blick kam. Emanzipative Sozialpädagogik muß jedoch die Implikationen und Prämissen eigener Theoriebildung kennen, muß wissen, mit welchem und in wessen Interesse sie arbeitet, will sie nicht Gefahr laufen, unbemerkt von fremden, den eigenen Intentionen zuwiderlaufenden Interessen in Anspruch genommen zu werden.
Zusammenfassend läßt sich sagen: Sowohl die Nohlsche als auch die daran anschließenden Konzeptionen der fünf-

ziger und sechziger Jahre enthielten durchaus emanzipatorische Theorieelemente. Diese waren zwar primär, vor allem bei Nohl, auf die individuelle Komponente des Emanzipationsbegriffs gerichtet, und die Veränderung gesellschaftlicher Macht- und Herrschaftsstrukturen wurde dabei nicht oder nur bedingt als sozialpädagogische Aufgabe gesehen. Gleichwohl wurde damit eine Entwicklungslinie begonnen und ein Ansatzpunkt geschaffen, auf den gegenwärtige sozialpädagogische Theorienbildung zurückgreifen kann — gewiß nicht vorbehaltlos alles übernehmend, doch im Sinne einer reflektierten und kritischen Auseinandersetzung mit historischen, jedoch nicht antiquierten und unwissenschaftlichen Positionen.

Unter diesem Aspekt ist auch das Vorgehen der marxistisch orientierten Sozialpädagogik abzulehnen, die aus der Analyse bestehender Theorie und Praxis, aus ihrer Funktionsbestimmung im sozio-ökonomischen System, die Konsequenz zieht, ganz mit der Tradition bisheriger Sozialpädagogik, ihren Zielen, Werten und Normen zu brechen, um eine Sozialpädagogik/Sozialarbeit als systemsprengende Kraft, als Teil des Klassenkampfes zu entwerfen.

Wenn auch die eigene Untersuchung zur Entstehung und Entwicklung von Sozialpädagogik hinsichtlich ihres gesellschaftlich-politischen Standorts zu ähnlichen Ergebnissen kommt wie die Autoren der historisch-materialistischen Schule, d. h., hinter dem karitativen Selbstverständnis von Sozialpädagogik auch ihre auf Erhaltung des gesellschaftlich-politischen Status quo gerichtete Komponente gesehen wurde, ihr Im-Dienst-Stehen herrschender Interessen, so kann doch die völlige Ablehnung bestehender Sozialpädagogik und ihrer Ziel- und Aufgabenstellungen nicht mitvollzogen werden. Mag auch der Vorwurf stichhaltig sein, daß sozialpädagogische Hilfen zur Anpassung an ein System beitragen, das die Schäden und Abweichungen zu einem Großteil produziert, so wird man doch nicht übersehen dürfen, daß Menschen, wie sie gegenwärtig in dieser Gesellschaft leben, hilfebedürftig sein können und dieser Hilfe hier und jetzt bedürfen und nicht erst nach der Überwindung des bestehenden Systems. Nur Zyniker können sich mit dem Gedanken tragen, Notleidenden individuelle Hilfe zu versagen oder allein in Richtung auf Widerstand und Nonkonformität zu intervenieren, um dadurch den

Prozeß einer allgemeinen gesellschaftlichen Neuordnung voranzutreiben.

Auch greift ein Erklärungsansatz zu kurz, der sämtliche Formen von Dissozialität, materieller und individueller Not letztlich zurückführt auf die Strukturen kapitalistischer Wirtschaftsform, auf den Grundwiderspruch von Kapital und Lohnarbeit. Konnte man Nohl eine zu einseitige Beachtung der persönlichen, im Charakter begründeten Komponente von Not und Elend vorhalten, so wird man eine nur auf materielle, sozio-ökonomische Verhältnisse ausgerichtete Deutung ebenso ablehnen. Der Mensch ist zwar nicht unabhängig von seiner materiellen Umgebung, doch auch nicht völlig determiniert; er hat ihm eigene Möglichkeiten und Potenzen, sich zu bewähren oder zu scheitern. Als wichtige Quellen von Schwierigkeiten, Notlagen und Abweichungen müssen daher auch die persönlichen Anlagen des Menschen, seine individuellen Reaktionen in Rechnung gestellt werden.

Hier erweist ein Konzept seine Unzulänglichkeit, das glaubt, allein aufgrund veränderter gesellschaftlicher und wirtschaftlicher Verhältnisse soziales Elend ebenso wie individuelle Störungen wirksam beseitigen zu können. Das Heil wird bei diesem Konzept von der Verwirklichung einer Gesellschaftsform erwartet, deren konkrete Gestalt im Dunkeln bleibt; der Weg dorthin ist Kampf, und Sozialpädagogik hat nur insoweit eine Berechtigung, als sie diesen unterstützt. Diese Aufgabenbestimmung hat jedoch nichts mehr mit Sozialpädagogik zu tun. Informations- und Überzeugungsarbeit, Bewußtseinsbildung im Interesse der Revolution, ist politische Propaganda, aber kein pädagogisches Tun. Hier ist Sozialpädagogik nur noch Mittel politischer Zwecke; eine eigenständige, auf bestmögliche Entfaltung des Menschen gerichtete Idee aber kann nicht zum Tragen kommen, wenn sie ihre Ziele nicht selber verantwortet, sondern von einer politischen Bewegung entgegennimmt. Statt der propagierten Befreiung aus Unterdrückung und Ausbeutung bringt marxistische Sozialpädagogik/Sozialarbeit damit ihren Klienten nur die Abhängigkeit von einer anderen, doch ebenso fragwürdigen Autorität.

Eine dem hier vertretenen Emanzipationsbegriff verpflichtete Sozialpädagogik wird sich daher von diesem Ansatz distanzieren. Sie läßt sich zwar nicht unhinterfragt zum Anpassungsinstrument im Dienste der Erhaltung bestehender Gesellschaftsformen machen, doch ebensowenig wird sie zum Instrument des Umsturzes.

Wenn nun im folgenden die kritisch-rationalistische Position der Sozialpädagogik daran gemessen wird, inwieweit sie dazu beiträgt, fortschreitende Emanzipation zu ermöglichen, so wird damit ein Maßstab zugrundegelegt, den dieser Ansatz selbst als Kriterium für die Angemessenheit einer Theorie strikt ablehnt. Über den Wert und die Qualität einer Theorie entscheiden hier andere Standards: Werturteilsfreiheit, Präzision, Effektivität und intersubjektive Nachprüfbarkeit. Forschung und Theorienbildung erfolgen bei diesem Ansatz ausdrücklich nicht mit dem Interesse an der Realisierung bestimmter für wertvoll erachteter Leitziele, sondern als sogenannte »wertfreie« Wissenschaft informiert sie über objektive Ursache-Wirkungszusammenhänge, liefert technologisch verwertbare Ergebnisse, nennt Mittel und Wege zur Erreichung von Zielen, ohne zu diesen Zielen selbst kritisch Stellung zu nehmen. Diese werden vielmehr als gesellschaftlich vorgegeben betrachtet, weder ihre Formulierung noch ihre Diskussion und Hinterfragung gehören zum Aufgabenbereich von Wissenschaft.

Eine Auffassung von Wissenschaft jedoch, die die Zieldimension aus ihrem Reflexionszusammenhang ausschließt, die es bewußt offen läßt, was mit ihr geschieht, steht permanent in Gefahr, unkritisch bestehende Machtverhältnisse durch Bereitstellung der Mittel zu ihrer Verwissenschaftlichung, das heißt zu ihrer besseren organisatorischen Durchdringung, zu unterstützen.

Dies gilt insbesondere für eine kritisch-rationalistische Sozialpädagogik, die die Begriffe »Normen«, »Normalität« und »Soziale Kontrolle« in ihrer Theorie verwendet, Aussagen über den gesamtgesellschaftlichen Kontext aber als unwissenschaftlich verweigert. Zwar weist Rössner selbst auf die Relativität des Normalitätsbegriffs, auf seine Gebundenheit an gesellschaftliche Machtpositionen hin, doch werden daraus keine Konsequenzen gezogen: Sozialarbeitswissenschaft liefert vorbehaltlos Kausalitätswissen zur technologischen Beherrschung menschlichen Verhaltens, schafft die Voraussetzung wirksamer Verhaltenskontrolle.

Die Ergebnisse stehen jedem zur Verfügung, jede Macht, und sei sie noch so fragwürdig, kann sich ihrer bedienen. Sozialpädagogik wird damit leicht zur bloßen Technologie, um »Normalität« möglichst optimal herzustellen bzw. wiederherzustellen; wer Normalität definiert und wie, steht dabei nicht zur Frage. Mit anderen Worten: Sozialpädagogik wird potentielles Instrument der jeweils Herrschenden, um Abweichungen zu verhindern oder zu korrigieren, Anpassung und Konformität sicherzustellen.

Bildet das Postulat der Werturteilsfreiheit mit seinen gesellschaftlichen Implikationen auch den Haupteinwand gegen eine sozialpädagogische Theorie auf der Basis des Kritischen Rationalismus, so scheinen auch die anderen Wissenschaftskriterien dieser Position kaum geeignet, den Gegenstandsbereich von Sozialpädagogik in seiner Komplexität angemessen zu erfassen oder gar die Bewältigung der Probleme von Erziehung in unserer Gesellschaft zu leisten. Eine Wissenschaft, die nur solche Aussagen als wissenschaftliche Aussagen gelten läßt, die sich intersubjektiv an der Wirklichkeit überprüfen lassen, reduziert Wirklichkeit auf diejenigen Phänomene, die sich mit eben dieser Methode erfassen lassen: auf Funktionszusammenhänge.

So werden im Rössnerschen Theorieansatz Bezüge des gesellschaftlichen Makrobereiches konsequent ausgespart, da eine Operationalisierung und Messung nicht gelingen will. Die relative Unvorhersehbarkeit menschlicher Interaktionen, ihre relative Einmaligkeit sowie die vielfältige situative Abhängigkeit des Handelns läßt sich ebenfalls nur schwer in nomologische Gesetzeshypothesen, in Aussagen wie »wenn A, dann B« pressen, so daß auch für den Mikrobereich der Anspruch, Bezugsrahmen für praktisches Handeln zu sein, uneingelöst bleibt. Insbesondere erzieherischem Tun wird dieses Aussagenschema nicht gerecht; pädagogische Verantwortung, das Spezifische des pädagogischen Bezuges, läßt sich weder kausalanalytisch erklären noch im Sinne zweckmittelrational zu planender Ablaufmechanismen vorhersagen. Entsprechend verwendet denn auch Rössner einen um das Wesentliche verkürzten Erziehungsbegriff: Erziehung ist ihm Verhaltensänderung, Verhaltenssteuerung. Das heißt, hier geht es nicht um den Menschen und seine Befreiung zur denkerischen und handelnden, zur schöpferischen Selbstverwirklichung, sondern

um die Potenzierung und Perfektionierung technischer Verfügungsgewalt über den Menschen und sein Handeln.
Auch die Beschreibung institutioneller Handlungsvollzüge (Mesobereich) bleibt unbefriedigend; zwar gelingt Rössner eine begrifflich exakte Festlegung des sozialpädagogischen Objektbereichs als tertiärem Sozialisationsbereich unabhängig von Institutionen und Lebensalter, doch ist diese Bestimmung so formal, daß sie kaum praktische Relevanz besitzt. Da nur gesagt wird, was sozialpädagogische Instanzen gegenwärtig tun, nur der Ist-Zustand sich dokumentiert, werden keinerlei Ansatzpunkte einer kritischen Einordnung dieser Praxis sichtbar, Arbeits- und Handlungsperspektiven können sich nicht eröffnen. Zudem zeigt sich auch hier eine Gleichsetzung von Begriffsinhalten wie Soziale Diagnose, korrigierende und prophylaktische Maßnahmen im Hinblick auf nicht akzeptierte Verhaltensformen mit erzieherischer Tätigkeit, durch die schon per definitionem das pädagogische Moment in Sozialpädagogik zu einer Funktion sozialer Kontrolle degradiert wird.
Zusammenfassend sei festgehalten, daß kritisch-rationalistische Sozialpädagogik weder den von ihr selbst gesetzten Anspruch, ein für die Praxis relevantes Bezugssystem und Handlungshilfen zu bieten, angemessen einzulösen vermag — es sei denn, technische Empfehlungen gelten als hinreichend für die Bewältigung realer Situationen —, noch in dem hier verstandenen Sinne als emanzipationsfördernde Sozialpädagogik gelten kann. Das heißt nicht, daß Erkenntnisse kritisch-rationalistischer Theorienbildung für eine emanzipative Sozialpädagogik keine Bedeutung besitzen, im Gegenteil, eindeutig festgelegte Grundbegriffe, präzise Definitionen, logisch sinnvolle Hypothesen und empirische Ergebnisse haben auch hier ihren Wert. Doch emanzipative Theorie stellt diese Aussagen in einen Wertzusammenhang, trennt nicht wissenschaftliche Forschung von gesellschaftlichen Prozessen.
Als dritte aktuelle sozialpädagogische Position bedürfen die Arbeiten zu einer offensiven Sozialpädagogik der kritischen Einordnung. Dabei besteht das grundsätzliche Problem darin, daß es sich hier nicht um umfassende, in sich geschlossene Theorien handelt, sondern um Aufsätze und Handbuchartikel verschiedener Autoren, die allerdings alle ein ähnliches Verständnis von Sozialpädagogik, ihren Zie-

len und Aufgaben, vertreten. Das heißt, was vorliegt, sind Programme, Entwürfe, aber keine voll ausgearbeiteten Konzeptionen zur Sozialpädagogik. Mit anderen Worten: selbst wenn diesen Ansätzen ein der Gegenwart angemessenes Verständnis von Sozialpädagogik zugrunde liegt, gibt es damit noch nicht die Theorie der Sozialpädagogik in befriedigender Form.

Wissenschaftstheoretisch orientieren sich die einzelnen Autoren mehr oder weniger ausdrücklich an den Kategorien der Kritischen Theorie. Da auch die eigene Arbeit sich diesem Wissenschaftsverständnis verpflichtet hat, wurde damit bereits grundsätzlich eine *Entscheidung* für diese Position getroffen. Sie erfolgte in der Vorstellung, daß praktische Sozialpädagogik als pädagogisch verantwortetes Tun, als zielgerichtetes Tun und als rationales Tun weder zu realisieren sei mit einer rein hermeneutischen Theorie noch mit einer kritisch-rationalistischen oder einer marxistischen Theorie. Dazu bedarf es vielmehr einer Theorie, die die Verantwortung des Praktikers ausdrücklich teilt, die Vermittlung von Theorie und Praxis nicht bloß technologisch herstellt, sondern in ihrem Praktischwerden ihren Sinn erblickt. Dementsprechend darf diese Theorie die Zieldimension nicht ausklammern, sondern muß Aussagen über erwünschte gesellschaftliche Zustände und Erziehungsziele reflektieren, Maßstäbe ihrer Kritik entwickeln und eigene Ziele explizit benennen, die so selbst wieder hinterfragbar sind. Rationales, aufgeklärtes Tun ist Tun, dem die Bedingungen seines Handelns sinnfällig sind; das aber setzt voraus, daß die Theorie sowohl subjektive als auch gesellschaftlich bedingte Funktionszusammenhänge aufzeigt, pädagogische Phänomene mit sozio-ökonomischen Gegebenheiten in einen Reflexionszusammenhang bringt.

All diese Bedingungen scheinen bei einer Sozialpädagogik auf der methodologischen Basis der Kritischen Theorie gegeben. Während die Praxisrelevanz einer kritisch-rationalistischen Theorie lediglich darin besteht, daß sie rationales Handeln ermöglicht, soweit es sich auf kausal-rational erfaßbare Reichweiten bezieht (»halbierte Rationalität«; Habermas 1969), reflektiert und kritisiert eine hermeneutische Theorie sowohl die Ziele wie die Methoden; sie weiß sich mitverantwortlich für eine praktische Ver-

wirklichung angemessener Ziele auf angemessene Weise. Damit leistet sie einen erheblichen Beitrag zur Aufklärung der Praxis über sich selbst, für verantwortetes, begründetes Arbeiten. Da aber reine Hermeneutik nur über ein unzureichendes wissenschaftliches Instrumentarium zur Erfassung gesellschaftlicher Zusammenhänge verfügt, bleibt die Erhellung der materiellen Grundlage sozialpädagogischen Handelns — eine notwendige Voraussetzung für umfassende Rationalität und klare Einsicht — unbefriedigend. Hier nun verfügt die historisch-materialistische Theorie über ein plausibles Beschreibungsraster, das für die gesamtgesellschaftliche Einbindung der Sozialpädagogik durchaus hilfreich zu sein vermag. Jedoch die Ziele, die eine marxistische Sozialpädagogik entwickelt und vor allem der propagierte Weg zu ihrer Erreichung lassen sich mit pädagogisch verantwortetem Tun nicht vereinbaren.
Positiv hervorgehoben werden soll an den Ansätzen zu einer offensiven Sozialpädagogik zunächst, daß es sich dabei im wesentlichen um Arbeiten handelt, die zwar der bisherigen Sozialpädagogik sowohl in ihrer Theorie als auch in ihrer praktischen Ausführung kritisch gegenüberstehen, ihre objektiven Funktionen im gesellschaftlichen System und ihren defensiven Charakter aufdecken, dies jedoch nicht zum Anlaß einer totalen Umfunktionierung von Sozialpädagogik machen. Hier geht es nicht um einen Entwurf von Sozialpädagogik als revolutionärer Strategie, sondern in reflektierter Fortführung der sozialpädagogischen Tradition sucht man nach Mitteln und Wegen, die traditionellen reaktiven Elemente zu überwinden, um aktiv handelnd sowohl in dieser und für diese Gesellschaft als auch ausdrücklich über sie hinausweisend tätig zu sein.
Als besonders wesentlich erscheint dabei, daß nicht im Umsturz des Bestehenden das Heil gesehen wird, sondern Emanzipation begriffen wird als ein Prozeß, den es hier und jetzt und immer neu zu vollziehen gilt. Emanzipation ist also nicht erst nach der Verwirklichung einer bestimmten — z. B. der »klassenlosen« — Gesellschaft möglich, und sie ergibt sich dann auch nicht automatisch, sondern sie muß in dieser wie in jeder anderen Gesellschaft im aktiven Handeln ständig neu errungen werden. Dies aber setzt vor allem Menschen voraus — und hier liegt eine wichtige Aufgabe für emanzipative Sozialpädagogik —, die nicht nur

fähig sind, ihren Anspruch auf Emanzipation gesellschaftlich wirksam zu artikulieren, sondern auch ihre Emanzipation zu leben.
Mit der Betonung dieses Gedankens offensiver Sozialpädagogik soll keineswegs abgelenkt werden von Mißständen dieser Gesellschaft, von Problemen und Widersprüchen im sozio-ökonomischen Bereich als wichtigen Ursachen oder Verstärkern der im individuellen Leben des einzelnen auftretenden Konflikte und Schwierigkeiten, doch darf über dem Ziel der Änderung dieser Bedingungen auch der Mensch mit seinen Anlagen und Fähigkeiten nicht vergessen werden. Daher sei noch einmal hingewiesen auf die doppelte Aufgabenstellung offensiver Sozialpädagogik: Hilfe zu leisten sowohl durch die Erweiterung kognitiver, emotionaler und psychomotorischer Kompetenzen, die die individuelle Voraussetzung darstellen für Selbstbestimmung, Eigenlenkung, soziale Beteiligung und Mitverantwortung, als auch durch die Herstellung von Verhältnissen, die solche Beteiligung nicht nur zulassen, sondern hervorrufen.
Daß dies nicht zwangsläufig Revolution und Klassenkampf bedeuten muß, auch dafür liefert offensive Sozialpädagogik den Beweis: Sie setzt sich ein für eine bessere Ordnung, indem sie die gegenwärtige Gesellschaft mißt an dem, was sie sein könnte, das heißt an ihrem eigenen Anspruch, Freiheit, Gleichheit, Gerechtigkeit und Glück für jedermann zu realisieren.

Überlegungen zu einer kritisch-emanzipativen Theorie der Sozialpädagogik

Als Resultat der historischen Analyse und der Kritik gegenwärtiger Konzepte der Sozialpädagogik sollen nun diejenigen Begriffsinhalte dargestellt werden, in denen ein der Gegenwart angemessenes Verhältnis sich manifestiert. Dabei handelt es sich im wesentlichen um Elemente offensiver Sozialpädagogik; doch auch die emanzipatorischen Potenzen der anderen Konzeptionen tragen dazu bei, das Bild einer emanzipativen Sozialpädagogik zu umreißen.
Die folgenden Ausführungen wollen und können keinen

umfassenden und ausformulierten Neuansatz konzipieren, sondern beinhalten lediglich programmatische Bausteine zu einer noch zu entwickelnden Theorie. Die Thesen beschreiben keine sozialpädagogischen Sachverhalte im Sinne einer Objekttheorie, sondern bewegen sich auf einer metatheoretischen Ebene und bilden somit methodologische Orientierungspunkte.

1. *Emanzipation als Leitziel der Sozialpädagogik:* Sozialpädagogik als Forschung und Theoriebildung erfolgt mit dem erkenntnisleitenden Interesse an Erweiterung menschlicher Selbstverwirklichung und Freiheit. Sie orientiert sich dabei an einem Normenkonzept, das die Bedingungen und Möglichkeiten dieser Entwicklung in einem dialektischen Zusammenhang von individuellen und gesellschaftlichen Faktoren begründet sieht. Die Perspektive des Veränderungsprozesses als umfassende Entfaltung der Lebensmöglichkeiten aller Menschen beschreibt keine feste Norm, sondern diese Emanzipation wird begriffen als in realer gesellschaftlicher Situation immer wieder neu zu konkretisierender Zielzustand.

2. *Sozialpädagogik als Handlungswissenschaft:* Sozialpädagogik als emanzipative Theorie versteht sich bewußt als zielorientierte und Veränderung ermöglichende Handlungswissenschaft, die empirisch-analytische Sachaussagen und damit ein System von intersubjektiv überprüfbaren Sätzen mit der zweiten Vernunftdimension, derjenigen der diskutierten Wertungen, theoretisch und praktisch zu vermitteln versucht.

3. *Parteilicher Problembezug der Theorie:* Ausgangspunkt dieser emanzipativen Theorie sind psycho-soziale Phänomene, die auf dem Hintergrund eines »normalen«, das heißt gegenwärtig gesellschaftlich akzeptierten Sozialisationsprozesses als schwerpunkthaft individuelle und/oder soziale Probleme bezeichnet werden. Während sich bisherige Sozialpädagogik als Theorie und institutionalisierte Praxis nicht selten die Problemdefinitionen der auf Systemstabilisierung abzielenden Interessengruppen zu eigen machte, muß eine auf Emanzipation ausgerichtete Veränderungswissenschaft die Situationsdeutungen der Zielgruppen sozialpädagogischen Handelns als Bezugspunkt aufgreifen und sich als parteiliche Theorie und Praxis verstehen.

4. *Reflexion gesamtgesellschaftlicher Bedingungsfaktoren:* Um die Durchsetzungschancen situationsangemessener psychosozialer Hilfen für benachteiligte und konfliktanfällige einzelne und Gruppen realistisch bemessen zu können, muß eine Theorie der Sozialpädagogik makro-soziale Erklärungssysteme miteinbeziehen. Solche gesamtgesellschaftlichen Analysen dienen zum einen der Darstellung und Erklärung sozialstruktureller Erscheinungen und zum anderen der gesellschaftlichen Standortbestimmung des gesamten Systems sozialpädagogischer Interventionen.
Dabei sind nur solche Theoriesysteme hilfreich, die mit einem hinreichend differenzierten Instrumentarium die Komplexität gesellschaftlicher Realität erfassen können. Das heißt, daß keine einseitig ökonomischen Theorien zugrunde gelegt werden, die Sozialpädagogik allein als Mittel zur Aufrechterhaltung der kapitalistischen Wirtschaftsform begreifen. Vielmehr muß die Theorie in der Lage sein, die komplexen Zusammenhänge aufzudecken, die mit der zunehmenden Eingriffsmöglichkeit des Staates und des damit einhergehenden größeren Freiheitsraumes des sozialpädagogischen Systems gegeben sind.
5. *Sozialpädagogik als pädagogisch-politische Theorie:* Sozialpädagogik sieht die den Sozialisationskonflikten zugrunde liegenden häufig systemimmanenten Ursachen, verliert darüber jedoch die individuelle Komponente von Störungen im Leben des einzelnen nicht aus dem Blick. Sie wird daher nicht zur einseitig politisch orientierten Arbeit und unterliegt nicht der Gefahr, ihre Adressaten zum Objekt politischer Zielsetzungen zu degradieren. Sie weiß sich vielmehr unmittelbar verantwortlich für den jeweiligen Benachteiligten oder Gefährdeten, setzt sich ein für dessen Existenz und personale Entfaltung, selbst wenn ein öffentliches Interesse an ihm nicht mehr besteht. Andererseits ist Sozialpädagogik auch nicht nur pädagogische Theorie, sondern bemüht sich, um ihre Hilfen möglichst situationsangemessen realisieren zu können, pädagogisches und politisches Handeln in einen Reflexionszusammenhang zu bringen. Doch bleibt sie auch dort ausdrücklich Pädagogik, wo sie die Grenzen dieser Disziplin überschreitet, sich politisch engagiert.
6. *Integration von Theoriekomplexen unter der Leitfunktion Kritischer Theorie:* Zur angemessenen Bearbeitung

psycho-sozialer Probleme und ihrer Folgen im Bewußtsein und Verhalten der betroffenen Individuen und Gruppen sowie der wirksamen Beseitigung ihrer Ursachen ist eine Integration gesellschaftstheoretischer, polit-ökonomischer, sozialisationstheoretischer, pädagogisch-interaktionsdynamischer und verhaltenstheoretischer Wissensbereiche erforderlich.

Diese Thesen weisen deutlich auf die Position der Kritischen Theorie der Gesellschaft als umgreifendes Bezugssystem hin. Auf dieser erkenntnis- und handlungsleitenden Basis wird es prinzipiell möglich, verschiedene theoretische Ansätze zu koordinieren, ohne in harmonisierender Absicht konkurrierende Aspekte zu leugnen. So kann eine kritisch-emanzipative Sozialpädagogik – wenn sie Handlungskompetenz beinhaltet – auf Sozialtechnologie nicht verzichten. Zu prüfen ist jedoch ständig die Vereinbarkeit einzelner sozialtechnologischer Interventionstypen mit dem grundlegenden emanzipatorischen Zielsystem der umgreifenden metatheoretischen Basis.

Verzeichnis der zitierten Literatur

Adorno, Th. W.: Einleitungsvortrag zum 16. Deutschen Soziologentag. 1969a. In: Adorno, Th. W. (Hrsg.): Spätkapitalismus oder Industriegesellschaft? Verhandlungen des 16. Deutschen Soziologentages, Stuttgart 1969b

Adorno, Th. W. (Hrsg.): Spätkapitalismus oder Industriegesellschaft? Verhandlungen des 16. Deutschen Soziologentages, Stuttgart 1969b

Adorno, Th. W. u. a.: Der Positivismusstreit in der deutschen Soziologie, Neuwied/Berlin 1969

Aich, P.: Politische Perspektiven für die soziale Arbeit im Kapitalismus. In: Hollstein/Meinhold (Hrsg.): Sozialarbeit unter kapitalistischen Produktionsbedingungen, Frankfurt a. M. 1973

Albert, H.: Entmythologisierung der Sozialwissenschaften. In: Kölner Zeitschrift für Soziologie und Sozialpsychologie, 8. Jg. (1956)

Albert, H.: Marktsoziologie und Entscheidungslogik. In: Albert: Marktsoziologie und Entscheidungslogik, Neuwied/Berlin 1967a

Albert, H.: Probleme der Wissenschaftslehre in der Sozialforschung. In: König, R. (Hrsg.): Handbuch der empirischen Sozialforschung, Bd. I, Stuttgart 1962

Albert, H.: Theorie und Prognose in den Sozialwissenschaften. In: Ulich, D. (Hrsg.): Theorie und Methode der Erziehungswissenschaft. Probleme einer sozialwissenschaftlichen Pädagogik, Weinheim/Basel 1972

Albert, H.: Werturteil und Wertbasis. Das Werturteilsproblem im Lichte der logischen Analyse. In: Albert: Marktsoziologie und Entscheidungslogik, Neuwied/Berlin 1967b

Althaus, H.: Nationalsozialistische Volkswohlfahrt, Berlin 1937

Arbeitskreis Kritischer Sozialarbeiter (AKS), Berlin: Sozialarbeit zwischen Verwaltung und Caritas oder: Was die Sozialarbeiter hindert, die Interessen der »Klienten« zu vertreten. In: Hollstein/Meinhold (Hrsg.): Sozialarbeit unter kapitalistischen Produktionsbedingungen, Frankfurt a. M. 1973

Arlt, I.: Wege zu einer Fürsorgewissenschaft, Wien 1958

Autorenkollektiv: Gefesselte Jugend. Fürsorgeerziehung im Kapitalismus, Frankfurt a. M. 1971

Barabas, F./*Blanke,* Th./*Sachsse,* Chr./*Stascheit,* U.: Jahrbuch der Sozialarbeit 1976, Reinbek 1975

Bäuerle, W.: Sozialarbeit und Gesellschaft, Weinheim/Berlin 1967

Bäuerle, W.: Soziale Intervention unter Systemzwang – Aspekte der Entwicklung in Theorie und Technologie der Sozialarbeit und Sozialpädagogik. In: Theorie und Praxis der sozialen Arbeit, 24. Jg. (1973), H. 8, S. 282–304

Baumann, H.: »Social-Pädagogik«. In: Neue Sammlung, 7. Jg. (1967), H. 2, S. 161–168

Bäumer, G.: Die historischen und sozialen Voraussetzungen der

Sozialpädagogik und die Entwicklung ihrer Theorie. In: Handbuch der Pädagogik, Bd. V., hrsg. von H. Nohl und L. Pallat, Langensalza 1929, Neudruck 1966
Bechtel, H.: Wirtschafts- und Sozialgeschichte Deutschlands. Wirtschaftsstile und Lebensformen von der Vorzeit bis zur Gegenwart, München 1967
Beck, J.: Über Sozialpädagogik. In: Pharus, 1. Jg. (1910), H. 3, S. 193—204 und S. 289—300
Bergemann, P.: Soziale Pädagogik. In: Die Deutsche Schule, 1. Jg. (1897), S. 513—518 und S. 593—602
Bergemann, P.: Soziale Pädagogik auf erfahrungswissenschaftlicher Grundlage und mit Hilfe der induktiven Methode als universalistische oder Kultur-Pädagogik, Gera 1900
Blankertz, H.: Pädagogische Theorie und empirische Forschung. In: Zur Bedeutung der Empirie für die Pädagogik als Wissenschaft. Neue Folge der Ergänzungshefte zur Vierteljahresschrift für wissenschaftliche Pädagogik, H. 5, Bochum 1966
Blättner, F.: Geschichte der Pädagogik, Heidelberg, 13. Aufl. 1968
Böndel, M.: Der Auftrag der Sozialpädagogik in der Lehrerbildung. In: Pädagogische Rundschau, 16. Jg. (1962), H. 12, S. 906—914
Böttcher, H.: Sozialpädagogik im Überblick. Versuch einer systematischen Agogik, Freiburg/Basel/Wien 1975
Bornemann, E.: Sozialpädagogik als akademisches Forschungs- und Lehrfach. In: Loccumer Protokolle, 14. Jg. (1966), S. 6—12
Bornemann, E./*Freymann,* D.: Sozialpädagogik als wissenschaftliches Lehr- und Forschungsfach. In: Pädagogische Rundschau, 24. Jg. (1970), H. 1, S. 21—34
Bornemann, E./*Mann-Tiechler,* G. von (Hrsg.): Handbuch der Sozialerziehung, Bd. I Freiburg 1963, Bd. II Freiburg 1964a, Bd. III Freiburg 1964b
Brakelmann, G.: Kirche und Sozialismus im 19. Jahrhundert. Die Analyse des Sozialismus und Kommunismus bei Johann Hinrich Wichern und bei Rudolf Todt, Witten 1966
Brandt, G. A.: Pädagogik und soziale Arbeit. Umrisse einer Erziehungslehre aus mehrdimensionaler Sicht, Neuwied/Berlin 1971
Brentano, M. von: Die unbescheidene Philosophie. Der Streit um die Theorie der Sozialwissenschaften. In: Ulich, D. (Hrsg.): Theorie und Methode der Erziehungswissenschaft. Probleme einer sozialwissenschaftlichen Pädagogik, Weinheim/Berlin 1972
Brezinka, W.: Von der Pädagogik zur Erziehungswissenschaft, Weinheim/Berlin/Basel 1971
Buchenau, A.: Sozialpädagogik, Leipzig 1925
Bundesminister für Jugend, Familie und Gesundheit (Hrsg.): Mehr Chancen für die Jugend. Zu Inhalt und Begriff einer offensiven Jugendhilfe. Schriftenreihe des Bundesministers für Jugend, Familie und Gesundheit, Bd. XIII, Stuttgart 1974
Child, I. L.: Socialization. In: Lindzey, G. (Hrsg.): Handbook of Social Psychology, Vol II, Cambridge/Mass. 1954

Clausen, F.: Von der Soziologie über die Ethik zur Sozialpädagogik. In: Die berufsbildende Schule, 6. Jg. (1954), H. 1, S. 2–6
Coser, L. A.: Einige Funktionen abweichenden Verhaltens und normativer Flexibilität. In: Sack, F./König, R. (Hrsg.): Kriminalsoziologie, Frankfurt 1968
Curriculum-Arbeitsgruppe an der Gesamthochschule Kassel (Hrsg.): Stufenmodell für soziale Berufe. Ein Verbund von Praxis und Theorie, Neuwied/Berlin 1973
Czempiel, E.-O.: Die Bundesrepublik und Amerika: Von der Okkupation zur Kooperation. In: Löwenthal, R./Schwarz, H.-P. (Hrsg.), 1974
Degenkolbe, G.: Über logische Struktur und gesellschaftliche Funktionen von Leerformeln. In: Kölner Zeitschrift für Soziologie und Sozialpsychologie, 17. Jg. (1965)
Denninger, E.: Jugendfürsorge und Grundgesetz. In: Giesecke, H. (Hrsg.): Offensive Sozialpädagogik, Göttingen 1973
Diesterweg, A.: Wegweiser zur Bildung für deutsche Lehrer, Bd. I, Essen, 4. verb. u. in der Literatur fortgef. Aufl. 1850
Edelheim, J.: Über den Begriff »Sozialpädagogik«. In: Die Deutsche Schule, 5. Jg. (1901), S. 525–536
Fischer, K.: Sozialpädagogik und Sozialpolitik, Eisenach 1892
Fischer, W.: Kritik der lebensphilosophischen Ansätze der Pädagogik. In: Pädagogik als Wissenschaft. Neue Folge der Ergänzungshefte zur Vierteljahresschrift für wissenschaftliche Pädagogik, H. 4, Bochum 1966
Flitner, A.: Sozialpädagogik und Schule. In: Blätter des Pestalozzi-Fröbel-Verbandes, 25. Jg. (1974), H. 2, S. 33–47
Friedländer, W./*Pfaffenberger,* H. (Hrsg.): Grundbegriffe und Methoden der Sozialarbeit, Neuwied/Berlin, 2. durchgesehene Aufl. 1969
Furck, C.-L.: Die Aufgaben der Sozialpädagogik in der Gegenwart. In: Zur Bestimmung von Sozialpädagogik und Sozialarbeit in der Gegenwart, zusammengestellt von K. Mollenhauer, Weinheim 1966
Giesecke, H.: Die Jugendarbeit, München 1971
Giesecke, H.: Einführung in die Pädagogik, München, 5. überarb. und erw. Aufl. 1973a
Giesecke, H. (Hrsg.): Offensive Sozialpädagogik, Göttingen 1973b
Greiffenhagen, M. (Hrsg.): Emanzipation, Hamburg 1973
Haag, F./*Parow,* E./*Pongratz,* L./*Rehn, G.:* Überlegungen zu einer Metatheorie der Sozialarbeit. In: Otto, H.-U./Schneider, S. (Hrsg.): Gesellschaftliche Perspektiven der Sozialarbeit. 1. Halbband, Neuwied/Berlin 1973
Haase, K: Drei Wege der sozialen Erziehung. In: Schreiber, G./Haase, K. (Hrsg.): Christliche Existenz und Erziehung, Münster o. J.
Haase, K.: Sozialpädagogik. Sozialerziehung. In: Lexikon der Pädagogik. In vier Bänden, hrsg. vom Deutschen Institut für wissenschaftliche Pädagogik, Münster, und dem Institut für Ver-

gleichende Erziehungswissenschaft, Salzburg. Bd. IV, Freiburg/Basel/Wien 3. Aufl. 1962
Habermas, J.: Erkenntnis und Interesse, Frankfurt a. M. 1968a
Habermas, J.: Erkenntnis und Interesse. In: Habermas, J: Technik und Wissenschaft als »Ideologie«, Frankfurt a. M. 1968b
Habermas, J.: Gegen einen positivistisch halbierten Rationalismus. Erwiderung eines Pamphlets. In: Kölner Zeitschrift für Soziologie und Sozialpsychologie, Köln/Opladen 1964, wiederabgedruckt in: Adorno, Th. W. u. a.: Der Positivismusstreit in der deutschen Soziologie, Neuwied/Berlin 1969
Habermas, J.: Theorie und Praxis. Sozialphilosophische Studien, Neuwied/Berlin 1963
Habermas, J./*Luhmann,* N.: Theorie der Gesellschaft oder Sozialtechnologie – Was leistet die Systemforschung? Frankfurt a. M. 1971
Habrich, L.: Über Sozialpädagogik. Nach O. Willmann. In: Der Schulfreund, 59. Jg. (1903), H. 1, S. 22–42
Harder, J.: Zur Frage der sozialen Erziehung. In: Die Deutsche Schule, 48. Jg. (1956/57), H. 3, S. 107–113
Hentig, H. von: Versuch einer Einführung. In: Sozialisierung in der asozialen Gesellschaft – Beiträge zu einer offensiven Sozialpädagogik. Neue Sammlung, 7. Jg. (1967), H. 5, Seite 382–390
Herrmann, G. Die sozialpädagogische Bewegung der zwanziger Jahre, Weinheim/Berlin 1956
Hoffmann, E.: Der sozialpädagogische Auftrag des Kindergartens. In: Besser, L. u. a. (Hrsg.): Beiträge zur Sozialpädagogik. Wege zu modernen Formen, Heidelberg 1961
Hoffmann, E.: Sozialpädagogik und Gruppenpädagogik. In: Besser, Luise u. a. (Hrsg.): Beiträge zur Sozialpädagogik. Wege zu modernen Formen, Heidelberg 1961
Hofmann, W.: Verelendung. In: Folgen einer Theorie. Essays über das Kapital von Karl Marx, Frankfurt, 3. Aufl. 1969
Hofmann, W.: Wissenschaft und Ideologie. In: Ulich, D. (Hrsg.): Theorie und Methode der Erziehungswissenschaft. Probleme einer sozialwissenschaftlichen Pädagogik, Weinheim/Basel 1972
Hollstein, W.: Hilfe und Kapital. Zur Funktionsbestimmung der Sozialarbeit. In: Hollstein, W./Meinhold, M. (Hrsg.): Sozialarbeit unter kapitalistischen Produktionsbedingungen, Frankfurt a. M. 1973a
Hollstein, W.: Sozialarbeit im Kapitalismus. Themen und Probleme. In: Hollstein, W./Meinhold, M. (Hrsg.): Sozialarbeit unter kapitalistischen Produktionsbedingungen, Frankfurt a. M. 1973b
Hollstein, W./*Meinhold,* M. (Hrsg.): Sozialarbeit unter kapitalistischen Produktionsbedingungen, Frankfurt a. M. 1973
Horkheimer, M.: Kritische Theorie. Hrsg. von A. Schmidt, 2 Bde., Frankfurt a. M. 1968
Horkheimer, M.: Traditionelle und kritische Theorie. In: Zeitschrift für Sozialforschung, 1937, wiederabgedruckt in: Hork-

heimer, M.: Kritische Theorie. Hrsg. von A. Schmidt, Bd. II, Frankfurt a. M. 1968
Hornstein, W.: Bildungsplanung ohne sozialpädagogische Perspektiven. In: Giesecke, H. (Hrsg.): Offensive Sozialpädagogik, Göttingen 1973
Huth, A.: Leitfaden der Sozialpädagogik in der Volksschule. Auf der Grundlage der Sozialpsychologie, Freiburg/Basel/Wien 1965
Iben, G.: Bereiche und Begriffe der Sozialpädagogik und Sozialarbeit. In: Klafki, W. u. a.: Funk-Kolleg Erziehungswissenschaft, Bd. 3, Frankfurt a. M. 1971
Iben, G.: Die Sozialpädagogik und ihre Theorie. In: Zeitschrift für Pädagogik, 15. Jg. (1969), H. 4, S. 385–401
Israel, J.: Der Begriff Entfremdung, Reinbek 1972
Jantke, C.: Der vierte Stand. Die gestaltenden Kräfte der deutschen Arbeiterbewegung im 19. Jahrhundert, Freiburg 1955
Kappeler, M.: Sozialpädagogik und Sozialarbeit als Funktion des bürgerlichen Staates. In: Erziehung und Klassenkampf, 4. Jg. (1974), Nr. 15, S. 115–122
Keil, S.: Sozialpädagogik. In: Keil, S. (Hrsg.): Familien- und Lebensberatung. Ein Handbuch, Stuttgart/Berlin 1975
Khella, K.: Theorie und Praxis der Sozialarbeit und Sozialpädagogik, Gießen/Lollar 1974
Klafki, W.: Erziehungswissenschaft als kritische Theorie. In: Klafki, W. u. a.: Funk-Kolleg Erziehungswissenschaft, Bd. 3, Frankfurt a. M. 1971a
Klafki, W.: Erziehungswissenschaft als kritisch-konstruktive Theorie: Hermeneutik – Empirie – Ideologiekritik. In: Zeitschrift für Pädagogik, 17. Jg. (1971)b, H. 3, S. 351–385
Klothen, N./*Vollmer,* R.: Stabilität und Wachstum in der Wirtschaftspolitik. In: Löwenthal, R./Schwarz, H.-P. (Hrsg.), 1974
KMK-Beschluß vom 20. 3. 1969: Rahmenordnung für die Diplomprüfung in Erziehungswissenschaft. 1969. Sammlung für die Beschlüsse der ständigen Konferenz der Kultusminister der Länder in der BRD. 2, Luchterhand
Knirck, E.: Sozialpädagogik. Ein Schlagwort oder mehr?, Düsseldorf 2. Aufl. 1963
Kölner Zeitschrift für Soziologie und Sozialpsychologie, 7. Jg. (1955), H. 3
König, R.: Die Begriffe Gemeinschaft und Gesellschaft. In: Kölner Zeitschrift für Soziologie und Sozialpsychologie, 7. Jg. (1955), H. 3, S. 348–420
Kosmale, A.: Sozialarbeit im Wandel. In: Soziale Arbeit, 18. Jg. (1969), H. 4, S. 157–161
Küchenhoff, W.: Sozialpädagogik. In: Lexikon der Pädagogik. Neue Ausgabe in vier Bänden. Hrsg. vom Willmann-Institut München/Wien, Bd. IV, Freiburg/Basel 1971
Kuczynski, J.: Geschichte der Kinderarbeit in Deutschland 1750–1939, Berlin 1958
Lefèbvre, H.: Der dialektische Materialismus, Frankfurt a. M. 5. Aufl. 1971

Lempert, W.: Bildungsforschung und Emanzipation. In: Ulich, D. (Hrsg.): Theorie und Methode der Erziehungswissenschaft, Weinheim/Basel 1972
Löwenthal, R.: Vom kalten Krieg zur Ostpolitik. In: Löwenthal, R./Schwarz, H.-P. (Hrsg.), 1974
Löwenthal, R./*Schwarz,* H.-P. (Hrsg.): Die zweite Republik. 25 Jahre Bundesrepublik Deutschland – eine Bilanz, Stuttgart 1974
Lucht, K.: Innovationsproblem: Zusammenarbeit von Schule und Sozialpädagogik. In: Sozialpädagogik, 15. Jg. (1973), H. 2, S. 61–72
Lukas, H.: Theorien für die Praxis? Wissenschaftsalternativen in der Sozialpädagogik/Sozialarbeit. In: Lukas, H./Mees-Jacobi, J./Schmitz, I./Skiba, E.-G. (Hrsg.): Sozialpädagogik/Sozialarbeit. Eine Einführung zur Praxis, Forschung und Theorie, Berlin 1977
Lütge, F.: Deutsche Sozial- und Wirtschaftsgeschichte. Ein Überblick, Berlin/Göttingen/Heidelberg, 2. verb. und wesentlich verm. Aufl. 1960
Mager, F./*Spinnarke,* U.: Was wollen die Studenten?, Frankfurt a. M. 1967
Marx, K.: Ökonomisch-philosophische Manuskripte (1844). In: Marx/Engels, Studienausgabe in vier Bänden, hrsg. von I. Fetscher, Bd. II, Frankfurt a. M. 1966
Marx, K.: Zur Kritik der Politischen Ökonomie. In: Marx/Engels Werke (MEW). Bd. XIII, Berlin 1961
Marx, K./*Engels,* F.: Manifest der Kommunistischen Partei. In: Marx/Engels Werke (MEW). Bd. IV, Berlin 1972
Michel, E.: Sozialgeschichte der industriellen Arbeitswelt, Frankfurt a. M. 1947
Mitteilungen: Zur Orientierung über den Begriff »Sozialpädagogik«. In: Die Deutsche Schule, 4. Jg. (1900), S. 305–309
Mollenhauer, K.: Bewertung und Kontrolle abweichenden Verhaltens – Aporien bürgerlich-liberaler Pädagogik. In: Giesecke, H. (Hrsg.): Offensive Sozialpädagogik, Göttingen 1973
Mollenhauer, K.: Die Ursprünge der Sozialpädagogik in der industriellen Gesellschaft. Eine Untersuchung zur Struktur sozialpädagogischen Denkens und Handelns, Weinheim/Berlin 1959
Mollenhauer, K.: Einführung in die Sozialpädagogik, Weinheim/Berlin 1964a, 5. ergänzte Aufl. 1974
Mollenhauer, K.: Erziehung und Emanzipation. Polemische Skizzen, München 4. Aufl. 1970
Mollenhauer, K.: Gesellschaft in pädagogischer Sicht. Sozialpädagogik, Sozialpädagogische Einrichtungen. In: Fischer Lexikon der Pädagogik, hrsg. von H. H. Groothoff, Frankfurt a. M. 1964b
Mollenhauer, K.: Theorien zum Erziehungsprozeß, München 1972
Mollenhauer, K.: Was heißt »Sozialpädagogik«? In: Zur Bestimmung von Sozialpädagogik und Sozialarbeit in der Gegenwart, zusammengestellt von K. Mollenhauer, Weinheim 1966

Mühe, H.: Sozialpädagogische Aktivitäten in der Gesamtschule. In: Gesamtschule, 4. Jg. (1972), H. 3, S. 18–21
Müller-Armack, A.: Die Anfänge der Sozialen Marktwirtschaft – Zugleich eine Dokumentation ihrer Entwicklung in den Jahren 1945, 1946, 1947, 1948. In: Löwenthal, R./Schwarz, H.-P. (Hrsg.), 1974
Narr, W.-D.: Logik der Politikwissenschaft – eine propädeutische Skizze. In: Kress, G./Senghans, D. (Hrsg.): Politikwissenschaft. Eine Einführung in ihre Probleme, Frankfurt a. M. 1969
Natorp, P.: Zur Schulfrage. In: Ethische Kultur. Wochenschrift zur Verbreitung ethischer Bestrebungen, 1. Jg. (1893), H. 14, S. 109–111
Natorp, P.: Platos Staat und die Idee der Sozialpädagogik, Berlin 1895
Natorp, P.: Über die Grundlagen der Sozialpädagogik Pestalozzis. In: Schweizerische pädagogische Zeitschrift, 13. Jg. (1903), H. 6, S. 27–45
Natorp, P.: Der Streit um den Begriff der Sozialpädagogik. In: Die Deutsche Schule, 11. Jg. (1907), H. 10, S. 601–622
Natorp, P.: Religion innerhalb der Grenzen der Humanität. Ein Kapitel zur Grundlegung der Sozialpädagogik, Tübingen, 2. Aufl. 1908a
Natorp, P.: Sozialpädagogik. Ihre Grundidee und ihre Konsequenzen. In: Dokumente des Fortschritts I, Berlin 1908b, S. 427–436
Natorp, P.: Soziale Erziehung. In: Volksbildungsarchiv. Bd. I. Berlin 1909/1910, S. 5–27
Natorp, P.: Sozialpädagogik. In: Prinz, P. (Hrsg.): Zeitgenössische Pädagogen. Strömungen und Strebungen, Paderborn 1914
Natorp, P.: Individuum und Gemeinschaft, Jena 1921
Natorp, P.: Condorcets Ideen zur Nationalerziehung. In: Natorp, P.: Gesammelte Abhandlungen zur Sozialpädagogik. Erstes Heft, Stuttgart, 2. verb. und verm. Aufl. 1922a
Natorp, P.: Herbart, Pestalozzi und die heutigen Aufgaben der Erziehungslehre. In: Natorp, P.: Gesammelte Abhandlungen zur Sozialpädagogik. Zweites Heft, Stuttgart, 3. Aufl. 1922b
Natorp, P.: Pestalozzis Ideen über Arbeiterbildung und soziale Frage. In: Natorp, P.: Gesammelte Abhandlungen zur Sozialpädagogik. Erstes Heft, Stuttgart, 2. verb. und verm. Aufl. 1922c
Natorp, P.: Pestalozzi unser Führer. In: Natorp, P.: Gesammelte Abhandlungen zur Sozialpädagogik. Erstes Heft, Stuttgart, 2. verb. und verm. Aufl. 1922d
Natorp, P.: Rousseaus Sozialphilosophie. In: Natorp, P.: Gesammelte Abhandlungen zur Sozialpädagogik. Erstes Heft, Stuttgart, 2. verb. und verm. Aufl. 1922e
Natorp, P.: Allgemeine Pädagogik in Leitsätzen zu akademischen Vorlesungen, Marburg, 3. Aufl. 1927
Natorp, P.: Über Philosophie als Grundwissenschaft der Pädagogik. In: Natorp, P.: Pädagogik und Philosophie. Drei pädagogische Abhandlungen, Paderborn 1964
Natorp, P.: Sozialpädagogik. Theorie der Willensbildung auf

der Grundlage der Gemeinschaft, Paderborn, 7. Aufl. 1974
Nohl, H.: Pädagogische und politische Aufsätze, Jena 1919
Nohl, H.: Der männliche Sozialbeamte und die Sozialpädagogik in der Wohlfahrtspflege. In: Nohl, H.: Jugendwohlfahrt. Sozialpädagogische Vorträge, Leipzig 1927a
Nohl, H.: Die geistigen Energien der Jugendwohlfahrtsarbeit. In: Nohl, H.: Jugendwohlfahrt. Sozialpädagogische Vorträge, Leipzig 1927b
Nohl, H.: Grundsätzliche Fragen zur weiblichen Jugendpflege. In: Nohl, H.: Jugendwohlfahrt. Sozialpädagogische Vorträge, Leipzig 1927c
Nohl, H.: Jugendwohlfahrt. Sozialpädagogische Vorträge, Leipzig 1927d
Nohl, H.: Aufgaben und Wege der Sozialpädagogik. Vorwort von E. Blochmann, Weinheim 1965a
Nohl, H.: Die pädagogische Idee in der öffentlichen Jugendhilfe. In: Nohl, H.: Aufgaben und Wege der Sozialpädagogik, Weinheim 1965b
Nohl, H.: Ausgewählte pädagogische Abhandlungen. Besorgt von J. Offermann, Paderborn 1967
Nohl, H.: Die pädagogische Bewegung in Deutschland und ihre Theorie, Frankfurt a. M., 7. Aufl. 1970
Nohl, H./*Pallat,* L. (Hrsg.): Handbuch der Pädagogik. Bd. V, Langensalza 1929, Neudruck 1966
Nowicki, M.: Zur Geschichte der Sozialarbeit. Historischer Abriß und politischer Stellenwert von Sozialarbeit in einer »Geschichte von Klassenkämpfen«. In: Hollstein, W./Meinhold, M. (Hrsg.), 1973
Otto, H.-U.: Professionalisierung und gesellschaftliche Neuorientierung – Zur Transformation des beruflichen Handelns in der Sozialarbeit. In: Otto, H.-U./Schneider, S. (Hrsg.): Gesellschaftliche Perspektiven der Sozialarbeit. 2. Halbband, Neuwied/Berlin 1973
Otto, H.-U./*Schneider,* S. (Hrsg.): Gesellschaftliche Perspektiven der Sozialarbeit. 2 Bde., Neuwied/Berlin 1973
Pohl, H.-E.: Der Streit um den Begriff »Sozialpädagogik«. In: Theorie und Praxis der sozialen Arbeit, 24. Jg. (1973), H. 2, S. 42–52
Popper, K.-R.: Die Logik der Sozialwissenschaften. In: Kölner Zeitschrift für Soziologie und Sozialpsychologie, 14. Jg. (1962)
Popper, K.-R.: Logik der Forschung, Tübingen, 4. verb. Aufl. 1971
Potthoff, H.: Die Sozialdemokratie von den Anfängen bis 1945. Kleine Geschichte der SPD. Bd. I, Bonn-Bad Godesberg 1974
Raederscheidt, G.: Die sozialpädagogischen Aufgaben des Volksschullehrers. In: Mitteilungen der Pädagogischen Akademien in Preußen, 1. Jg. (1926), H. 1, S. 24–31
Rehm, M.: Das Kind in der Gesellschaft. Abriß der Jugendwohlfahrt in Vergangenheit und Gegenwart, München 1925
Reichsgesetz für Jugendwohlfahrt vom 9. Juli 1922 und Jugendgerichtsgesetz vom 16. Februar 1923 nebst Nebengesetzen. Bear-

beitet und hrsg. von P. Drewes und E. Sandré, Berlin/Leipzig, 2. Aufl. 1928

Riedl, A.: Sozialpädagogik als Antwort auf Probleme der gegenwärtigen Gesellschaft. In: Christ und Schule. Beilage paed. 19. Jg. (1973), Nr. 2, S. 1–4 und S. 6–7

Rissmann, R.: Die »Sozialpädagogik« und die »Deutsche Schule«. In: Die Deutsche Schule, 3. Jg. (1899), S. 765–776

Ritter, G. A./*Kocka,* J. (Hrsg.): Deutsche Sozialgeschichte. Dokumente und Skizzen. Bd. II, München 1974

Rössner, L.: Entwurf einer Theorie der Sozialarbeit. In: Archiv für Wissenschaft und Praxis der sozialen Arbeit, 2. Jg. (1971), H. 3, S. 196–223

Rössner, L.: Erziehungs- und Sozialarbeitswissenschaft. Eine einführende System-Skizze, München/Basel 1977

Rössner, L.: Sozialpädagogik. In: Handbuch Pädagogischer Grundbegriffe, hrsg. von J. Speck und G. Wehle. Bd. II, München 1970

Rössner, L.: Theorie der Sozialarbeit. Ein Entwurf, München/Basel 1973

Rünger, H.: Einführung in die Sozialpädagogik, Witten 1964

Schäfer, H./*Schaller,* K.: Kritische Erziehungswissenschaft und Kommunikative Didaktik, Heidelberg, 2. verb. und erw. Aufl. 1973

Schäfers, B.: Sozialstruktur und Wandel der Bundesrepublik Deutschland. Ein Studienbuch zu ihrer Soziologie und Sozialgeschichte, Stuttgart 1976

Scherpner, H.: Theorie der Fürsorge, hrsg. von Hanna Scherpner, Göttingen 1962

Scherpner, H.: Geschichte der Jugendfürsorge. Bearbeitet von Hanna Scherpner, Göttingen 1966

Schlieper, F.: Sozialerziehung – Sozialpädagogik. Sinn der Sozialerziehung und Aufgaben der Sozialpädagogik, Heidelberg 1964

Schmidt, W.: Sozialpädagogische Erziehung in Elternhaus und Schule. In: Lebendige Schule, 7. Jg. (1952), H. 5, S. 343–352

Schwarz, H.-P.: Die außenpolitischen Grundlagen des westdeutschen Staates. In: Löwenthal, R./Schwarz, H.-P. (Hrsg.), 1974

Schwarz, H.-P.: Vom Reich zur Bundesrepublik. Deutschland im Widerstreit der außenpolitischen Konzeptionen in den Jahren der Besatzungsherrschaft 1945–1949, Neuwied/Berlin 1966

Siegmund-Schultze, F.: Sozialpädagogik – Aufgaben, Ziele und Wege. In: Soziale Welt, 1. Jg. (1950), H. 4, S. 3–16.

Skiba, E.-G.: Der Sozialarbeiter in der gegenwärtigen Gesellschaft, Weinheim/Berlin/Basel 1969

Smalley, R. E.: Praxisorientierte Theorie der Sozialarbeit, Weinheim/Basel 1974

Stojanović, S.: Kritik und Zukunft des Sozialismus, Frankfurt a. M. 1972

Tews, J.: Sozialpädagogische Reformen, Langensalza 1900

Thiersch, H.: Institution Heimerziehung. In: Giesecke, H. (Hrsg.): Offensive Sozialpädagogik, Göttingen 1973

Tillmann, K.-J.: Sozialpädagogische Arbeit in der Gesamtschule. In: Die Deutsche Schule, 64. Jg. (1972), H. 12, S. 806–816
Tönnies, F.: Gemeinschaft und Gesellschaft, Berlin, 6. und. 7. Aufl. 1926
Topitsch, E.: Ideologie. In: Staatslexikon, hrsg. von der Görres-Gesellschaft, Freiburg, 6., völlig neubearb. und erw. Aufl. 1959
Topitsch, E.: Vom Wert wissenschaftlichen Erkennens. In: Sozialphilosophie zwischen Ideologie und Wissenschaft, Neuwied/Berlin, 2. Aufl. 1966
Treue, W.: Deutsche Geschichte. Von den Anfängen bis zur Gegenwart, Stuttgart, 3. erw. Aufl. 1965
Troebst, Ch.: Studium oder Klassenkampf?, Stuttgart 1973
Tuggener, H.: Social Work. Versuch einer Darstellung und Deutung im Hinblick auf das Verhältnis von Sozialarbeit und Sozialpädagogik, Weinheim/Berlin/Basel 1971
Ulich, D.: Probleme und Möglichkeiten erziehungswissenschaftlicher Theoriebildung. In: Ulich, D. (Hrsg.): Theorie und Methode der Erziehungswissenschaft. Probleme einer sozialwissenschaftlichen Pädagogik, Weinheim/Basel 1972
Vahsen, F.: Einführung in die Sozialpädagogik, Stuttgart 1975
Weber, M.: Die protestantische Ethik und der Geist des Kapitalismus. In: Weber, M.: Die protestantische Ethik. Eine Aufsatzsammlung, München/Hamburg, 2. durchgesehene und erw. Aufl. 1969
Weniger, E.: Herman Nohl und die sozialpädagogische Bewegung. In: Zeitschrift für Pädagogik, 1. Beiheft, 1959, S. 5–20
Wichern, J. H.: Die innere Mission der deutschen evangelischen Kirche. Eine Denkschrift an die deutsche Nation im Auftrage des Centralausschusses für die innere Mission, Hamburg, 2. Aufl. 1849
Wilhelm, Th.: Modelle der deutschen Gemeinschaftserziehung, in: Zeitschrift für Pädagogik, 4. Jg. (1958), H. 3, S. 205–231
Wilhelm, Th.: Pädagogik der Gegenwart, Stuttgart 1959
Wilhelm, Th.: Zum Begriff Sozialpädagogik. In: Zur Bestimmung von Sozialpädagogik und Sozialarbeit in der Gegenwart. Zusammengestellt von K. Mollenhauer, Weinheim 1966
Willmann, O.: Aus Hörsaal und Schulstube, Freiburg 1904
Wurzbacher, G.: Beobachtungen zum Anwendungsbereich der Tönniesschen Kategorien Gemeinschaft und Gesellschaft. In: Kölner Zeitschrift für Soziologie und Sozialpsychologie, 7. Jg. (1955), H. 3, S. 443–462
Wurzbacher, G.: Primärgruppen in der »Massengesellschaft«. In: Wurzbacher, G. (Hrsg.): Gruppe, Führung, Gesellschaft, München 1961
Zander, H.: Sozialarbeit und Armut – Der Begriff der Armut in seiner Bedeutung für eine marxistische Theorie der Sozialarbeit. In: Otto, H.-U./Schneider, S. (Hrsg.), 1. Halbband, 1973

Erwin Jordan/Dieter Sengling

Einführung in die Jugendhilfe

Der Band vermittelt einen fundierten Gesamtüberblick über Aufgaben, Strukturen und Probleme der Jugendhilfe. Im Mittelpunkt steht die Darstellung der vielfältigen Praxisfelder, angefangen von den Beratungseinrichtungen über Kindergärten, Jugendarbeit und Heimerziehung bis hin zur Jugendgerichtshilfe. Dabei wird jeweils der gegenwärtige Ist-Zustand ausgewiesen und werden die zentralen Probleme der Praxis diskutiert. Ein spezieller Teil befaßt sich mit der Organisationsform der Jugendhilfe, ihrer Finanzierung und Planung. Der Band bringt aber nicht nur eine Fülle von Fakten und Daten. Die Darstellung der geschichtlichen Entwicklung der Jugendhilfe führt zu einer kritischen Einschätzung ihrer gesellschaftlichen Funktionen. Und die Analyse neuer Ansätze in Theorie und Praxis setzt Markierungspunkte für die notwendige Reform der Jugendhilfe.

Aus dem Inhalt: Jugendhilfe als Antwort der Gesellschaft auf soziale Probleme: Standort und Funktionsbestimmung der Jugendhilfe und ihre Entwicklung – Aufgaben und Handlungsfelder der Jugendhilfe: Beratung und Unterstützung, Kindergärten und Kindertagesstätten, Spielplätze, Jugendarbeit, Schulbezogene Erziehungshilfen, Jugendsozialarbeit, Heimerziehung, Jugendwohnkollektive, Pflegestellen und Adoption, Jugendgerichtshilfe, Kostentragung bei Leistungen der Jugendhilfe – Organisation, Finanzierung und Planung der Jugendhilfe: Öffentliche Hilfe, Jugendhilfe gesellschaftlicher Gruppen, Mitarbeiter, Kosten und Finanzierung – Kritik und Reform der Jugendhilfe: Defizite der Jugendhilfe und Ansätze zu ihrer Überwindung, Jugendhilfe zwischen Innovation und Stagnation.

Juventa Verlag

Norbert Herriger

Verwahrlosung

Eine Einführung in Theorien sozialer Auffälligkeit

Was man unter Verwahrlosung versteht und wie man sich ihr Zustandekommen erklärt, das ist ein zentrales Problem der Jugendhilfe und Sozialarbeit. Davon hängt nämlich auch ab, wie man auf auffälliges Verhalten reagiert. Diese Einführung gibt einen Überblick über die verschiedenen wissenschaftlichen Erklärungsmodelle zur Verwahrlosung. Es werden die drei Hauptrichtungen behandelt: das früher dominierende medizinisch orientierte Konzept, das stark an der Psychoanalyse orientierte sozialisationstheoretische Konzept und der Erklärungsversuch der Labeling-Perspektive. Es werden jeweils die theoretischen Ausgangspositionen dargestellt, und es wird über entsprechende Forschungsarbeiten berichtet. Es wird gezeigt, was die einzelnen Konzepte zur Erklärung auffälligen Verhaltens zu leisten vermögen und welche Ansätze eine begründete Basis sozialpädagogischen Handelns liefern.

Aus dem Inhalt: Der Verwahrlosungsbegriff in der Diskussion – Das Paradigmakonzept als Bezugsrahmen – Das medizinische Erklärungsmodell von Verwahrlosung: Die »pathologische« Definition verwahrloster Kinder und Jugendlicher; Problematik und Funktion der pathologischen Definition von Verwahrlosung; Die soziale Blindheit des medizinischen Modells – Das sozialisationstheoretische Erklärungsmodell von Verwahrlosung: Zur Genese der psychopathischen Verwahrlosung; Zur Genese der neurotischen Verwahrlosung; Soziale Schicht, Familiensozialisation und Verwahrlosung – Die gesellschaftliche Definition und Kontrolle von Verwahrlosung: Das Erklärungsmodell der Labeling-Perspektive; Problemstellung und Hintergrund der Labeling-Perspektive – Perspektiven einer möglichen Integration des sozialisationstheoretischen Konzepts und der Labeling-Perspektive.

Juventa Verlag